— 财 务 人 员 进 阶 之 道 实 战 丛 书 —

一本书读懂
企业内控

要点 · 实务 · 案例

蔡文海　于鹏　李秀茂 ——————— 编著

化学工业出版社
·北京·

内容简介

《一本书读懂企业内控：要点·实务·案例》一书包括企业内部控制体系建立、公司层面的内控设计、业务活动层面的内控设计、信息层面的内控设计、内部控制与业务流程重组和内部控制实施的监督6个章节，对企业内控知识进行了系统的解读，并结合案例供读者参考。

本书采用图文解读的方式，并辅以学习目标、学习笔记、实例等模块，让读者在轻松阅读中了解内控管理的要领并学以致用。本书注重实操性，以精确、简洁的方式描述重要知识点，尽可能地满足读者快速掌握企业内控管理知识的需求。

本书可作为企业管理者、企业内控相关工作人员的参照范本和工具书，也可供高校教师和专家学者作为实务类参考指南，还可以作为相关培训机构开展企业管理培训的参考资料。

图书在版编目（CIP）数据

一本书读懂企业内控：要点·实务·案例/蔡文海，
于鹏，李秀茂编著 . —北京：化学工业出版社，2023.9（2024.11重印）
（财务人员进阶之道实战丛书）
ISBN 978-7-122-43387-9

Ⅰ.①一…　Ⅱ.①蔡…②于…③李…　Ⅲ.①企业内
部管理　Ⅳ.①F272.3

中国国家版本馆CIP数据核字（2023）第074231号

责任编辑：陈　蕾　　　　　　　　　装帧设计：溢思视觉设计／程超
责任校对：张茜越　　　　　　　　　　　　　　　E-mail: isstudio@126.com

出版发行：化学工业出版社（北京市东城区青年湖南街13号　邮政编码100011）
印　　装：北京天宇星印刷厂
787mm×1092mm　1/16　印张20½　字数397千字　2024年11月北京第1版第2次印刷

购书咨询：010-64518888　　　　　　　售后服务：010-64518899
网　　址：http://www.cip.com.cn
凡购买本书，如有缺损质量问题，本社销售中心负责调换。

定　　价：88.00元

前言

　　随着经济的快速发展，在激烈的市场竞争中，企业建立有效的风险管理体系，提前识别可能会影响企业的潜在风险，显得愈发重要。而风险管理中，良好的内控措施则可以有效地促进企业健康、稳定发展。如果内部控制都没有规范好，那么再好的外部风险控制措施也无济于事。

　　企业内部控制的根本目的在于加强企业管理，合理分权；保证会计资料的真实合法；保护企业财产的安全完整。广义上讲，企业的内部控制是指企业内部管理控制系统，包括为保证企业正常经营所采取的一系列必要的管理措施。内部控制制度是企业各个部门及工作人员在业务运作中形成的相互影响、相互制约的一种动态机制，是具有控制职能的各种方式、措施及程序的总称。它决不能简单地等同于企业的规章制度或内部管理，而是现代企事业单位对经济活动进行科学管理而普遍采用的一种控制机制，贯穿于企业经营活动的各个方面。只要存在企业经营活动，就需要有相应的内部控制制度。

　　然而，从当前的实际情况看，中小企业领导和员工在内部控制制度的认识上存在偏差，普遍重视程度不够，从而造成企业管理出现混乱，对企业资产的安全、完整和会计信息的真实、可靠带来相当大的负面影响。许多中小企业内部控制制度相当不完善，存在非常突出的问题，从而导致企业效率低下，影响了企业的经济效益，甚至影响了企业资产的安全，严重阻碍了企业的发展。

　　基于此，我们总结、分析了多年以来在内部控制制度建设方面取得良好效果的企业的范例，汲取它们的先进经验，组织颇有实战经验的专业人士编写了本书，供读者学习参考。

　　《一本书读懂企业内控：要点·实务·案例》一书包括企业内部控制体系建立、

公司层面的内控设计、业务活动层面的内控设计、信息层面的内控设计、内部控制与业务流程重组，以及内部控制实施的监督6个章节，对企业内控知识进行了系统的解读，并结合案例供读者参考。

本书由蔡文海、于鹏、李秀茂组织编写，参与编写的人员还有夏苗、石自军、王磊、谭少玲、李文峰、郑丽娇、董永胜。在编写过程中，深圳市中政汇智管理咨询有限公司和深圳德讯信息技术有限公司提供了应用案例，在此一并表示感谢！

由于笔者水平有限，书中难免出现疏漏，敬请读者批评指正。

目录

第1章 企业内部控制体系建立 ………………………………………………… 1

1.1 企业内部控制概述 …………………………………………………… 2

1.2 内部控制五大要素 …………………………………………………… 6

1.3 内部控制体系的搭建 ………………………………………………… 20

第2章 公司层面的内控设计 ………………………………………………… 27

2.1 组织架构之内部控制 ………………………………………………… 28

【实例1】 组织架构内部控制活动规范 …………………………… 34

2.2 人力资源之内部控制 ………………………………………………… 38

【实例2】 人力资源内部控制活动规范 …………………………… 42

2.3 社会责任之内部控制 ………………………………………………… 47

【实例3】 ××公司社会责任工作管理制度 ……………………… 52

2.4 企业文化之内部控制 ………………………………………………… 56

【实例4】 企业文化内部控制活动规范 …………………………… 58

第3章 业务活动层面的内控设计 …………………………………………… 61

3.1 发展战略之内部控制 ………………………………………………… 62

【实例1】 发展战略内部控制活动规范 …………………………… 67

3.2 资金之内部控制 ……………………………………………………… 70

【实例2】 资金活动之营运内部控制活动规范 …………………… 82

【实例3】 资金活动之投资内部控制活动规范 ·················· 85

【实例4】 资金活动之筹资内部控制活动规范 ·················· 91

3.3 采购之内部控制 ·· 94

【实例5】 采购业务内部控制活动规范 ····························· 100

3.4 资产之内部控制 ·· 108

【实例6】 资产管理内部控制活动规范 ····························· 117

3.5 销售之内部控制 ·· 122

【实例7】 ××公司销售与收款内部控制制度 ················· 129

3.6 研发之内部控制 ·· 132

【实例8】 研究与开发内部控制活动规范 ························· 141

3.7 工程之内部控制 ·· 143

【实例9】 工程项目内部控制制度 ··································· 156

3.8 担保之内部控制 ·· 163

【实例10】 担保业务内部控制活动规范 ··························· 169

3.9 业务外包之内部控制 ·· 172

【实例11】 业务外包内部控制活动规范 ··························· 177

3.10 财务报告之内部控制 ·· 179

【实例12】 财务报告内部控制活动规范 ··························· 187

3.11 全面预算之内部控制 ·· 191

【实例13】 全面预算内部控制活动规范 ··························· 198

3.12 合同管理之内部控制 ·· 201

【实例14】 合同管理内部控制活动规范 ··························· 207

第4章 信息层面的内控设计 ··· 211

4.1 内部信息传递 ··· 212

【实例1】 内部信息传递内部控制活动规范 ····················· 218

4.2 信息系统 ·· 223

【实例2】 信息系统内部控制活动规范 ··························· 232

第5章　内部控制与业务流程重组 ················· 239

　5.1　内部控制和业务流程重组概述 ················· 240

　5.2　业务流程结构设计 ················· 243

　　【实例1】　战略规划管理流程 ················· 252

　　【实例2】　企业文化管理流程 ················· 254

　　【实例3】　人力资源管理流程 ················· 255

　　【实例4】　货币资金管理业务流程 ················· 259

　　【实例5】　采购业务管理流程 ················· 264

　　【实例6】　资产管理流程 ················· 267

　　【实例7】　融资管理流程 ················· 270

　　【实例8】　担保业务流程 ················· 273

　　【实例9】　预算编制管理业务流程 ················· 274

　　【实例10】　关联交易管理业务流程 ················· 276

　　【实例11】　工程项目管理业务流程 ················· 279

　　【实例12】　投资业务管理流程 ················· 280

　　【实例13】　业务外包流程 ················· 282

　　【实例14】　财务报告信息流程 ················· 284

　　【实例15】　信息系统管理业务流程 ················· 287

第6章　内部控制实施的监督 ················· 291

　6.1　内部控制审计 ················· 292

　6.2　内部控制的自我评价 ················· 300

　　【实例1】　内部控制评价表 ················· 305

　　【实例2】　××股份有限公司20××年度内部控制评价报告 ········ 312

参考文献 ················· 317

第1章
企业内部控制体系建立

 学习目标:

1.了解什么是内部控制、内部控制与风险管理的关系、我国企业内部控制规范体系的构成,掌握内部控制的目标、内部控制的基本原则、内部控制的责任主体及职责。

2.了解内部控制五大要素:内部环境、风险评估、控制活动、信息与沟通、内部监督,掌握其精髓。

3.了解内部控制体系的搭建要领:框架搭建、进行风险评估、完善内部控制规则、持续评价与提升,掌握企业内控的核心节点。

1.1 企业内部控制概述

企业内控是企业为保证经营管理活动正常、有序、合法的运行，对财务、人员、资产、工作流程实行有效监管而采取的系列活动。企业内控的优劣是衡量企业是粗放还是精细、是初创起步还是稳步发展的重要风向标，也是核实企业是否具有高工作效率和管理能力的重要体现。通过细致的管理手段，将法律风险控制、财务管理、人力资源等一系列制度和准则融入企业内控，是企业发展壮大的重要举措。

1.1.1 什么是内部控制

《企业内部控制基本规范》指出，内部控制是由企业董事会、监事会、经理层和全体员工实施的，旨在实现控制目标的过程。内控是控制的一个过程，这个过程需要全员参与，上到董事会、管理层、监事会，下到各级员工，都要参与进来。

内部控制是企业管理工作的基础，是企业持续、健康、快速发展的保证。管理实践证明，企业一切管理工作都是从建立和健全内部控制开始的；企业的一切决策都应归在完善的内部控制体系之下；企业的一切活动，都无法游离于内部控制之外。

1.1.2 内部控制与风险管理

传统观点认为，"内部控制"只能控制内部风险，对外部风险无所作为，甚至认为只有"全面风险管理"（《中央企业全面风险管理指引》）才能够对内外部风险同时管控。这种观点严重歪曲了内部控制的本意。《企业内部控制基本规范》第二十一条规定：企业开展风险评估，应当准确识别与实现控制目标相关的内部风险和外部风险，确认相应的风险承受度。

也就是说，"内部控制"包含了"全面风险管理"的所有要素。从企业的环境划分，包括内部风险、外部风险；从方法论划分，包括风险辨识、风险分析、风险评价；从控制方式上来看，有控制活动、控制目标和控制措施；从结果来看，风险评价和内控评价都是对风险的评价，内控还多了一条对上市公司的"外部审计"要求。

"内部控制"和"全面风险管理"正在走向全面融合，国内如此，国外也是如此。

"内部控制"强调了在流程、制度上管控内部风险，对外部风险也有应对措施，比"全面风险管理"的单纯风险管控措施更加实用，更具可操作性。

《企业内部控制基本规范》及3个"指引"是财政部、证监会、审计署、银监会和保监会[1]在2010年4月26日共同发布的。它充分考虑和借鉴了"全面风险管理"的基本

---

[1] 中国银监会和中国保监会于2018年3月合并，更名为中国银行保险监督管理委员会，并在2023年升级为"国家金融监督管理总局"。

内容，涵盖了"全面风险管理"的各个层面，提出了"以全面风险管理为导向的内部控制"概念。在合规的强制性上，证监会要求上市公司、拟上市公司都要开展内控，银监会要求商业银行也要逐步开展内部控制和风险管理，保监会也是如此。审计署则按照"以风险管理为导向"的审计原则，对内控体系中的缺陷进行内部评价和外部审计。

1.1.3 我国企业内部控制规范体系的构成

2010年4月26日，财政部会同证监会、审计署、银监会、保监会在北京联合发布了《企业内部控制规范配套指引》（如图1-1所示）。该配套指引由21项应用指引（当时发布了18项，涉及银行、证券、保险等业务的3项指引未发布）、《企业内部控制评价指引》与《企业内部控制审计指引》（后两者合称为评价与审计指引）组成。该配套指引自2011年1月1日起首先在境内外同时上市的公司施行，自2012年1月1日起扩大到在上海证券交易所、深圳证券交易所主板上市的公司施行，并计划在上述施行公司的基础上，择机在中小板和创业板上市的公司中施行，同时，鼓励非上市大中型企业提前执行。

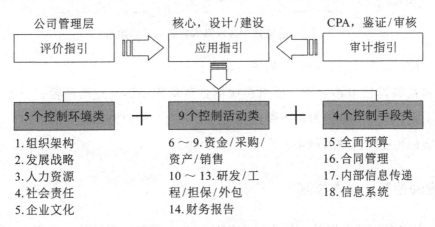

图1-1 《企业内部控制规范配套指引》的结构

《企业内部控制规范配套指引》《企业内部控制基本规范》共同构成了中国企业内部控制规范体系，如图1-2所示。

1.1.4 内部控制的目标

内部控制的目标可归纳为以下五个方面。

（1）合理保证企业经营管理合法合规。

（2）合理保证企业资产安全。资产安全完整是投资者、债权人和其他利益相关者普遍关注的重大问题，是单位可持续发展的物质基础。良好的内部控制，应当为资产安全提供扎实的制度保障。

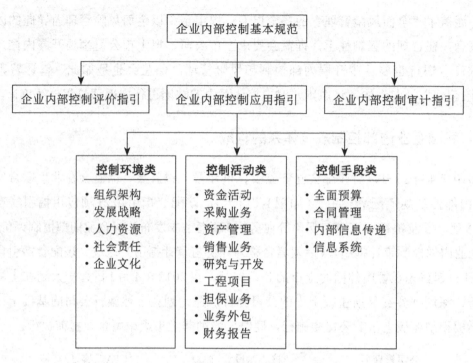

图1-2 企业内部控制基本规范体系的组成

（3）合理保证企业财务报告及相关信息真实完整。

（4）提高经营效率和效果。要求企业结合自身所处的特定的经营、行业和经济环境，通过健全有效的内部控制，不断提高营运活动的盈利能力和管理效率。

（5）促进企业实现发展战略。

1.1.5 内部控制的基本原则

《企业内部控制基本规范》确立了内部控制的全面性、重要性、制衡性、适应性及成本效益五个原则，具体如表1-1所示。

表1-1 内部控制的基本原则

原则	具体说明	要求
全面性原则	全面性原则，即内部控制在层次上应当涵盖企业董事会、管理层和全体员工，在对象上应当覆盖企业各项业务和管理活动，在流程上应当渗透到决策、执行、监督、反馈等各个环节	全面覆盖企业生产经营全过程，不能留死角；全面梳理业务流程
重要性原则	重要性原则，即强调内部控制应当针对重要业务与事项、高风险领域与环节采取更为严格的控制措施	在全面性原则基础上，关注重要性原则，关注重要的业务和事项，突出重点，兼顾一般

原则	具体说明	要求
制衡性原则	制衡性原则，即要求企业的机构、岗位设置和权责分配应体现权责分明，有利于相互制约、相互监督，履行内部控制监督检查职责的部门应当具有良好的独立性，任何人不得拥有凌驾于内部控制之上的特殊权力	制衡性原则是内部控制的精髓，主要侧重于不相容职务要分离，决策和执行要分离，执行和监督要分离。内控对事不对人，其理念就是不相信人，要从制度方面考虑
适应性原则	适应性原则，即内部控制应当合理体现企业经营规模、业务范围、业务特点、风险状况及所处具体环境等方面的要求，并随着企业外部环境的变化、经营业务的调整、管理要求的提高等不断改进和完善	相对稳定，不能朝令夕改
成本效益原则	成本效益原则，即内部控制应当在保证有效性的前提下，合理权衡成本与效益的关系，争取以合理的成本实现更为有效的控制	中介机构进行设计、评价、审计内控时，所有员工都要有内控理念。大量工作实践证明，加强内控对于提高企业管理水平来讲，效益是远远大于成本的

1.1.6 内部控制的责任主体及职责

内部控制的责任主体向上扩展到治理层（董事会），向下扩展到其他员工，如表1-2所示。

表1-2 责任主体

序号	实施责任主体	具体职责
1	董事会	董事会是公司的常设权力机构，向股东大会负责，实行集体领导，是股份公司的权力机构和领导管理、经营决策机构，是股东大会闭会期间行使股东大会职权的权力机构。董事会在内部控制中的重要职责表现为： （1）科学选择恰当的管理层并对其进行监督 （2）清晰了解管理层实施有效的风险管理和内部控制的范围 （3）知道并同意公司的最大风险承受能力 （4）及时知悉最重大的风险以及管理层是否恰当地予以应对 （5）董事会负责公司内部控制的建立健全和有效实施
2	审计委员会	审计委员会是董事会设立的专门工作机构，主要负责公司内外部审计的沟通、监督和核查工作。审计委员会的主要职责包括： （1）审核及监督外部审计机构是否独立客观及审计程序是否有效 （2）就外部审计机构提供非审计服务制定政策并执行 （3）审核公司的财务信息及披露 （4）监督公司的内部审计制度及实施 （5）负责内部审计与外部审计之间的沟通 （6）审查公司内部控制制度对重大关联交易的审计要求

序号	实施责任主体	具体职责
3	经理层	经理层直接对一个公司的经营管理活动负责。总经理在内部控制中承担重要责任，其职责包括： （1）为高级管理人员提供指导或指引 （2）定期与主要职能部门（营销、生产、采购、财务、人力资源等部门）的高级管理人员进行会谈，以便对他们的职责，包括他们如何管理风险等进行核查 （3）经理层负责组织领导公司内部控制的日常运行
4	风险管理部门	风险管理部门及其人员的职责包括： （1）制定风险管理政策 （2）确定各业务单元对于风险管理的权力和责任 （3）提高整个公司的风险管理能力 （4）指导风险管理与其他经营计划和管理活动的整合 （5）建立一套通用的风险管理体系 （6）帮助管理人员制定风险管理报告规程 （7）向董事会或管理层等报告公司风险管理的进展和暴露的问题
5	财务部门	公司的财务活动应当贯穿公司经营管理全过程。财务部门负责人在制定目标、确定战略、分析风险和作出管理等决策时应扮演一个关键的角色
6	内部审计部门	内部审计部门及其人员在评价内部控制的有效性及提出改进建议方面起着关键作用： （1）公司应当授予内部审计部门适当的权力，以确保其审计职责的履行 （2）对内部审计部门负责人的任免应当慎重 （3）内部审计部门负责人与董事会及其审计委员会应保持畅通沟通 （4）应当赋予内部审计部门追查异常情况的权力和提出处理、处罚建议的权力
7	单位员工	所有员工都在实现内部控制目标中承担相应职责并发挥积极作用。管理层应当重视员工的作用，并为员工反映诉求提供信息通道

1.2　内部控制五大要素

实现整体控制目标必须具备内部环境、风险评估、控制活动、信息与沟通、内部监督等五大内部控制要素，如图1-3所示。

1.2.1　内部环境

内部环境处于内部控制五大要素之首。内部环境是组织基调，具体内容包括治理结构、机构设置及权责分配、内部审计、人力资源政策、企业文化、法律环境等，如图1-4所示。

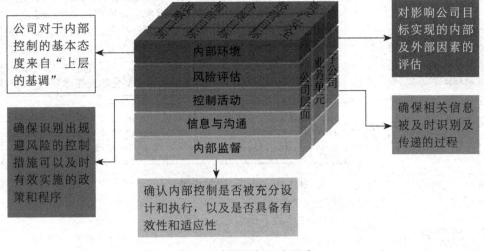

图1-3　内部控制五大要素

 治理结构
治理结构是由股东大会、董事会、监事会和管理层组成的，决定了企业内部决策过程和利益相关者参与企业治理的办法，主要作用在于协调企业内部不同产权主体之间的经济利益与矛盾，控制或减少代理成本

机构设置及权责分配
我国相关法规反映出董事会应该对企业内部控制的建立、完善和有效运行负责。监事会对董事会建立与实施内部控制进行监督。企业管理层对内部控制制度的有效执行承担责任，其中处于不同层级的管理者掌握着不同的控制权力并承担相应的责任，同时相邻层级之间存在着控制和被控制的关系

 内部审计
内部审计是内部控制的一种特殊形式，其范围主要包括财务会计、管理会计和内部控制检查。内部审计主要具有监督、评价、控制和服务四种职能，主要起防护性作用和建设性作用。防护性作用是通过内部审计检查和评价企业内部的各项经济活动，发现那些不利于本企业目标实现的环节和方面，防止给企业造成不良后果；建设性作用是通过对审查活动的检查和评价，针对管理和控制中存在的问题和不足，提出富有建设性的意见和改进方案，从而协助企业改善经营管理，提高经济效益，以最好的方式实现组织的最终目标

 人力资源政策
统一规范的人力资源政策对更好地贯彻和执行内部控制有很大的帮助，还能确保执行企业政策和程序的人员具有胜任能力和正直品行。从某种意义上说，企业内部控制的成效取决于员工素质的合格程度。因为任何内部控制制度的成效均取决于其设计水平和高素质人员的贯彻执行。因此，员工素质控制是内部控制的一个重要因素。员工素质控制包括企业在招聘、培训、考核、晋升与奖励等方面对员工素质的控制

图1-4

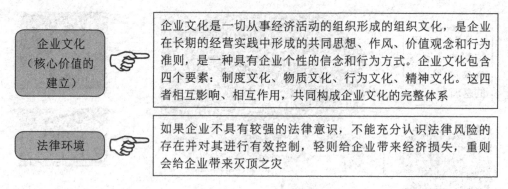

图 1-4　内部环境的内容

1.2.2　风险评估

风险评估是组织辨认和分析与目标实现有关的风险的过程。风险评估提供了控制风险的基础。此处所讲的风险评估是一个比较宽泛的概念，包括了风险管理的全过程，即设置目标、风险识别、风险分析、风险应对。

（1）设置目标

《企业内部控制基本规范》第二十一条规定：企业开展风险评估，应当准确识别与实现控制目标相关的内部风险和外部风险，确定相应的风险承受度。风险承受度是企业能够承担的风险限度，包括整体风险承受能力和业务层面的可接受风险水平。所以，企业只有根据设定的风险承受度，才能全面、系统、持续地收集相关信息，最后结合自身实际情况，及时进行风险评估。

（2）风险识别

风险识别实际上是收集有关损失原因、危险因素及损失等方面信息的过程。风险识别作为风险评估过程的重要环节，主要回答的问题是：存在哪些风险、哪些风险应予以考虑、引起风险的主要因素是什么、这些风险所引起的后果及严重程度如何、风险识别的方法有哪些等。企业在风险评估过程中，更应当关注引起风险的主要因素，应当准确识别与实现控制目标有关的内部风险和外部风险，具体内容如表 1-3 所示。

（3）风险分析

企业应对识别出的风险进行分析。企业进行风险分析，应当充分吸收专业人员，组成风险分析团队，按照严格规范的程序开展工作，确保风险分析结果的准确性。

（4）风险应对

在风险识别和风险分析的基础上，企业应该结合具体的实际情况，选择合适的风险应对策略。企业风险应对策略有图 1-5 所示的四种基本类型：风险规避、风险降低、风险分担、风险承受。

表1-3 应当准确识别的风险因素

内部风险因素	外部风险因素
（1）董事、监事、经理及其他高级管理人员的职业操守，员工专业胜任能力等人力资源因素 （2）组织机构、经营方式、资产管理、业务流程等管理因素 （3）研究开发、技术投入、信息技术运用等自主创新因素 （4）财务状况、经营成果、现金流量等财务因素 （5）营运安全、员工健康、环境保护等安全环保因素及其他因素	（1）经济形势、产业政策、融资环境、市场竞争、资源供给等经济因素 （2）法律法规、监管要求等法律因素 （3）安全稳定、文化传统、社会信用、教育水平、消费者行为等社会因素 （4）技术进步、工艺改进等科学技术因素 （5）自然灾害、环境状况等自然环境因素及其他因素

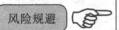 即企业对超出风险承受度的风险，通过放弃或者停止与该风险相关的业务活动来避免和减轻损失的策略。这是控制风险的一种最彻底、最有力的措施。与其他的风险控制方法不同，它是在风险事故发生之前，将所有风险因素完全消除，从而彻底排除某一特定风险事故发生的可能性。同时，它也是一种消极的风险应对措施，因为选择这一策略也就放弃了可能从风险中获得的收益

 即企业在权衡成本效益之后，准备采取适当的控制措施降低风险或者减轻损失，将风险控制在风险承受度之内的策略。这是风险管理中最积极主动也是最常见的一种处理方法，包括两类措施：风险预防和风险抑制

 即企业准备借助他人力量，采取业务分包、购买保险等方式和适当的控制措施，将风险控制在风险承受度之内的策略。其主要措施包括业务分包、保险、出售、签订开脱责任合同及合同中订立转移责任条款五种

 即企业对风险承受度之内的风险，在权衡成本效益之后，不准备采取控制措施降低风险或者减轻损失的策略。这也是一种最普通、最省事的风险应对策略

图1-5 风险应对的四种策略

风险应对的四种策略是根据企业的风险偏好和风险承受范围制定的。风险规避策略在采用其他任何风险应对措施都不能将风险降低到企业风险承受度以内的情况下适用；风险降低和风险分担策略则是通过相关措施，使企业的剩余风险与企业的风险承受度相一致；风险承受则意味着风险在企业可承受范围之内。企业应该结合实际情况及时调整风险应对策略。

1.2.3 控制活动

《企业内部控制基本规范》第二十八条明确了企业风险控制的措施，如图1-6所示。

图1-6 企业风险控制的措施

1.2.3.1 不相容职务分离控制

不相容职务是指那些不能由一人兼任，否则既可弄虚作假，又能掩盖舞弊行为的职务。不相容职务分离即这些职务由两人或两人以上担任，以利于相互监督。

（1）企业中不相容的职务

在企业中不相容的职务一般有授权审批职务与申请职务、授权审批职务与业务执行职务、业务执行职务与监督审核职务、执行与会计记录职务、财产保管与会计记录职务、明细账与总账记录职务、执行业务职务与财产保管职务、财产保管职务与财产核查职务等。

（2）主要业务不相容职务分离控制要点

对于不同的业务，不相容职务分离控制的具体内容也有很大的差异。主要业务不相容职务分离控制的要点如表1-4所示。

表1-4 主要业务不相容职务分离控制要点

序号	业务	控制要点	备注
1	货币资金	（1）管钱的不能管账，管账的不能管钱 （2）负责应收款项账目的人员不能同时负责现金收入账目的工作，负责应付款项账目的人员不能同时负责现金支出账目的工作 （3）保管支票簿的人员既不能同时保管印章，也不能同时负责现金支出账目和银行存款账目的调节 （4）负责银行存款账目调节的人员与负责银行存款账目、现金账目、应收款项账目及应付款项账目登记的人员不能为同一人 （5）货币资金支出的审批人员与出纳人员，支票保管人员和银行存款账目、现金账目的记录人员不能为同一人	企业应结合自身实际情况，对办理货币资金业务的人员定期进行职务轮换。企业中关键的财会职务，可以实行强制休假制度，并在最长不超过五年的时间内进行职务轮换

续表

序号	业务	控制要点	备注
2	采购与付款业务	（1）根据生产经营需要和储备情况进行请购的仓储部门或者需要部门的人员，不能与对该请购进行审批的人员为同一人 （2）市场价格调查与供应商的确定这两项工作不能由同一人执行，以防止有关业务人员与供应商勾结，蒙骗企业，致使企业受损 （3）订立采购合同与对该合同进行审核不能由同一人执行，同样也是为了防止内部人员与供应商勾结，签订对企业不利的合同 （4）采购、验收与相关会计记录职务应该相互分离 （5）付款的申请、审批与执行职务应该相互分离	企业也可以根据实际情况定期对办理采购业务的人员进行职务轮换，防范采购人员利用职权和工作便利收受商业贿赂、损害企业利益的风险
3	存货业务	（1）存货的请购与审批、审批与执行职务相分离，目的是防止随意采购存货，造成企业资金浪费 （2）存货的采购与验收付款职务相分离，目的是防止有关人员弄虚作假，以次充好、以少充多，从中得利 （3）存货的保管与相关会计记录职务相分离，目的是防止有关人员利用账务处理掩盖舞弊行为 （4）存货发出的申请与审批、申请与会计记录职务相分离，目的是防止出现存货流失、浪费等现象 （5）存货处置的申请与审批、申请与会计记录职务相分离，目的同上	企业不得由同一部门或同一个人办理存货业务的全过程，应根据实际情况对办理存货业务的人员进行职务轮换
4	对外投资业务	（1）对外投资项目的可行性研究与评估职务相分离，目的是防止企业内部人员与被投资方串通，擅自更改投资项目的可行性报告，高估投资收益，低估投资风险 （2）对外投资决策与执行相分离，目的也是防止内部人员与被投资方串通，以企业利益为代价从中得利 （3）对外投资处置的审批与执行相分离，如果这两个职务由一人担任，则可能出现损害企业利益、滥用审批权力等问题 （4）对外投资绩效评估与执行相分离，只有这两个职务相分离，才能客观、公正地反映企业的投资绩效	
5	工程项目业务	（1）将提出项目建议书、对项目进行可行性研究、负责项目决策的职务分离开来，这样可以在一定程度上保证项目决策的合理性，防止在项目决策中出现舞弊行为 （2）分别设置专门的职务，编制工程项目概预算和对概预算进行审核。工程项目概预算从本质上来说，是合理确定建设工程价格的工具，也是项目实施的重要参照依据，因此必须设专人负责。而工程项目概预算的审核是对工程项目概预算编制合理性、合法性的监督与检查，是促使工程项目概预算编制水平提高的重要手段，因此也必须设置专门的职位，由专人负责此项工作	

续表

序号	业务	控制要点	备注
5	工程项目业务	（3）要分别设置专门的职务进行工程项目决策和工程项目实施，这在一定程度上可以保证项目实施的合法性、合规性，防止相关人员从中徇私舞弊、图谋私利 （4）负责项目实施的人员不能同时负责价款的审核与支付，否则，很容易给其在工程价款上做手脚提供便利的机会 （5）项目实施和项目验收要由不同的人员来执行，否则，这就犹如一个人既当运动员又当裁判员，不但不能保持客观公正性，还可能为他们掩饰犯罪提供非常有利的条件 （6）由于竣工计算可以综合、全面地反映项目的建设成果和财务情况，而竣工决算的审查则可以查明竣工决算的真实性、合法合规性等，因此，为了使它们各自发挥效用，必须由不同的人员负责	
6	销售与收款	（1）客户信用调查评估与销售合同的审批签订职务相分离，目的是防止有关业务人员与客户串通，从而骗取企业销售的商品 （2）销售合同的审批、签订与办理发货职务相分离 （3）销售货款的确认、回收与相关会计记录职务相分离。目的是防止有关人员在货款上实施舞弊行为后，利用账务处理来掩饰 （4）销售退回货品的验收、处置与相关会计记录职务相分离 （5）销售业务经办与发票开具、管理职务相分离 （6）坏账准备的计提与审批、坏账的核销与审批职务相分离，目的是防止会计人员与客户串通，多计提坏账，骗取企业的应收账款，使企业蒙受损失	
7	筹资业务	（1）筹资方案的拟定与决策职务相分离，目的是尽可能保证筹资方案的完善和可行 （2）筹资合同或协议的审批与订立职务相分离，目的是保证合同程序的严密性和有效性 （3）与筹资有关的各种款项偿付的审批与执行职务相分离，目的是防止有关人员私自将资金转出 （4）筹资业务的执行与相关会计记录职务相分离	
8	成本费用业务	（1）成本费用定额预算的编制与审批相分离。如果编制和审批为同一人，那就不利于发现成本费用定额预算编制中的问题，从而给企业提供了误导信息，或者成全了编制人员的舞弊行为 （2）成本费用支出与审批相分离。如果这两个职务不分离，那就很容易出现成本费用"想用就用"的现象，这显然不利于企业对成本费用的控制 （3）成本费用支出与相关会计记录职务相分离。这两个职务的分离有利于发现有关业务人员的舞弊，因此在进行会计记录的过程中要对成本费用的相关凭证进行审核，这在一定程度上为舞弊行为提供了障碍	同一职务人员应定期进行适当调整和更换，以免同一人长时间负责同一业务。这样做的目的是防止给有关业务人员在成本上舞弊提供充足的时间和条件

续表

序号	业务	控制要点	备注
9	担保	由于担保业务不经常发生，因此没有必要单独设置担保业务职务，但也应保证担保业务的不相容职务相互分离。担保业务不相容职务至少包括： （1）担保业务的评估与审批，目的是控制企业内部道德风险，实现各部门横向制约 （2）担保业务的审批与执行，目的是降低企业担保业务的风险 （3）担保业务的执行和核对，目的同上 （4）担保业务相关财产保管和担保业务记录，目的是使业务可追溯	
10	固定资产	（1）固定资产投资预算的编制与审批、审批与执行职务相分离，目的是防止企业资金的滥用 （2）固定资产采购、验收与款项支付职务相分离，目的是防止有关人员弄虚作假，以次充好、以少充多，从中得利 （3）固定资产投保的申请与审批职务相分离，目的是防止有关人员在投保中串通外人获利 （4）固定资产处置的申请与审批、审批与执行职务相分离，目的是防止固定资产流失 （5）固定资产取得与处置业务的执行和相关会计记录职务相分离，目的是防止用账务处理来掩盖舞弊行为	同一部门或个人不得办理固定资产全过程的业务
11	计算机信息系统	（1）系统分析：分析用户的信息需求，并据此制定设计或修改程序的方案 （2）编程：编写计算机程序执行系统分析的设计和修改方案 （3）计算机操作：负责运行并监控应用程序 （4）数据库管理：综合分析、设计系统中的数据需求，维护组织数据资源 （5）信息系统库管理：在单独的信息系统库中存储暂时不用的程序和文件，并保留所有版本的数据和程序 （6）数据控制：负责维护计算机路径代码的注册，确保原始数据经过正确授权，监控信息系统工作流程，协调输入和输出，将输入的错误数据反馈到输入部门并跟踪监控其纠正过程，将输出信息分发给经过授权的用户 （7）终端：终端用户负责记录交易内容，授权处理数据，并利用系统输出的结果 （8）系统开发和变更过程中不相容职务（或职责）一般应包括：开发（或变更）审批、编程、系统上线、监控。系统访问过程中不相容职务（或职责）一般应包括：申请、审批、操作、监控。上述职务中的任意两个都必须分开设置	

续表

序号	业务	控制要点	备注
12	预算业务	（1）预算编制（含预算调整）与预算审批职务相分离 （2）预算审批与预算执行职务相分离 （3）预算执行与预算考核职务相分离	
13	合同业务	（1）合同谈判与审批职务相分离 （2）合同审批与执行职务相分离	

总之，不相容职务的分离控制要求企业必须合理地设置机构和职务，明确规定各部门和岗位的权责，形成相互牵制的机制。

1.2.3.2　授权审批控制

授权审批控制要求企业根据常规授权和特别授权的规定，明确各岗位办理业务和事项的权限范围、审批程序及相应责任。

（1）授权体系建立

企业应当编制常规授权的权限指引，规范特别授权的范围、权限、程序和责任，严格控制特别授权。不论采用哪种授权批准方式，企业都必须建立授权批准体系，其控制要点如图1-7所示。

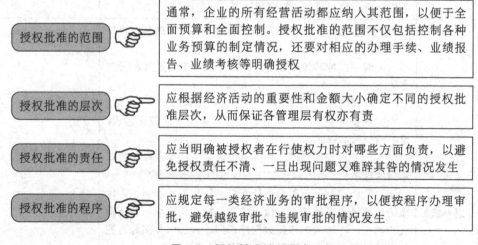

图1-7　授权批准控制要点

（2）授权批准制度的原则

为了使授权批准制度带来较好的效果，企业一定要遵循图1-8所示的四个原则。

（3）主要业务的授权审批控制要点

授权审批控制贯穿于企业所有业务之中，企业主要业务的授权审批控制要点如表1-5所示。

1	有关事项必须经过授权批准，且在业务发生之前
2	授权批准责任一定要明确
3	所有过程都必须有书面证明
4	对于越权行为一定要有相应的惩罚制度

图1-8 授权批准制度的原则

表1-5 主要业务的授权审批控制要点

序号	业务	控制要点
1	存货	企业应当对存货业务建立严格的授权批准制度，除了基本的要求外，还应该尽量做到以下两点： （1）对于重要的以及技术性较强的存货业务，应当组织专家进行论证，实行集体决策和审批，防止因决策失误而造成严重损失 （2）企业应当按照规定的程序办理存货业务。在办理存货业务时，各个环节都要有相关的记录和凭证，最终建立一个完整的存货登记制度
2	销售与收款	企业应当在科学合理的岗位分工的基础上，建立销售与收款业务授权制度和审核批准制度，并严格按照规定的权限和程序办理销售与收款业务。授权批准制度一般包括以下内容： （1）销售合同的签订和审批的授权 （2）货物发出和入库的授权 （3）货款的确认和收回的授权 （4）会计处理的授权 （5）意外情况的特殊授权
3	担保授权与审核批准	（1）担保授权制度。企业应根据经济活动的重要性和金额大小确定不同授权的批准层次，在合理分工的基础上，赋予各层管理人员相应的权限及责任 （2）审核批准制度。审核批准制度的内容包括以下两方面： ① 企业应对担保责任、担保标准、担保条件、担保业务的审批权限等作出明确的规定 ② 审批人应根据担保业务授权批准制度的规定，在授权范围内进行审批，不得超越权限审批
4	合同	（1）企业应当建立合同授权委托代理制度，明确企业内部各单位与各部门的授权范围、授权期限和授权条件等 （2）企业应当根据本单位经济业务性质、组织机构设置和管理层级安排制定合同分级管理制度。属于上一级合同管理单位权限的合同，下一级单位不得签订 （3）企业应当实行合同归口管理制度。企业可以根据合同管理需要指定合同归口管理部门，负责对本级及下级合同管理工作进行规范。归口管理部门一般应当设立法律事务岗位，由具有法律专业资格的人员担任

1.2.3.3　会计系统控制

会计系统控制主要是对会计主体所发生的各项能用货币计量的经济业务的记录、归集、分类、编报等进行的控制，其内容主要包括：

（1）依法设置会计机构，配备会计从业人员。

（2）建立会计工作的岗位责任制，对会计人员进行科学合理的分工，使之相互监督和制约。

（3）按照规定取得和填制原始凭证。

（4）设计良好的凭证格式。

（5）对凭证进行连续编号。

（6）规定合理的凭证传递程序。

（7）明确凭证的装订和保管手续责任。

（8）合理设置账户，登记会计账簿，进行复式记账。

（9）按照《中华人民共和国会计法》和国家统一的会计准则制度的要求编制、报送、保管财务报告。

1.2.3.4　财产保护控制

财产保护控制的主要措施如图1-9所示。

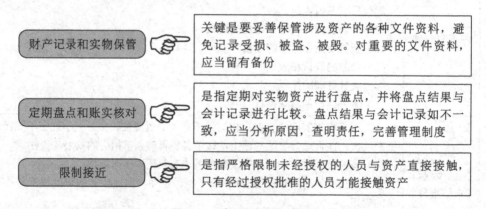

图1-9　财产保护控制措施

1.2.3.5　预算控制

预算控制的主要环节有：

（1）确定预算的项目、标准和程序。

（2）编制和审定预算。

（3）预算指标的下达和责任人的落实。

（4）预算执行的授权。

（5）预算执行过程的监控。

（6）预算差异的分析和调整。

（7）预算业绩的考核和奖惩。

1.2.3.6　运营分析控制

运营分析控制要求企业建立运营情况分析制度。管理层应当综合运用生产、购销、投资、融资、财务等方面的信息，通过因素分析、对比分析、趋势分析等方法，定期开展运营情况分析，发现存在的问题，及时查明原因并加以改进。

1.2.3.7　绩效考评控制

绩效考评控制要求企业科学地设置考核指标体系，对企业内部各职能部门和全体员工的业绩进行定期考核和客观评价，并将考评结果作为确定员工薪酬以及职务晋升、评优、降级、调岗和辞退等的依据。

此外，常用的控制方法还有内部报告控制、复核控制、人员素质控制等。

1.2.4　信息与沟通

及时、准确、完整地收集、加工、整理决策所需的信息是管理活动的重要组成部分。为此，《企业内部控制基本规范》第三十八条规定：企业应当建立信息与沟通制度，明确内部控制相关信息的收集、处理和传递程序，确保信息及时沟通，促进内部控制有效运行。这里的内部信息控制一般包括信息资源收集、信息沟通渠道、信息披露、信息系统等，是影响企业内部环境、风险评估、控制活动、内部监督等方面的信息。

（1）信息资源收集

企业应持续不断地识别、收集、整理与归纳来自内部与外部、经营与管理的各种信息。针对不同的信息来源和信息类型，明确各种信息的收集人员、收集方式、传递程序、报告途径和加工与处理要求，确保经营管理的各种信息资源得到及时、准确、完整的收集。

（2）信息沟通渠道

企业应建立横向和纵向相互通畅、贯穿整个企业的信息沟通渠道，确保企业目标、风险策略、风险现状、控制措施、员工职责、经营状况、市场变化等各种信息在企业内部得到有效的传达。企业应建立适当的渠道，与企业的相关方如供应商、客户、律师、股东、监管机构、外部审计师，就相关信息进行必要的外部沟通。

（3）信息披露

企业应制定完善的信息披露管理制度，明确重大事项的判定标准和报告程序，确定披露事项的收集、汇总和披露程序符合资本市场监管要求。

（4）信息系统

企业应将信息技术应用于风险管理的各项工作，运用信息系统对经营管理进行过程控制和信息的采集、存储、加工、分析、测试、传递、报告和披露等，实现对各种风险的计量和定量分析、定量测试；能够适时反映风险矩阵和排序频谱、重大风险和重要业务流程的监控状态，并进行重大风险预警；能够满足风险管理内部信息报告制度和企业对外信息披露管理制度的要求。

信息系统应实现信息在各职能部门、业务单位之间的集成与共享，既能满足单项业务风险管理的要求，也能满足企业整体和跨职能部门、业务单位的风险管理综合要求，具体措施如图1-10所示。

措施一　**建立信息系统总体控制**

建立包括信息系统控制环境、信息安全、项目建设管理、系统变更管理、系统运行维护、最终用户操作六个方面内容的信息系统总体控制规范与规章制度

措施二　**建立信息系统应用控制**

全面识别应用系统相关风险，建立完善的应用系统控制规范，对应用系统的输入、处理和输出进行有效控制。企业信息系统提供的信息应达到一致性、准确性、及时性、可用性和完整性的目标。企业应确保信息系统稳定运行和安全，并根据实际需要不断进行改进、完善或更新

措施三　**建立流程管理信息系统**

建立统一的业务流程管理平台，实现业务流程语言、设计规范、管理制度、控制措施、流程发布的统一管理；建成满足全面风险管理，具有开放性、可拓展性的流程管理信息系统

图1-10　信息系统的控制措施

1.2.5　内部监督

内部监督是内部控制体系中不可或缺的一部分，也是内部控制得到有效实施的有力保障，具有非常重要的地位。

（1）内部监督的分类

内部监督分为日常监督和专项监督，如图1-11所示。

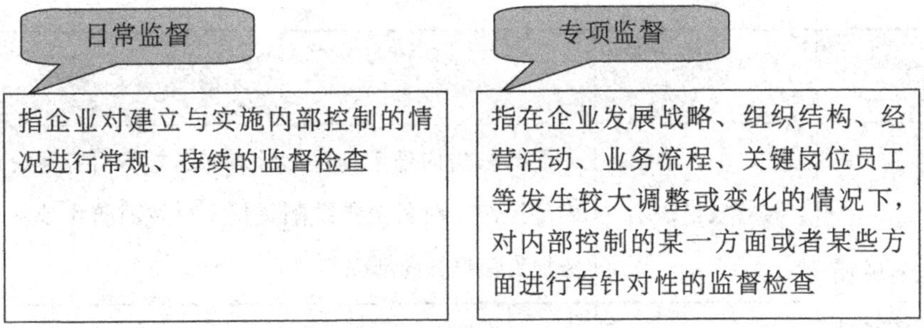

日常监督

指企业对建立与实施内部控制的情况进行常规、持续的监督检查

专项监督

指在企业发展战略、组织结构、经营活动、业务流程、关键岗位员工等发生较大调整或变化的情况下，对内部控制的某一方面或者某些方面进行有针对性的监督检查

图1-11　内部监督的分类

（2）内部控制缺陷

内部控制缺陷是描述内部控制有效性的一个负向的维度。企业开展内部控制评价，主要工作之一就是要找出内部控制缺陷并有针对性地进行整改。内部控制缺陷按不同的标准可分为不同的类别，具体内容如表1-6所示。

表1-6　内部控制缺陷的分类

分类标准	类别	具体说明
按照内部控制缺陷成因或来源划分	设计缺陷	设计缺陷是指企业缺少为实现控制目标所必需的控制，或现存控制设计不适当，即使正常运行也难以实现控制目标
	运行缺陷	运行缺陷是指设计有效（合理且适当）的内部控制由于运行不当（包括由不恰当的人执行、未按设计的方式运行、运行的时间或频率不当、没有得到一贯有效的运行等）而形成的内部控制缺陷
按照影响企业内部控制目标实现的严重程度划分	重大缺陷	重大缺陷是指一个或多个控制缺陷的组合，可能导致企业严重偏离控制目标。当存在任何一个或多个内部控制重大缺陷时，应当在内部控制评价报告中作出内部控制无效的结论
	重要缺陷	重要缺陷是指一个或多个控制缺陷的组合，其严重程度低于重大缺陷，但仍有可能导致企业偏离控制目标。虽然重要缺陷的严重程度低于重大缺陷，不会严重危及内部控制的整体有效性，但是也要引起董事会、经理层的充分关注
	一般缺陷	一般缺陷是指除重大缺陷、重要缺陷以外的其他控制缺陷

分类标准	类别	具体说明
按照具体影响内部控制目标的具体表现形式划分	财务报告缺陷	财务报告内部控制是指针对财务报告目标而设计和实施的内部控制。财务报告缺陷是指不能及时防止或发现并纠正财务报告错报的内部控制缺陷
	非财务报告缺陷	非财务报告内部控制是指针对除财务报告目标之外的其他目标的内部控制。这些目标一般包括战略目标、资产安全、经营目标、合规目标等。非财务报告缺陷是指不能及时防止或发现并纠正的财务报告目标之外的内部控制缺陷

（3）内部控制自我评价

内部控制自我评价是指企业内部为实现目标、控制风险而对内部控制系统的有效性和恰当性进行的自我评价。在企业进行内部控制自我评价的过程中，评价人员要判断内部审计流程有效与否，确定流程能否保证企业的经营顺利进行。内部控制的自我评价不仅是内部审计工作的任务，也是企业管理人员应该注重的问题，而且也应该是企业所有员工都关心的事情。

1.3 内部控制体系的搭建

1.3.1 企业内控体系框架的搭建

企业内控体系框架的搭建依据四层分法。

（1）第一层分法（横向）

按行业划分，分传统制造类、化工类、金融投资类、房地产类、建筑施工类、物流类、商业流通类、服务类、移动互联类。

（2）第二层分法（横向）

按企业所处阶段划分，有培育期企业、成长期企业、成熟期企业、衰退期企业。

（3）第三层分法（纵向）

按企业类型划分，分为多元化集团、专业化集团、单体企业、分支机构。

（4）第四层分法（纵向）

按专业分类，企业的内控包括公司层面的控制、业务活动层面的控制和信息层面的控制，如图1-12所示。

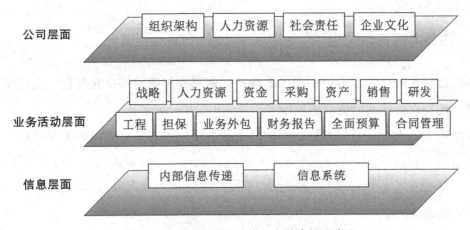

图1-12 第四层分法（纵向）的内控分类

企业如果没有依据四层框架分析来搭建适合自己的内控体系，就会走入内控体系搭建的误区，要么走形式，要么建立的内控体系不符合企业实际情况，就好比给自己穿了一件不合适的外套，结果内控变成了负担。

某集团企业处在快速发展阶段，分/子公司多。站在集团的角度，如何实现对分/子公司的控制，该管哪些不该管哪些，内控与集团管控如何融合？面对如此复杂的集团化企业，全面内控体系建设宜从财务内控着手，开展财务内控管理体系的梳理和设计，其原因有三：

第一，财务管理体系是整个集团运营的核心，解决了财务管理体系的关键矛盾，整个集团的内部控制就至少解决了一半的难题。

第二，财务管理部门经理的业务水平较高，对生产经营的各个环节均有深度的掌握和全面的认识，梳理各业务活动内部控制会起到事半功倍的效果。

第三，从财务管理往企业价值链的前端延伸，可以一直伸向销售、采购、生产、物流、研发、信息系统架构等各个环节，甚至可以将管控要求最终延伸到人力资源管理、企业的组织架构、公司治理等内控环境层面。

1.3.2 进行风险评估

我国企业所处的发展阶段差异非常大，不同成长阶段、不同规模、不同所有制的企业，其风险不一样。集团企业更关心战略风险、管控风险、法律风险、投资风险、资金风险，而单体企业更关心市场风险、生产风险、质量安全风险。风险不一样，内控存在缺陷的表现形式也不一样，控制的方式也存在很大的差异。所以，必须进行风险评估。

1.3.3　完善内部控制规则

企业存在风险，存在内控管理上的缺陷，就需要加强内控文化建设，通过完善一系列制度、流程，形成共同遵守的规则。

内控规则最重要的成果是针对内控形成的各项内控手册。常规的内控手册分六大部分，包括：

（1）总则。

（2）环境分册。

（3）风险评估分册。

（4）控制活动分册。

（5）信息沟通分册。

（6）内部监督分册。

根据手册的内容构成，不同的专业人士提供的产品会有较大差异，其中最关键的差异就是"适用性"。而适用与否，不是谁都能实现的。内控要解决的不仅仅是控制的问题，更要解决企业发展与风险控制的协同。

1.3.4　持续评价与提升

内部控制规范体系是一个企业内部控制应有的基本管理要求，在规范的基础上进行控制才是最有效率和效果的。内部控制改进体系是规范体系运行和完善的保障机制，只有通过监督改进机制，一个规范的体系才能很好地运行、完善。

内控风险评价报告有时是为满足上市公司信息披露而使用的，而企业本身也需要定期提交一份真实的内控评价报告，让决策层清楚地知道企业存在哪些风险，通过控制措施降低了哪些风险，还存在哪些剩余风险。

定期评价，不断改进循环，企业才能处在稳定上升的发展态势中。内控风险评价最大的优势是不仅能帮助企业找到风险，而且有风险评估能力。设计应对风险的模型，能清晰地通过风险评估工具指出控制的效果，并合理地评估存在的剩余风险。

剩余风险是指那些未能被企业所控制的战略风险和各经营流程的风险。一般来说，剩余风险往往具有一定的法律后果。它可能导致企业财务报表的重大错报，也可能导致企业管理层舞弊，严重的还可能导致企业破产。对于这类风险，企业管理层需要有更敏锐的嗅觉、更大的勇气去面对市场经济存在的不确定因素。

1.3.5　关注企业内控的核心节点

（1）组织结构

企业应严格按照企业的性质，建立符合企业特点的组织机构。企业的组织结构一般包括治理结构和内部组织结构。比如，相应的上市公司要按照上市公司的要求，建立规范的公司股东会、董事会、监事会、经理层以及各级别专业委员会的议事规则，明确决策、执行、监督等方面的职责权限，形成科学有效的职责分工和制衡机制。内部组织结构主要是完成企业经营管理所设立的各职能部门。

（2）发展战略

企业应在对现实状况和未来趋势进行分析和预测的基础上，提出长期的发展目标和战略规划。在市场经济环境下，企业要想实现可持续发展，关键在于制定适合企业内外部环境的发展战略。

（3）人力资源

企业应制定并实施有利于企业可持续发展的人力资源政策。人力资源政策应当至少包括严格员工的聘用、培训、辞退与辞职程序；完善员工的薪酬、考核、晋升与奖惩机制；强化关键岗位定期轮换制度；加强员工培训和继续教育，不断提升员工素质。

（4）社会责任

社会责任是指企业在生产经营过程中对社会应当履行的责任和义务，包括安全生产、质量诚信、公平竞争、保护员工合法权益、保护环境、节约资源、促进就业、关注慈善事业等。企业在履行社会责任的同时，将会提高企业的市场开拓能力，促进企业创新，树立企业形象，增强企业竞争力，使企业与社会、环境全面协调且可持续发展。

（5）企业文化

企业应积极加强企业文化建设，统一企业文化理念，严格规范企业形象标识，制定并执行统一的员工行为守则，培育积极向上的价值观和社会责任感，倡导诚实守信、爱岗敬业、开拓创新和团队协作的精神，树立现代管理意识。

（6）资金活动

企业经营活动的价值体现即资金活动，资金活动包括筹资、投资和资金运营。资金活动运行的顺利与否，关系到企业的存亡。企业应根据筹资、投资业务流程，评估企业筹资、投资业务中存在的风险，同时在筹资、投资业务中加强对会计系统的控制，确保业务账务处理准确，相关文件齐全，随时掌握企业资金情况。企业应强化营运资金管控，确保营运资金平衡，严格执行预算，提高资金周转效率，灵活调度资金，实现对应营运资金的强有力管控。

（7）采购业务

采购是企业生产经营的起点，是企业实物流与资金流的连接枢纽之一。采购环节为数不多，包括采购计划制订、采购定价方式与供应商选择、采购合同的签订与审核、验收入库等供应链活动，但是采购活动的顺利与否直接影响到企业生产经营的持续运行。企业应健全采购业务制度，确保采购活动与财务、仓库、生产等部门的紧密衔接，以满足企业生产经营的高效有序运行。

（8）资产管理

企业的存货、无形资产、固定资产在企业的资产总额中占比较大，如何发挥此类资产的使用效能成为现代企业资产管理的重点。企业应控制存货数量，防范库存不足或库存积压风险，避免过高的资金占用率、资产贬值率；关注固定资产更新改造与维护，确保企业产能与生产相适应，避免资源浪费；增加企业无形资产中的核心技术占比，以实现企业的可持续发展。

（9）销售业务

销售业务是企业获取利润的直接环节，同时，销售业务的完成情况涉及企业生产经营其他环节业务活动的运行。销售业务环节一般包括销售计划制订、客户开发与信用管理、销售合同订立、收款出库等。企业应健全销售业务制度，确保销售活动与财务、仓库、生产等部门的紧密衔接，以保证完成企业的销售目标。

（10）研究与开发

企业通过研究与开发，研发新产品、开创新工艺，令企业在市场上占据领先地位，占领更多的市场份额，增强核心竞争力。研发活动作为高收益活动，同时伴随着周期长、成本高的风险。研发活动的管控应从立项、研发过程管理、结题验收、研究成果开发和保护等各业务流程进行，通过环节控制，实现风险的降低、转移、分散、规避。

（11）工程项目

工程项目的一般流程包括立项、招标、设计、施工、竣工五个。对工程项目进行内部管控时应抓住两条主线，一是资金线，包括项目的投资估算、设计概算、施工图预算、合同价、结算价及竣工决算等；二是制度线，包括工程项目的招投标制度、质量控制制度、进度控制制度、安全管理制度、采购管理制度、合同管理制度、档案管理制度等。

（12）担保业务

企业办理担保业务不外乎有受理申请、调查评估、审批、签订担保合同、日常监控等几个简单流程。在调查评估和日常监控环节应当格外关注，不仅要确保被担保企业的现实资信状况符合要求，还要持续跟踪、关注其经营管理情况。

（13）业务外包

企业通过业务外包形式可以在一定程度上将内部管控风险转移至外部单位，但同时也给企业增加了对外包单位业务选择的风险。

（14）财务报告

财务报告作为企业内部控制目标之一，是企业投资者、债权人作出投资决策的依据。财务报告的编制方案及相关财务分析、对重大事项的披露、对账管理活动、关联方交易控制等各业务活动的有序进行，对于实现财务报告的真实性、完整性具有重要意义。

（15）全面预算

企业应严格实施预算控制，建立预算组织结构保障，控制预算目标的制定与分解，规范预算的编制、审批、上报、审核、下达和分解执行程序，加强预算控制，强化预算约束，严格控制预算调整的条件与程序，完善预算考核机制，建立企业的全面预算管理体制。

（16）合同管理

合同贯穿企业的多种经营活动，是连接企业内外部各种人员关系的纽带。企业应严格控制合同的调查、谈判、审核、签订、结算、履行后评价、解除等各环节活动，防范企业经营风险，降低财务风险，维护自身的合法权益，避免不必要的法律纠纷或损失。

（17）信息与沟通

企业应全面加强内外信息沟通，明确相关信息的收集、处理和传递程序，确保信息及时沟通，规范信息披露工作；对于信息沟通过程中发现的问题，及时报告并加以解决；将重要信息及时传递给董事会、监事会和经理层。

（18）信息系统

企业应当重视信息系统在内部控制中的作用，制定专门机构，对信息系统建设实施归口管理，根据内部控制要求，结合组织架构、业务范围、技术能力等因素，制订信息系统整体建设规划，有序组织信息系统开发、运行、维护，优化管理流程，防范经营风险。

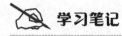 **学习笔记**

请对本章的学习做一个小结，将你认为的重点事项和不懂事项分别列出来，以便于自己进一步学习与提升。

本章重点事项
1. _____
2. _____
3. _____
4. _____
5. _____
6. _____
7. _____

本章不懂事项
1. _____
2. _____
3. _____
4. _____
5. _____
6. _____
7. _____

个人心得
1. _____
2. _____
3. _____
4. _____
5. _____
6. _____
7. _____

第2章
公司层面的内控设计

 学习目标：

1. 了解公司层面的内控项目——组织架构、人力资源、社会责任、企业文化。

2. 了解建立和完善组织架构的意义、组织架构设计和运行的主要风险，掌握组织架构设计、运行的内部控制要点。

3. 了解人力资源指引的主要内容、人力资源管理应关注的主要风险与控制，掌握人力资源引进、开发、使用与退出的内部控制要点。

4. 了解企业履行社会责任的原因及履行社会责任面临的主要风险，掌握企业应当履行的社会责任及履行社会责任的内部控制要点。

5. 了解加强企业文化建设应关注的风险、企业文化在企业发展战略中的作用，掌握企业文化培育、评估的内部控制要点。

2.1 组织架构之内部控制

《企业内部控制应用指引第1号——组织架构》（以下简称组织架构指引）着力解决企业应如何进行组织架构设计和运行，核心是如何加强组织架构方面的风险管控。组织架构指引的主要内容包括制定指引的必要性和依据，组织架构的本质、设计和运行过程中应关注的主要风险以及如何设计和运行组织架构等，分三章共十一条。

组织架构是指企业按照国家有关法律法规、股东（大）会决议、企业章程，结合本企业实际，明确董事会、监事会、经理层和企业内部各层级机构设置、职责权限、人员编制、工作程序和相关要求的制度安排。

2.1.1 建立和完善组织架构的意义

一个现代企业，无论是处于新建、重组改制还是存续状态，要实现发展战略，就必须把建立和完善组织架构放在首位或重中之重。否则，其他方面都无从谈起。

（1）建立和完善组织架构可以促进企业建立现代企业制度。

（2）建立和完善组织架构可以有效防范和化解各种舞弊风险。

（3）建立和完善组织架构可以为强化企业内部控制建设提供重要支撑。

2.1.2 组织架构设计和运行的主要风险

关于组织架构设计和运行的主要风险，组织架构指引从治理结构和内部机构两个角度进行了描述，如表2-1所示。

表2-1 组织架构设计和运行的主要风险

角度	主要风险	具体表现
治理结构层面	治理结构形同虚设，缺乏科学决策、良性运行机制和执行力，可能导致企业经营失败，难以实现发展战略	（1）股东大会是否规范而有效地召开，股东是否可以通过股东大会行使自己的权利 （2）企业与控股股东是否在资产、财务、人员方面实现相互独立，企业与控股股东的关联交易是否贯彻平等、公开、自愿的原则 （3）对与控股股东相关的信息是否根据规定及时完整地披露 （4）企业是否对中小股东权益采取了必要的保护措施，使中小股东能够和大股东以同等条件参加股东大会，获得与大股东一致的信息，并行使相应的权利 （5）董事会是否独立于经理层和大股东，董事会及其审计委员会中是否有适当数量的独立董事且能有效发挥作用 （6）董事会对于自身的权力和责任是否有明确的认知，并且有足够的知识、经验和时间来勤勉、诚信、尽责地履行职责

续表

角度	主要风险	具体表现
治理结构层面	治理结构形同虚设，缺乏科学决策、良性运行机制和执行力，可能导致企业经营失败，难以实现发展战略	（7）董事会是否能够保证企业建立并实施有效的内部控制，审批企业发展战略和重大决策并定期检查、评价其执行情况，明确设立企业可接受的风险承受度，并督促经理层对内部控制有效性进行监督和评价 （8）监事会的构成是否能够保证其独立性，监事能力是否与相关领域相匹配 （9）监事会是否能够规范而有效地运行，监督董事会、经理层是否正确履行职责并纠正损害企业利益的行为 （10）对经理层的权力是否存在必要的监督和约束机制
内部机构层面	内部机构设计不科学，权责分配不合理，可能导致机构重叠、职能交叉或缺失、推诿扯皮、运行效率低下	（1）企业内部组织机构是否考虑经营业务的性质，按照适当集中或分散的管理方式设置 （2）企业是否对内部组织机构设置、各职能部门的职责权限、组织的运行流程等有明确的书面说明和规定，是否存在关键职能缺位或职能交叉的现象 （3）企业内部组织机构是否支持发展战略的实施，并根据环境变化及时作出调整 （4）企业内部组织机构的设计与运行是否适应信息沟通的要求，是否有利于信息的上传、下达和在各层级、各业务活动间的传递，是否有利于为员工提供履行职权所需的信息 （5）关键岗位员工是否对自身权责有明确的认识，有足够的胜任能力去履行权责，是否建立了关键岗位员工轮换制度和强制休假制度 （6）企业是否对董事、监事、高级管理人员及全体员工的权限有明确的制度规定，对授权情况是否有正式的记录 （7）企业是否对岗位职责进行了恰当的描述和说明，是否存在不相容职务未分离的情况 （8）企业是否对权限的设置和履行情况进行了审核和监督，对于越权或权限缺位的行为是否及时予以纠正和处理

2.1.3 组织架构设计的内部控制

企业在设计组织架构时，必须考虑内部控制的要求，合理确定治理层及内部各部门之间的权力和责任，并建立恰当的报告关系。

2.1.3.1 组织架构设计的一般原则

组织架构设计至少应当遵循以下原则。

（1）要依据法律法规。治理结构的设计必须遵循《中华人民共和国公司法》（以下简称《公司法》）等法律法规的要求。

（2）要有助于实现发展战略。组织架构设计应当以企业发展目标和战略规划为中心和出发点，以便于企业形成核心竞争力。

（3）要符合管理控制要求。组织架构的设计应当考虑企业内部控制的需要。

（4）能够适应内外环境变化。组织架构设计应当与企业的市场环境、行业特征、经营规模等相适应。

2.1.3.2 治理结构的设计

（1）治理结构设计的一般要求

企业治理结构的设计必须符合《公司法》及其他有关法律法规的要求，一般涉及股东（大）会、董事会、监事会和经理层，如表2-2所示。

表2-2 企业治理结构的法规要求

序号	治理层次	法规要求
1	股东（大）会	股东（大）会是股东按照法定的方法和程序，决定投资计划、经营方针、选举和更换董事与监事并确定其报酬等重大事项的权力机构
2	董事会	董事会是企业最高决策机构，接受股东（大）会委托，负责企业发展战略和资产经营，并在必要时撤换不称职的经理人员
3	监事会	监事会是股东（大）会领导下的专司监督的机构，与董事会并立，依法监督企业董事、经理和其他高级管理人员的履职情况
4	经理层	经理层包括经理和其他高级管理人员，由董事会委任，具体负责企业生产经营管理工作

（2）上市公司治理结构设计的特殊要求

上市公司具有重大公众利益，应对投资者和社会公众负责，为此，上市公司治理结构的设计，应当充分反映"公众性"特点。其特殊之处主要如表2-3所示。

表2-3 上市公司治理结构的特殊之处

序号	特殊点	具体说明
1	独立董事制度	（1）上市公司董事会应当设立独立董事，独立董事由与聘请他的上市公司及其主要股东不存在可能妨碍其进行独立客观判断的人员担任 （2）独立董事不得在上市公司担任除独立董事外的其他任何职务 （3）独立董事对上市公司及全体股东负有诚信与勤勉义务，应当按照有关法律法规和公司章程的规定独立履行职责
2	董事会专业委员会	（1）上市公司董事会应当根据治理需要，按照股东大会的有关决议设立战略决策、审计、提名、薪酬与考核等专门委员会 （2）董事会的审计委员会、薪酬与考核委员会中独立董事应当占多数并担任负责人，审计委员会中至少还应有一名独立董事是会计专业人士
3	董事会秘书	（1）上市公司应当设董事会秘书及由其负责管理的信息披露事务部门（即董秘办） （2）董事会秘书为上市公司高级管理人员，对上市公司和董事会负责，由董事长提名，董事会任免

（3）国有独资公司治理结构设计的特殊要求

国有独资公司是我国在利用公司制对国有企业进行制度创新过程中产生的，是我国社会主义市场经济体制中较为独特的一类企业群体，为此，其治理结构的设计应充分反映自身的特色。其特殊之处主要表现在：

① 国有资产监督管理机构代行股东（大）会职权。国有独资公司不设股东（大）会，由国有资产监督管理机构行使股东（大）会职权。国有独资公司董事会可以根据授权部分行使股东（大）会的职权。

② 国有独资公司董事会成员中应当包含职工代表。国有独资公司董事长、副董事长由国有资产监督管理机构从董事会成员中指定产生。

③ 国有独资公司监事会成员不得少于5人，其中职工代表的比例不得低于1/3。

④ 外部董事由国有资产监督管理机构提名推荐，由任职公司以外的人员担任。

2.1.3.3 内部机构的设计

内部机构的设计是组织架构设计的重要环节，具体包括职能机构的设置、岗位职责的划分、权限体系的分配等。

（1）职能机构的设置

常见的职能机构包括规划、设计、采购、生产、销售、会计、审计、人事、法律、后勤等。一般而言，内部职能机构的设置不宜过于复杂，相同或类似的职能应该由同一机构负责，从而有利于业务的开展、信息的沟通和权力的制衡；但对于不相容职能，必须严格设置不同的内部职能机构。

（2）岗位职责的划分

企业应当对内部各职能机构的职责进行科学合理的分解，确定具体岗位的名称、职责和工作要求等，明确各个岗位的权限和相互关系。企业在确定职权和岗位分工过程中，应当着重体现不相容职务相互分离的控制要求。

（3）权限体系的分配

组织架构指引明确规定，企业应当制定组织结构图、业务流程图、岗（职）位说明书和权限指引等内部管理制度或相关文件，使员工了解和掌握组织架构设计及权责分配情况，正确履行职责。

2.1.3.4 对"三重一大"的特殊考虑

"三重一大"问题，即"重大决策、重大事项、重要人事任免及大额资金支付业务"问题。组织架构指引明确要求，企业的重大决策、重大事项、重要人事任免及大额资金支付业务，必须按照规定的权限和程序实行集体决策审批或者联签制度，任何个人不得单独进行决策或者擅自改变集体决策意见。一般而言，"三重一大"的事项应当包括表2-4所列的内容。

表2-4　"三重一大"的事项说明

序号	三重一大	内容说明
1	重大决策	（1）企业的发展方向、经营方针、中长期发展规划等重大战略管理事项 （2）资产损失核销、重大资产处置、利润分配和弥补亏损、增加或减少注册资本 （3）年度生产经营计划、企业年度工作报告、财务预算与决算，高风险经营以及内部机构设置、职能调整等重大生产经营管理事项 （4）企业改制重组、兼并、破产、合并、分立、解散或者变更公司，国（境）外注册公司、投资参股、重大收购或购买上市公司股票 （5）企业薪酬分配以及涉及职工切身利益的重大利益调配事项 （6）需要提交股东会、董事会审议决定的事项 （7）有关企业全局性、方向性、战略性的其他重大事项
2	重大事项	（1）年度投资计划和融资、担保项目 （2）计划外追加投资项目 （3）重大的、关键性的设备引进和重要物资购置等重大招投标管理项目 （4）重大工程承（发）包项目以及其他重大项目的安排
3	重要人事任免	（1）对本企业中层以上经营管理人员（包括重大项目负责人和重要管理岗位人员）以及所属二级子企业领导班子成员的选聘、任免 （2）向控股、参股企业委派或更换股东代表（包括委派高级经营管理人员），推荐董事会、监事会成员，管理后备人才 （3）涉及本企业中层以上经营管理人员以及所属二级子公司领导班子成员的重要奖惩 （4）其他人事任免相关的重要事项
4	大额资金使用	（1）一般包括年度计划内的大额度资金使用；较大额度的预算外资金使用 （2）较大额度的非生产性资金使用以及重大捐赠、赞助 （3）其他大额度资金使用

2.1.4　组织架构的运行

组织架构的运行是指企业治理结构和内部机构按照既定的设计方案，行使各自职权和履行相应责任的动态过程。对组织架构运行的控制具体包括组织架构的全面梳理和组织架构的评估调整。

2.1.4.1　组织架构的全面梳理

对组织架构运行的控制，首先涉及对新设企业和存续企业治理结构与内部机构的全面梳理。为此，组织架构指引明确提出，企业应当根据组织架构的设计规范，对现有治理结构和内部机构设置进行全面梳理，确保本企业治理结构、内部机构设置和运行机制等符合现代企业制度要求。

（1）治理结构的梳理

对治理结构的梳理，应当重点关注董事、监事、经理及其他高级管理人员的任职资格和履职情况，以及董事会、监事会和经理层的运行效果。

（2）内部机构的梳理

对内部机构的梳理，应当重点关注内部机构设置的合理性和运行的高效性。

内部机构设置的合理性是从合理性角度梳理内部机构的设置情况，应当重点关注内部机构设置对内外部环境的适应性、与实现发展目标的一致性、内部分工的协调性，以及权责分配的对等性等方面。

内部机构运行的高效性是从高效性角度梳理内部机构的运行情况，应当重点关注：第一，职责分工的效率；第二，权力制衡的效率；第三，信息沟通的效率。

（3）对母子公司组织架构梳理的特殊要求

组织架构指引强调：企业拥有子公司的，应当建立科学的投资管控制度，通过合法有效的形式履行出资人职责、维护出资人权益，重点关注子公司特别是异地、境外子公司的发展战略、年度财务预决算、重大投融资、重大担保、大额资金使用、主要资产处置、重要人事任免、内部控制体系建设等重要事项。

组织架构的全面梳理内容如表2-5所示。

表2-5　组织架构的全面梳理检查表

项目	检查内容	检查结果
1.治理结构层面：董事会、监事会和经理层运行效果		
董事会	（1）是否定期或不定期召集股东大会并向股东大会报告 （2）是否严格认真地执行股东大会的所有决议 （3）是否合理地聘任或解聘经理及其他高管等	
监事会	（1）是否按规定对董事、高管行为进行监督 （2）发现违规或损害公司利益的行为时，是否能对相关人员提出罢免建议或制止并纠正其行为等	
经理层	（1）是否认真有效地组织实施董事会决议 （2）是否认真有效地组织实施年度生产经营计划和投资方案 （3）是否能完成董事会确定的生产经营计划和绩效目标等	
2.内部机构层面：设置的合理性和运行的高效性		
设置的合理性	（1）内部机构设置和运行中存在职能交叉、缺失或运行效率低下的，是否及时解决 （2）内部机构设置是否适应内外部环境的变化 （3）是否以发展目标为导向 （4）是否满足专业化分工和协作，有助于提高劳动生产率 （5）是否明确界定各机构和岗位的权利和责任，不存在权责交叉重叠，不存在只有权利而没有相对应责任和义务的情况等	

续表

项目	检查内容	检查结果
运行的高效性	（1）职责分工是否针对市场环境变化作出及时调整。面临重要事件或重大危机时，各机构间表现出的职责分工协调性，可较好地检验内部机构运行的效率 （2）权力制衡的效率评估：权力是否过大并存在监督漏洞，权力是否被架空，机构内部或各机构之间是否存在权力失衡 （3）信息沟通与传递效率：机构间沟通是否快捷，是否存在信息阻塞；是否存在信息滞后；是否存在信息"孤岛现象"；信息获取是否存在舍近求远、做重复劳动的现象	

2.1.4.2 组织架构的评估调整

企业在对治理结构和内部机构进行全面梳理的基础上，还应当定期对组织架构设计和运行的效率与效果进行综合评价，其目的在于发现可能存在的缺陷，及时进行优化调整，使企业的组织架构始终处于高效运行状态。常见的组织架构调整包括以下形式。

（1）股权结构调整。

（2）治理结构调整。

（3）内部机构调整。

 【实例1】 ▶▶▶

组织架构内部控制活动规范

关键点1：组织架构设计与运行

分控节点	控制目标	标准控制活动	主责部门
治理结构	治理结构科学、合理，符合监管要求	（1）集团公司设立董事会、监事会及经理层。董事会下设战略、审计与风险管理、提名、薪酬与考核等专门委员会。公司制定董事会议事规则及各专业委员会工作规则，对董事会及其下属专业委员会的职责权限、任职资格、议事规则和工作程序进行明确 （2）公司管理层和治理层权责分离，董事会独立于经理层，负责对风险管理和内部控制的有效性提供保证；管理层负责公司日常的经营管理活动，确保内部控制活动得到执行；监事会负责独立监督董事会和经理层正确履行职责的情况 （3）董事会办公室负责定期筹备董事会会议和股东会会议，并负责汇编会议纪要，会议纪要应经董事长签署后通过文件系统发送至经营层。所有董事会会议表决事项应作出董事会书面决议，需股东会审批的事项报送股东会审议	董事会办公室

续表

分控节点	控制目标	标准控制活动	主责部门
组织架构设置	组织架构设置规范、合理、高效	（1）集团公司制定公司组织机构和岗位管理规定，对组织机构和岗位设置的目的、应遵循的原则进行规范。公司的组织和管理层级应遵循"设置合理性和运行高效性"的原则。组织机构和岗位设置、变更与撤销的条件和流程应按照公司规定的权限和程序进行决策审批 （2）组织机构与岗位调整后，所属部门应在规定时间内完成组织管理等相关程序的制定和升版工作，为组织机构的有效运作提供保证	人力资源部
组织架构权责分配	组织架构权责分配科学、合理、精简、高效、透明、制衡	集团公司部门设置及主要职责权限应遵循科学、精简、高效、透明、制衡的原则，并通过建立公司部门及主要职责管理程序对各部门职责进行明确。部门及部门以下机构、职能与人员编制的调整与优化方案应按照公司规定的权限和程序进行决策审批	人力资源部
岗位职责设置	岗位职责清晰，不相容岗位职责得到有效分离	（1）集团公司的岗位设置遵循"因事设岗、按需设置、严格控制"的原则，并遵循岗位职责分离的相关要求。部门职责和业务范围未发生变化的，原则上不调整岗位 （2）集团公司各部门应根据部门设置及主要职责管理程序制定适合于本部门的组织机构与岗位职责规定，对本部门的职责进行明确。通过编制岗位说明书对具体岗位的名称、职责、考核标准、任职要求等进行规范，明确各个岗位的权限和相互关系。在确定职权和岗位分工过程中，编制权限指引文件，并体现不相容职务相互分离的要求。岗位设置及调整应按照公司规定的权限和程序进行审批	人力资源部
组织架构设计与运行的评估	组织架构定期评估，评估结果得到及时跟进	公司应定期对组织架构设计与运行的效率和效果进行全面评估，发现组织架构设计与运行中存在缺陷的，及时进行优化调整。组织架构调整应按照公司规定的权限和程序进行决策审批	人力资源部

关键点2：规章制度与子公司

分控节点	控制目标	标准控制活动	主责部门
制度计划	制度计划制订合理，且经过恰当的授权审批	（1）集团公司各部门定期向公司管理部门提交下一年度体系文件出版计划，包括文件的编制、修订和废止计划 （2）各部门制度流程协调员根据管理需求并结合部门年度战略焦点任务和部门重点工作计划等组织梳理本部门所主管业务领域内的制度流程，对本部门已发布文件的适用性进行评审，评价文件所涉及的组织分工、工作流程及有关要求是否仍然适用，提出体系文件新建或修订的计划，并按照公司规定的权限和程序进行审批	公司管理部

续表

分控节点	控制目标	标准控制活动	主责部门
制度编制	规章制度内容编制完整、合理，满足公司日常运营需要	（1）集团公司通过建立制度、流程管理规范对公司制度体系文件架构和体系文件出版管理进行明确。公司应编制组织架构图、业务流程图、岗（职）位说明书和权限指引等一系列内部管理制度体系和流程体系文件，对日常经营及决策活动提供规范和指引 （2）新出版制度文件或修订重要文件时，主办部门可通过邮件、会议或书面反馈等方式对文件适用的组织和业务范围征求意见。对于跨部门的体系文件，主办部门应与其他相关部门充分沟通，相关部门应在规定时间内以书面方式反馈具体意见，由主办部门对草案进行修改和完善 （3）文件在征求意见之后应在集团制度流程工作小组审议通过后，报分管领导批准发布	公司管理部
制度时效性审查	规章制度更新及时，满足公司日常运营需要	（1）公司管理部门负责定期组织检查集团公司各部门和集团各"三类"公司对体系文件的执行情况，并及时分析公司制度程序文件的适用性，对于应更新的制度程序文件，由公司管理部门牵头与相关部门进行双向沟通，确定制度程序更新的范围及内容 （2）当公司制度程序发生变更时，应在流程管理平台上对制度程序所规范的业务流程等管理要素进行相应的匹配调整，保证流程与制度要求一致 （3）公司各部门每年定期向公司管理部门提交下一年度体系文件出版计划，包括文件的编制、修订和废止计划。公司管理部门对各部门提交的计划进行审核，确定文件的类型、名称、计划出版时间等内容，经制度流程工作组评审后报集团分管领导批准发布	公司管理部
子公司管理	对子公司的管控科学、合法、有效	（1）集团通过建立投资管控制度和成员公司授权管理审批程序对成员公司进行管理 （2）集团设置专门岗位对下属公司提交的议案进行审核，初步判断议案内容是否属于集团决策事项，并具体检查议案内容是否正确、议案材料是否完备等。对于投资、并购、资产处置等重要议案，议案材料中应包括该议案的法律意见书 （3）议案分发人员根据议案内容及各职能部门的职责，确定一个议案审议的主办部门，并报领导审查确定后，进行议案分发	法律事务部

关键点3：三重一大

分控节点	控制目标	标准控制活动	主责部门
"三重一大"事项管理职责设置	"三重一大"事项决策授权和程序规范	（1）集团公司决策主体包括股东会、董事会、党组会、职工代表大会、董事长办公会和总经理办公会。公司"三重一大"事项必须由上述决策机构集体讨论决定	党组工作部、董事会办公室

分控节点	控制目标	标准控制活动	主责部门
"三重一大"事项管理职责设置	"三重一大"事项决策授权和程序规范	（2）公司各职能部门和各所属单位（以下简称"决策提出/执行部门"）是公司"三重一大"事项决策的提出和执行机构，负责对有关决策事项进行研究论证，提出决策方案，并按照决策机构作出的有关决定具体执行 （3）负责"三重一大"事项决策及执行的监督部门，根据职责权限对"三重一大"事项的执行情况进行检查和评估	党组工作部、董事会办公室
"三重一大"事项决策方案的提出	"三重一大"事项决策前经过必要的研究论证和评估	（1）"三重一大"事项提交会议决策前应经过必要的研究论证程序，充分吸收各方面意见，形成专题报告。公司决策提出部门根据决策事项的情况，对重大投资、工程项目以及专业性、技术性较强的决策事项，应事先进行专家论证、技术咨询和决策评估；对于不确定性较大的决策事项应进行风险评估；对涉及经营管理的决策事项应进行法律审核并提出法律意见，涉及重大财务事项的总会计师必须参加决策过程；对重要的人事任免，由集团党组决策的，应事先听取集团党组纪检组意见；对于企业改制及经营管理的重大问题、涉及职工切身利益的重大事项、制定的重要规章制度，应听取工会和职工群众的意见 （2）"三重一大"事项的决策方案，应经公司分管领导审核，报公司总经理同意后，提请决策机构审核	党组工作部、董事会办公室
"三重一大"事项决策方案的审批	"三重一大"事项决策方案经过恰当的授权审批	（1）"三重一大"事项决策时，主办部门、决策建议人应根据具体内容、具体情况，按照公司规定的权限和程序提交相应决策主体对具体事项进行审批和决策。决策会议应符合规定的人数才可以召开，并保存完整的会议记录。除遇重大突发事件或紧急情况外，议题的提出不得临时动议。会议研究决定前，会议主持人应采取多种形式与其他参与决策的人员沟通协商 （2）董事会或其授权决策主体决策"三重一大"事项时，涉及党组职责范围内的，应事先沟通，征求党组会议的意见，参加会议的党组成员，应贯彻党组的意见或决定	党组工作部、董事会办公室
"三重一大"事项决策方案的执行	"三重一大"事项决策方案得到有效执行	集团公司"三重一大"事项的执行机构应严格按批准的决策方案做好相关实施工作，按照分工和职责组织实施，并明确落实部门和责任人。公司党组成员、总经理部成员在职责分工范围内组织相关职能部门执行决策。上级机关有明确要求的，相关职能部门应按照规定及时向上级机关报告有关决策情况。需上级机关批准或核准的"三重一大"事项，应在履行报批程序后组织实施	党组工作部、董事会办公室

续表

分控节点	控制目标	标准控制活动	主责部门
"三重一大"事项执行的评估改进	"三重一大"事项执行情况得到监督、评估和改进	监察部门根据职责权限开展党内监督和效能监察，并结合年度考核进行监督检查，对"三重一大"决策制度执行情况进行检查和评估，及时发现并纠正决策中存在的问题，提出修订和完善有关制度的意见和建议，评估结果应上报监事会审阅	监察部

2.2 人力资源之内部控制

企业的组织架构和战略目标确定之后，应把人力资源管理摆在重中之重的位置。《企业内部控制应用指引第3号——人力资源》（以下简称人力资源指引），旨在促进现代企业重视人力资源建设、不断优化人力资源布局，形成科学的人力资源管理制度和机制，全面提升企业的核心竞争力。

人力资源是指由企业董事、监事、高级管理人员和全体员工组成的整体团队的总称。人力资源是影响企业内部环境的关键因素，它所包括的雇佣、培训、评价、考核、晋升、奖惩等业务向员工传达着有关诚信、道德行为和胜任能力的期望水平方面的信息，这些业务都与企业员工密切相关，而员工正是企业中执行内部控制的主体。

良好的人力资源管理，能够有效地促进内部控制在企业中的顺利实施，并保证其实施的质量。企业应当制定和实施有利于企业可持续发展的人力资源政策。

2.2.1 人力资源指引的主要内容

人力资源指引的主要内容包括制定指引的必要性和依据，人力资源管理的范畴，人力资源管理中应当关注的主要风险以及人力资源的引进、开发、使用和退出等，分为三章共十四条。其核心是：

（1）如何建立一套科学的人力资源管理制度和机制。

（2）决策层和执行层的高管团队建设是企业人力资源管理的重要领域。

（3）从事实业且提供高科技产品的企业，在人力资源管理中，应凸显专业技术人员的重要性。

2.2.2 人力资源管理应关注的主要风险与控制

2.2.2.1 人力资源的主要风险

人力资源指引按照优化人力资源的要求，明确指出了人力资源管理至少应当关注的主要风险。

（1）人力资源缺乏或过剩、结构不合理、开发机制不健全，可能导致企业发展战略难以实现。

（2）人力资源激励约束制度不合理、关键岗位人员管理不完善，可能导致人才流失、经营效率低下或关键技术、商业秘密和国家机密被泄露。

（3）人力资源退出机制不当，可能导致法律诉讼或企业声誉受损。

2.2.2.2　人力资源主要风险的控制

企业在建立与实施人力资源政策内部控制中，应当至少强化对下列关键方面或者关键环节的控制，以有效地防范以上风险。

（1）岗位职责和任职要求应当明确规范，人力资源需求计划应当科学合理。

（2）招聘及离职程序应当规范，人员聘用应当引入竞争机制，培训工作应当能够提高员工道德素养和专业胜任能力。

（3）人力资源考核制度应当科学合理，能够引导员工实现企业目标。

（4）薪酬制度应当能保持和吸引优秀人才，并符合国家有关法律法规的要求，薪酬发放标准和程序应当规范。

2.2.3　人力资源的引进与开发控制

无论是新设立企业还是存续企业，为实现其发展目标，都会遇到人力资源引进和开发问题。人力资源引进与开发的对象是高管人员、技术人员、一般员工。

2.2.3.1　人力资源的引进

（1）高管人员的引进

企业高管人员主要通过公开选拔、竞争上岗和组织选拔以及综合上述方式的推荐、测评、票决等方式引进。其中，公开选拔、竞争上岗这两种方式由于引入竞争机制，体现了"公开、平等、竞争、择优"的原则，能拓宽用人的视野，有利于优秀人才脱颖而出，是目前最主要的两种引进方式。公开选拔主要面向社会进行，竞争上岗适用于本单位或本系统内的选拔。高管人员引进的流程如图2-1所示。

（2）专业技术人员的引进

专业技术人员引进主要采取外部招聘的方式进行。外部招聘的主要形式有发布广告、借助中介、上门招聘、熟人推荐、网络招聘等。专业技术人员引进的流程如图2-2所示。

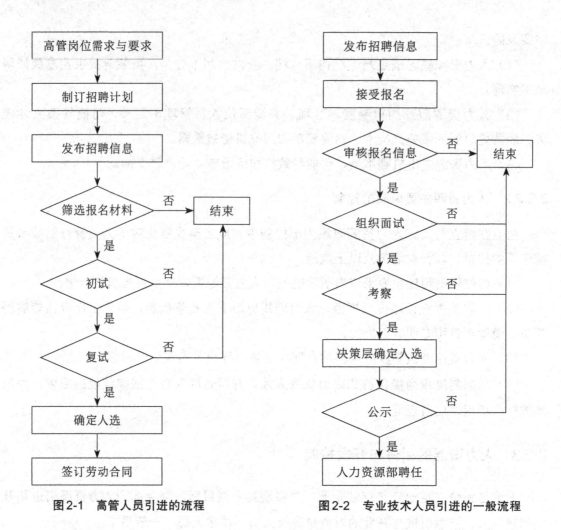

图2-1　高管人员引进的流程　　　图2-2　专业技术人员引进的一般流程

（3）一般员工的引进

一般员工占据企业人力资源的大部分，主要分布在企业生产经营的一线，往往成为企业年度人力资源引进工作的重要内容。一般员工通常具有高流动性、更多关注短期物质激励、群体效应等特点。

一般员工引进的主要方式是外部招聘，其主要形式有发布广告、借助中介、网络招聘等。一般员工的引进流程与专业技术人员引进的流程基本一致。

2.2.3.2　人力资源的开发

人力资源开发的内容主要包括开发职业技能、开发职业品质和发掘员工潜能、促使其自我实现等三个方面。现代企业的人力资源开发，重点是开发员工的职业技能，即员工的专业知识技能。

人力资源开发根据不同层次、不同职务，主要形式有岗前开发培训、在岗开发培训、离岗开发培训、员工业余自学等，具体内容如表2-6所示。

表 2-6 不同类人才的开发

序号	人才类别	具体说明
1	高管人员培训与开发	按照高管人员从事的工作内容及岗位职责要求，高管人员的培训与开发应该更注重概念技能和人际技能的挖掘与提升。这就要求对高管人员的培训开发应把企业家精神、创新思维、战略决策、领导能力以及公共关系等方面放在重要的位置，以提升高管人员的岗位胜任能力和履职水平。此外，在高管人员的开发过程中要注重激励和约束相结合，创造良好的干事业的环境，让高管人员的聪明才智充分显现，真正成为企业的核心领导者
2	专业技术人员培训与开发	按照专业技术人员从事的工作内容及岗位职责要求，要注重知识持续更新，紧密结合企业技术攻关及新技术、新工艺和新产品开发来开展各种专题培训等继续教育，帮助专业技术人员不断补充、拓宽、深化和更新知识。同时，要建立良好的专业人才激励约束机制，努力做到以事业、待遇、情感留人
3	一般员工培训与开发	按照一般员工从事的工作内容及岗位职责要求，其开发应该更注重技术技能和人际技能的挖掘与提升。这就要求对一般员工的培训开发应把岗位知识技能、执行力、人际沟通等方面放在重要的位置，以提升一般员工的岗位胜任能力和履职水平，带动企业人力资源总体素质的提升

2.2.4 人力资源的使用与退出控制

人力资源的使用与退出是人力资源管理的重要组成部分。

2.2.4.1 人力资源的使用

（1）企业应当设置科学的业绩考核指标体系，对各级管理人员和全体员工进行严格考核与评价，并以此作为确定员工薪酬、职级调整和解除劳动合同等的重要依据。

（2）为了充分发挥人才的作用，要创新激励保障机制，激发人才创业的积极性；要建立以绩效为核心的分配激励制度。

（3）在人才的使用过程中，还要注意策略，通过对人才压担子、给路子、搭梯子，促进人才的快速成长。

（4）要尊重人才成长规律，善于克服人力资源管理的"疲劳效应"。在人才发展最好时，要适时地调整岗位和职位，使之始终处于亢奋期和临战状态。

2.2.4.2 人力资源的退出

建立企业人力资源退出机制是实现企业发展战略的必然要求。人力资源的退出必须以科学的绩效考核机制为前提，同时还需要相关的环境支撑。

（1）要在观念上将人员退出机制纳入人力资源管理系统和企业文化之中，使人力资源退出从计划到操作成为可能，同时获得员工的理解与支持。

（2）要建立科学合理的人力资源退出标准，使人力资源退出机制程序化、公开化，有效消除人力资源退出可能造成的不良影响。

（3）人力资源退出一定要建立在遵守法律法规的基础上，严格按照法律规定进行操作。一方面，退出方法要根据相关法律的规定制定，要有书面材料记录员工相关行为，使员工退出具有充分证据；另一方面，在实施退出时，要注意和劳动部门做好沟通，并按《中华人民共和国劳动法》规定，给予退出员工相应的经济补偿。

🔍【实例2】▶▶▶

人力资源内部控制活动规范

关键点1：人力资源规划

分控节点	控制目标	标准控制活动	主责部门
人力资源需求计划编制与审批	人力资源年度需求计划制订合理，并得到适当审批	（1）每年底，用人部门按照部门组织机构、在岗人员状况及下一年工作安排，结合人员调入、调出及交流等需求，统筹考虑且合理使用内外部招聘、挂职、返聘等方式，填写年度招聘调配计划申报表，经用人部门负责人审批后，报送给人力资源管理部门 （2）人力资源管理部门负责汇总各用人部门需求计划，编制年度人力资源需求计划，并按照公司规定的权限和程序进行审批后下发执行	人力资源部
临时招聘需求及审批	临时招聘需求经过充分评估和恰当授权审批	对于计划外人力需求，用人单位应通过人力资源管理系统填写用人需求表，说明临时招聘的原因，并按照公司规定的权限和程序进行审批	人力资源部

关键点2：人员招聘管理

分控节点	控制目标	标准控制活动	主责部门
员工招聘	招聘岗位职责权限、任职条件和工作要求明确，应聘人员背景及资格得到核实，确保新进人员具备工作胜任能力	人力资源管理部门根据年度用人计划分解的子计划以及拟聘岗位的任职要求进行招聘，人力资源管理部门自己或委托外部咨询猎头公司对外部招聘拟录用人员进行背景调查，核实其资格及以往表现，并将岗位说明书、面试结果整合表、候选人推荐说明、体检记录、背景调查报告、行为风格测试报告等上传至人力资源管理系统中	人力资源部
	招聘过程公开、公平、合规，确保选聘人员能够胜任岗位职责要求	选聘人员时，人力资源管理部门实施利害关系人招聘过程回避机制，并根据公司招聘与调配管理制度执行招聘程序，确保选聘结果公平、公开、公正	人力资源部

续表

分控节点	控制目标	标准控制活动	主责部门
劳动合同签订	劳动合同签订及时，且符合劳动法规要求	人力资源管理部门应与全部员工签订劳动合同，员工入职时，人力资源管理部门及时与员工签订劳动合同并办理入职手续；原劳动合同到期后继续聘用的，人力资源管理部门于合同到期前按规定时间及时与员工商议签订合同事宜	人力资源部
保密协议和竞业限制协议的签订	关键保密岗位保密协议签订及时，保密义务明确	（1）在与员工签订劳动合同前，人力资源管理部门应核实拟录用人员是否曾签订竞业限制协议及与前一单位的解除/终止劳动合同证明，并要求员工出具与上一家单位无纠纷、不处于保密期、无竞业禁止义务的书面承诺 （2）员工入职时，人力资源管理部门应与其签订保密协议。对于公司的高级管理人员、高级技术人员和其他负有保密义务的人员，应签订竞业限制条款书，以要求该领域员工在解除/终止劳动合同后2年内不得到与本单位生产或者经营同类产品、从事同类业务的有竞争关系的公司任职	人力资源部
试用期及岗前培训管理	新引进人员试用期经过严格考察、评估，确保其具备岗位基本技能，符合岗位要求	新员工入职前，用人部门负责为新入职员工选派导师和编制试用期工作任务书。试用期间，用人部门至少与新员工进行三次阶段性面谈，并填写试用期面谈记录表。试用期结束前，入职导师负责组建考核小组，对新员工试用期表现及行为进行考核和评价，并填写试用期工作任务考核表。考核结果分为合格和不合格，经用人部门负责人审批后书面通知人力资源管理部门执行相关手续	人力资源部

关键点3：培训管理

分控节点	控制目标	标准控制活动	主责部门
培训计划的编制与审批	培训计划制订合理且得到有效执行，确保员工核心技能持续提升	（1）集团公司培训管理部门在每年第四季度启动下一年度培训计划编制工作 （2）各部门结合员工岗位任职资格要求和员工实际工作能力发展需要，制订本部门下一年度员工培训计划，并报培训管理部门 （3）培训管理部门根据公司对下一年度培训工作的整体要求，结合各部门年度培训计划编制形成公司年度培训计划，并按照公司规定的权限和程序进行审批	人力资源部
培训预算费用的编制与审批	培训预算预估准确，且经过恰当授权审批	集团公司培训管理部门负责根据市场价格，对标历史数据，编制预算培训计划，并报集团财务管理部门审批	人力资源部

关键点4：绩效考核

分控节点	控制目标	标准控制活动	主责部门
绩效考核计划编制与审批	绩效考核计划制订合理，确保绩效考核公平、公正	（1）各部门每年在规定时间完成绩效计划的制订工作。员工绩效目标的制定从集团任职岗位的主要职责范围出发，以岗位关键业绩指标为基础，突出关键业绩 （2）考核人和被考核人共同制订被考核人下一年度个人目标计划、能力计划和个人发展计划。考核计划通过人力资源管理系统提交，并按照公司规定的权限和程序进行审批，作为员工下一年度绩效考核的依据	人力资源部
绩效评估	绩效完成情况评估客观、合理，评估结果与薪酬合理挂钩	（1）各部门每年在规定的时间完成员工年度绩效评估，包括绩效目标评估和能力项评估。考核人根据被考核人的任期表现，对被考核人进行考核，并通过人力资源管理系统在线提交考核意见。年度绩效结果由考核人依据被考核人年度绩效评估得分及其他未纳入绩效计划的工作完成情况，结合个人发展计划以及本公司强制比例分布要求，将初步考核结果与被考核人充分沟通，达成一致后报其上级领导审定 （2）年度绩效考核结果与员工绩效奖金挂钩，并作为调薪的最重要依据。人力资源管理部门根据公司年度调薪指导意见，结合公司年度经营活动开展情况和工资总额资源情况，提出调薪方案，按照公司规定的权限和程序进行审批后执行	人力资源部
绩效申诉	绩效结果申诉处理恰当、及时	（1）年度绩效结果通过人力资源管理系统公布，员工如对绩效评估过程或绩效结果存在异议，或发现考核人未按照绩效管理制度和流程开展绩效管理工作，可在绩效结果发布后的10个工作日内向本公司人力资源管理部门提出书面申诉 （2）人力资源管理部门在收到申诉材料后按期完成申诉的调查和处理工作，并给出相应的处理意见。对于调查属实的申诉，人力资源管理部门视情况反馈所属单位进行纠正，必要时提请公司绩效管理领导机构按规定对有关人员进行处理。如果发现绩效考核中存在违规违纪现象，由监察部门按照公司员工违规违纪处理规定中的相关条款进行处理	人力资源部

关键点5：薪酬管理

分控节点	控制目标	标准控制活动	主责部门
薪酬体系建立	薪酬体系合理、公平	（1）集团制定与考核挂钩的薪酬制度，使薪酬安排与员工贡献相协调	人力资源部

续表

分控节点	控制目标	标准控制活动	主责部门
薪酬体系建立	薪酬体系合理、公平	（2）每年末，人力资源管理部门按照国家法律法规的规定、监管机构的要求以及公司的各项规定负责编制年度薪酬总额方案，工资总额根据公司业务性质、年度进人计划、整体工资水平、业绩完成情况及集团整体资源情况进行综合确定，并辅以适当的机制鼓励成员公司提高人力资源投入产出效率，控制总体人工成本。年度薪酬总额方案根据公司规定的权限和程序进行审批，并上报集团公司董事会审议批准，董事会审批通过后按照监管机构要求及时上报审批	人力资源部
薪酬预算编制与审批	薪酬预算编制合理且经过恰当的授权审批	集团公司财务管理部门根据人力资源管理部门制订的全集团工资总额及人工成本预算方案细化集团整体预算方案，经充分沟通后按照公司规定的权限和程序进行会签，并报总会计师审核	人力资源部
薪酬计算管理	薪资计算准确并及时发放，确保财务处理及时、准确	各部门每月定期将上月考勤表和加班单（如有）提交至人力资源管理部门，人力资源管理专员根据考勤、加班情况和薪资变动（如有）在人力资源管理系统中对工资进行核算，编制工资明细表、补贴明细表等，提交人力资源管理部门负责人审核，并按照公司规定的权限和程序进行审批。财务管理部门将经审批的工资表作为发放依据，及时发放员工工资	财务共享中心
薪酬主数据维护	薪酬主数据得到恰当维护，数据增删改得到适当授权和审核	（1）员工薪资由基本薪资、岗位津贴、绩效奖金、工龄工资、加班费与津补贴、福利、专项奖励和中长期激励构成 （2）基本薪资由人力资源专员在人力资源管理系统中根据劳动合同约定的数额录入，奖金由薪酬管理负责人录入，系统自动运行出应纳税金额及实发金额；财务管理部门根据计算结果及工资变动单、奖金变动单，发放工资、奖金及其他人工成本，并进行相应账务处理 （3）工资、奖金及其他人工成本按公司规定的权限和程序审批后进行发放	财务共享中心
社保缴纳	社保足额缴纳且合规	（1）人力资源管理部门按照国家和当地相关规定核定和缴纳公司员工的社会保险统筹 （2）职工个人缴纳部分由人力资源主管核定后，由财务管理部门负责复核，并按月从职工工资中代扣代缴；财务管理部门每月将社保局提供的缴费月报与银行提供的月度账单进行核对	财务共享中心

关键点6：内部轮岗及调动管理

分控节点	控制目标	标准控制活动	主责部门
内部轮岗管理	员工岗位调整轮换合理，且经过恰当授权审批	（1）集团制定各级管理人员和关键岗位员工定期轮岗制度，明确轮岗范围、轮岗周期、轮岗方式等，形成相关岗位员工的有序持续流动，全面提升员工素质 （2）制定岗位轮换方案时，需界定敏感、关键岗位，并结合实践经验，不定期执行敏感、关键岗位轮岗。轮岗方案应按照公司规定的权限和程序进行审批	人力资源部
内部调动管理	内部调动审批及时，内部调动交接手续完整、及时	需求部门根据工作需要或岗位空缺情况，在具备有意向人员的前提下，与员工原所在部门负责人沟通后，在人力资源管理系统中填写员工调配申请表，经调出部门与需求部门负责人审核通过后，由人力资源管理部门总经理进行审批	人力资源部

关键点7：员工离职

分控节点	控制目标	标准控制活动	主责部门
员工离职或辞退	员工退出机制公平、规范、明确，符合公司人力资源政策和经营需要	（1）员工提出离职书面申请时，人力资源管理部门启动工作管理系统的离职手续会签流程，通知后勤、培训、财务、保密、信息等相关部门与离职员工做好离职手续的办理工作；当员工出现劳动合同、员工手册、员工违规违纪处理规定中公司可单方解除劳动合同的情形时，人力资源管理部门应提前发出书面解除劳动关系通知，在征求工会意见后，依法办理离职手续 （2）人力资源管理部门应与离职员工签订解除劳动关系协议书、离职人员档案和社会保险转移确认书	人力资源部
竞业限制和保密	特定岗位员工退出程序规范，竞业限制和保密责任得到落实	对于签订竞业限制协议的员工，解除劳动合同时，人力资源管理部门和用人部门应核实相关保密协议或竞业限制协议的签订情况，向离职人员重申相关保密义务及对应法律责任，并取得对方书面认可后，开具离职证明	人力资源部

关键点8：人力资源信息管理

分控节点	控制目标	标准控制活动	主责部门
人力资源信息维护	人力资源信息维护准确、及时、规范和完整	（1）集团通过人力资源管理系统对人力资源信息进行管理，包括人事管理、组织管理、绩效管理、薪酬管理、员工发展管理、干部管理、培训管理、招聘管理等管理职能模块	人力资源部

续表

分控节点	控制目标	标准控制活动	主责部门
人力资源信息维护	人力资源信息维护准确、及时、规范和完整	（2）集团公司制定人力资源信息化管理规定，对人力资源管理系统的人力资源管理职能模块，相关工作流程的电子化、信息化和系统用户权限进行规范。集团人力资源管理部门负责具体信息的查询、维护及相关业务工作流程的审批，确保系统内信息录入、变更、维护的准确性、及时性、规范性和完整性	人力资源部
人事信息与人事档案管理	员工档案资料归档及时，记录完整、准确	（1）集团通过人力资源管理系统对人事档案进行统一管理，集团人力资源管理部门信息管理员负责人事信息的输入、修改、维护和管理。人事信息的建立、维护、使用、变更审核及人事档案的管理应遵循公司人事信息与人事档案管理程序的相关规范和要求 （2）人事信息的增加及变更应由申请人填写人力资源信息增加/变更审批表，按照公司规定的权限和程序进行审批，审批通过后，由人力资源信息管理员在人力资源管理系统中进行维护 （3）人事档案的借用、借阅等应由申请人填写人事档案、材料借用/借阅/复印申请审批单，填明申请借阅内容、原因及用途、借阅归还时间等信息，按照公司规定的权限和程序通过审批后，在人力资源管理部门办理借阅手续	人力资源部

2.3 社会责任之内部控制

履行社会责任是企业应尽的义务，也是企业的光荣使命。因此，在企业内部控制应用指引中，《企业内部控制应用指引第4号——社会责任》（以下简称社会责任指引）从实现企业与社会协调发展的要求出发，单独规定了社会责任指引，旨在强调企业发展中不能忘记履行社会责任。

社会责任是指企业在经营发展过程中应当履行的社会职责和义务，主要包括安全生产、产品质量（含服务）、环境保护与资源节约、促进就业、员工权益保护、重视产学研用结合、支持慈善事业等。

2.3.1 企业为什么要履行社会责任

（1）企业创造利润或财富与履行社会责任是统一的有机整体。

（2）企业履行社会责任是提升发展质量的重要标志，也是实现可持续长期发展的根本所在。

（3）企业履行社会责任是打造和提升企业形象的重要举措。

2.3.2　企业履行社会责任面临的主要风险

企业履行社会责任面临的主要风险有：

（1）安全生产措施不到位，责任不落实，可能导致企业发生安全事故。

（2）产品质量低劣，侵害消费者利益，可能导致企业巨额赔偿、形象受损，甚至破产。

（3）环境保护投入不足，资源耗费大，造成环境污染或资源枯竭，可能导致企业巨额赔偿、缺乏发展后劲，甚至停业。

（4）促进就业和员工权益保护不够，可能导致员工积极性受挫，影响企业发展和社会稳定。

2.3.3　企业应当履行的社会责任

社会责任指引规定了企业履行的社会责任，内容如下。

2.3.3.1　安全生产

社会责任指引就履行安全生产责任规定了几个方面的措施，如表2-7所示。

表2-7　履行安全生产责任的措施

序号	措施	具体说明
1	建制，建立健全安全生产管理机构	（1）企业应当依据国家有关安全生产方面的法律法规规定，结合本企业生产经营的特点，建立健全安全生产方面的规章制度、操作规范和应急预案 （2）建章建制的关键是落实到位
2	不断加大安全生产投入和经常性维护管理	（1）企业一定要重视安全生产投入，将员工的生命安全视为头等大事，加大安全生产的技术更新，保证投入安全生产所需的资金、人力、财物及时和足额到位 （2）企业还应组织开展生产设备的经常性维护管理，及时排除安全隐患，切实做到安全生产
3	开展员工安全生产教育，实行特殊岗位资格认证制度	（1）加强员工的安全生产培训教育至关重要。通过培训教育，让员工牢固树立"安全第一、预防为主"的思想，提高他们防范灾害的技能和水平。培训教育应当经常化、制度化，做到警钟长鸣，不能有丝毫放松和懈怠 （2）对于特殊作业人员和特殊资质要求的生产岗位，因工作接触的不安全因素较多，危险性较大，容易发生事故，必须依法实行资格认证制度，持证上岗

续表

序号	措施	具体说明
4	建立安全生产事故应急预警和报告机制	（1）企业必须建立事故应急处理预案，建立专门的应急指挥部门，配备专业队伍和必要的专业器材等 （2）在发生安全生产事故时做到临危不乱，按照预定程序有条不紊地处理好发生的安全生产事故，尽快消除事故产生的影响，同时按照国家有关规定及时报告，不得迟报、谎报和瞒报 （3）安全生产必须实行严格的责任追究制度

2.3.3.2 产品质量

社会责任指引就产品质量责任规定了几个方面的措施，如表2-8所示。

表2-8 履行产品质量责任的措施

序号	措施	具体说明
1	建立健全产品质量标准体系	企业应当根据国家法律法规规定，结合企业产品特点，制定完善的产品质量标准体系，包括生产设备条件、生产技术水平、原料组成、产品规格、售后服务等
2	严格质量控制和检验制度	（1）从原材料进厂一直到产品销售的各个环节和流程，都必须有严格的质量控制标准作为保证 （2）企业应当加强对产品质量的检验，严禁未经检验合格的产品流入市场
3	加强产品售后服务	（1）企业应当把售后服务作为企业采取有效竞争策略、提高产品服务增值的重要手段，重视和加强售后服务，创新售后服务方法，力争做到件件有结果、有分析、有整改、有考核 （2）对有缺陷的产品，应当及时召回、实行"三包"等，以赢得消费者对企业产品的信赖和支持，维护消费者合法权益

2.3.3.3 环境保护与资源节约

为建设资源节约型、环境友好型企业，社会责任指引从表2-9所示几个方面对企业提出了要求。

表2-9 履行环境保护与资源节约责任的措施

序号	措施	具体说明
1	转变发展方式，实现清洁生产和循环经济	（1）企业要在快速增长中打破资源与环境的双重约束，在市场竞争中争取主动，必须转变发展方式，重视生态保护，调整产业结构，发展低碳经济和循环经济 （2）加大对环保工作的人力、物力、财力投入和技术支持，不断改进工艺流程，加强节能减排，降低能耗和污染物排放水平，实现清洁生产 （3）加强对废气、废水、废渣的自行回收、利用和处置等综合治理，推动生产、流通和消费过程中对资源的减量化、再利用、资源化，以最小的资源消耗、最少的废物排放和最小的环境代价换取最大的经济效益

续表

序号	措施	具体说明
2	着力开发利用可再生资源	企业应不断增强自主创新能力，通过技术进步推动替代技术和发展替代产品、可再生资源，降低资源消耗和污染物排放
3	建立完善的监测考核体系，强化日常监控	（1）企业应建立环境保护和资源节约监测考核体系，完善激励与约束机制，明确职责，严格监督，落实岗位责任制，保证环境保护和资源节约等各项工作落到实处 （2）企业要加强日常监控，定期开展监督检查，发现问题，及时采取措施予以纠正。发生紧急、重大环境污染事件时，应当立即启动应急机制，同时根据国家法律法规规定，及时上报，并依法追究相关责任人的责任

2.3.3.4　促进就业

促进员工就业是企业社会责任的重要体现。为此，配套指引对企业促进充分就业作出了明确规定。

（1）企业作为就业工作的最大载体，应当以宽广的胸怀接纳各方人士，为国家和社会分担困难，促进充分就业。

（2）在各级政府对提高劳动者专业技能和素质、鼓励企业扩大就业方面给予税收等优惠待遇的同时，企业应结合实际需要，转变陈旧或功利的用人观念，在满足自身发展的情况下，公开招聘、公平竞争、公正录用，为社会提供尽可能多的就业岗位。

（3）企业在录用员工时，不能因民族、种类、性别、宗教信仰不同而产生歧视，要保证劳动者依法享有平等就业和自主择业的权利。

2.3.3.5　保护员工合法权益

员工是企业生存发展的内在动力。企业应当尊重员工，关爱员工，维护员工权益，促进企业与员工的和谐稳定和共同发展。为此，社会责任指引作出表2-10所示的要求。

表2-10　履行保护员工合法权益责任的措施

序号	措施	具体说明
1	建立科学完善的员工培训和晋升机制	（1）培训的目的是让员工得到尽快发展 （2）企业应当保证晋升的公平、公正 （3）对不同员工进行个性化的培训，保持员工及时获得必要的知识储备，通过公平竞争和优越的机会吸引大批有能力的员工为企业真诚服务
2	建立科学合理的员工薪酬增长机制	（1）企业应当建立科学有效的薪酬增长机制，最大限度地激发员工的工作热情、敬业精神和工作绩效 （2）员工工资等薪酬应当及时发放，员工各类社会保险应当及时足额缴纳，不得无故拖欠和克扣 （3）企业应当重视和关注并积极缩小高管薪酬与员工收入的差距，促进企业高管人员与员工的薪酬有机协调统一

序号	措施	具体说明
3	维护员工的身心健康	（1）企业应当关心员工身体健康，保障员工充分休息与休假的权利，广泛开展娱乐休闲活动 （2）加强职工代表大会和工会组织建设，通过企业内部员工热线、信访接待、内部媒体、员工建议箱等渠道，保证员工与企业上层的信息沟通顺畅，帮助员工减压，不断提高员工的身体素质 （3）企业要加强对职业病的预防、控制和消除，应定期对劳动者进行体检，并建立职业健康档案等，预防、控制和有效消除职业危害，确保员工身心健康

2.3.3.6 重视产学研用结合

企业应当重视产学研用结合，牢固确立企业技术创新主体地位，把产学研用结合的基点放在人才培养方面。

（1）要充分运用市场机制和手段，积极开展与高校和科研院所的战略合作，联合创建国家重点实验室、工程中心等研发和产业化基地，实行优势互补，激发科研机构的创新活力。

（2）要重视和加强与高校、科研院所人才的合作和交流，加速科技成果的转化和产业化。同时促进应用型人才的培养，确保企业发展中急需的人才不断得到补充。

2.3.3.7 支持慈善事业

社会责任指引要求企业重视慈善事业，扶助社会弱势群体。企业在关注公司自身发展的同时，应当勇于承担社会责任，积极支持慈善事业，奉献爱心和善举，扶助社会弱势群体，把参与慈善活动作为创新产品和服务的潜在市场，将慈善行为与企业发展目标有机地联系起来。

2.3.4 企业如何履行社会责任

企业重视并切实履行社会责任，既是为企业前途、命运负责，也是为社会、为国家、为人类负责。企业应当高度重视社会责任，积极采取措施促进社会责任的履行。

（1）企业负责人要高度重视强化履行社会责任

企业负责人应当高度重视这项工作，树立社会责任意识，把履行社会责任提上企业重要议事日程，经常研究和部署社会责任工作，加强社会责任全员培训和普及教育，不断创新管理理念和工作方式，努力形成履行社会责任的企业价值观和企业文化。

（2）建立和完善履行社会责任的体制和运行机制

企业要把履行社会责任融入企业发展战略，落实到生产经营的各个环节，明确归口管理部门，建立健全预算安排，逐步建立和完善企业社会责任指标统计和考核体系，为企业履行社会责任提供坚实的基础与保障。

（3）建立企业社会责任报告制度

发布企业社会责任报告，让股东、债权人、员工、客户、社会等各方面知晓自己在社会责任领域所做的工作、所取得的成就，可以增强企业的战略管理能力，使企业由外而内地深入审视与社会的互动关系，全面提高企业服务能力和水平，提高企业的品牌形象和价值。

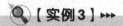 【实例3】▶▶▶

××公司社会责任工作管理制度

第一章　总则

第一条　为贯彻落实××公司（以下简称"公司"）的企业价值观和发展理念，进一步完善公司社会责任工作机制，规范公司社会责任工作的有效实施，实现公司与社会的协调发展，制定本制度。

第二条　本制度所称社会责任，是指公司在经营发展过程中应当履行的社会职责和义务，主要包括安全生产、产品质量（含服务，下同）、环境保护、资源节约、促进就业、员工权益保护、投资者权益保护和合作伙伴关系处理等。

第三条　本制度适用于公司各部门及所属各子（分）公司。

第二章　目标与原则

第四条　公司各部门及所属各公司应重视履行社会责任，切实做到经济效益与社会效益、短期利益与长远利益、自身发展与社会发展相互协调，实现公司与员工、公司与社会、公司与环境的健康和谐发展。

第五条　公司各部门及所属各公司应重点关注以下社会责任工作领域。

（一）安全生产，措施到位，责任落实，避免发生安全事故。

（二）保证施工、装修及建材质量，维护业主利益。

（三）注重环境保护，提倡绿色生产、办公，节约资源耗费，避免造成环境污染。

（四）促进企业文化建设和就业保障，确保公司良性发展和社会稳定。

（五）重视公益活动，积极应对自然灾害带来的损失，关爱受灾地区和人民。

（六）维护、保障利益相关者（包括投资者、消费者、合作伙伴、职工等群体）权益。

第三章　安全生产

第六条　公司应根据国家有关安全生产的规定，结合本公司实际情况，建立严格的安全生产管理体系、操作规范和应急预案，强化安全生产责任追究制度，切实做到安全生产。公司应设立安全管理部门和安全监督机构，负责公司安全生产的日常监督管理工作。

第七条　公司应重视安全生产投入，在人力、物力、资金、技术等方面提供必要的保障，健全检查监督机制，确保各项安全措施落实到位，不得随意降低保障标准和要求。

第八条　公司应以预防为主，采用多种形式增强员工安全意识，重视岗位培训，对特殊岗位实行资格认证制度。公司应加强生产设备的经常性维护管理，及时排除安全隐患。

第九条　公司如果发生生产安全事故，应按照安全生产管理制度妥善处理，排除故障，减轻损失，追究责任。重大生产安全事故应启动应急预案，同时按照国家有关规定及时报告，严禁迟报、谎报和瞒报。

第四章　产品质量

第十条　公司应根据国家和行业相关的产品质量要求，从事生产经营活动，切实提高产品质量和服务水平，努力为社会提供优质、安全、健康的产品和服务，最大限度地满足消费者的需求，对社会和公众负责，接受社会监督，承担社会责任。

第十一条　公司应规范生产流程，建立严格的产品质量控制和检验制度，严把质量关，禁止缺乏质量保障、危害人民生命健康的产品流向社会。

第十二条　公司应加强产品的售后服务。售后发现存在严重质量缺陷、隐患的产品，应当及时召回或采取其他有效措施，最大限度地降低或消除缺陷、隐患产品的社会危害。

公司应妥善处理消费者提出的投诉和建议，切实保护消费者权益。

第五章　环境保护与资源节约

第十三条　公司应按照国家有关环境保护与资源节约的规定，结合本公司实际情况，建立环境保护与资源节约制度，认真落实节能减排责任，积极开发和使用节能产品，发展循环经济，降低污染物排放，提高资源综合利用效率。

公司应通过宣传教育等有效形式，不断提高员工的环境保护和资源节约意识。

第十四条　公司应重视生态保护，加大对环保工作的人力、物力、财力投入和技术支持，不断改进工艺流程，降低能耗和污染物排放水平，实现清洁生产。

公司应加强对废气、废水、废渣的综合治理，建立废料回收和循环利用制度。

第十五条　公司应重视资源节约和资源保护，着力开发利用可再生资源，防止对不可再生资源进行掠夺性或毁灭性开发。

公司应重视国家产业结构相关政策，特别关注产业结构调整的发展要求，加快高新技术开发和传统产业改造，切实转变发展方式，实现低投入、低消耗、低排放和高效率。

第十六条　公司应建立环境保护和资源节约的监控制度，定期开展监督检查，发现问题，及时采取措施予以纠正，确保污染物排放符合国家有关规定。

发生紧急、重大环境污染事件时，应启动应急机制，及时报告和处理，并依法追究相关责任人的责任。

第六章　投资者权益保护和合作伙伴关系处理

第十七条　公司应公平、公正对待所有投资者，切实加强投资者关系管理。按法律法规等有关规定，认真做好公司信息披露工作，不断提高公司经营管理的透明度，确保投资者的知情权得到有效保障。

第十八条　公司应持续改进公司治理，努力提高规范运作水平，采取有效措施搞好公司市值管理，塑造良好市场形象，保障股东利益不受损害。

第十九条　公司应善待合作伙伴。本着平等诚信、优势互补、合作共赢、绿色发展的原则，与合作伙伴建立长期、高效、友好的合作关系，努力构建全方位公开透明的利益共同体，以合作共赢的发展理念谋求与合作伙伴的共同发展。

第七章　促进就业与员工权益保护

第二十条　公司应依法保护员工的合法权益，贯彻人力资源政策，保证员工依法享有劳动权利，履行劳动义务，保持工作岗位相对稳定，积极促进充分就业，切实履行社会责任。

公司应避免在正常经营情况下批量辞退员工，增加社会负担。

第二十一条　公司应与员工签订并履行劳动合同，遵循按劳分配、同工同酬的原则，建立科学的员工薪酬制度和激励机制，不得克扣或无故拖欠员工薪酬。

公司应建立高级管理人员与员工薪酬的正常增长机制，切实保持合理水平，维护社会公平。

第二十二条　公司应及时办理员工社会保险，足额缴纳社会保险费，保障员工依法享受社会保险待遇。

公司应按照有关规定做好员工健康管理工作，预防、控制和消除职业危害；按期对员工进行非职业性健康监护，对从事有职业危害作业的员工进行职业性健康监护。

公司应遵守法定的劳动时间和休息休假制度，确保员工的休息休假权利。

第二十三条 公司应加强职工代表大会和工会组织建设，维护员工合法权益，积极开展员工职业教育培训，创造平等发展机会。

公司应尊重员工人格，维护员工尊严，杜绝性别、民族、宗教、年龄等各种歧视，保障员工身心健康。

第二十四条 公司应按照产学研用相结合的社会需求，积极创建实习基地，大力支持社会有关方面的培养，锻炼社会需要的应用型人才。

第二十五条 公司应积极履行社会公益方面的责任和义务，关心帮助社会弱势群体，支持慈善事业。

第八章 社会责任工作管理机制

第二十六条 公司应将社会责任工作纳入日常管理工作规划，由公司社会责任领导小组负责公司社会责任工作的全面监督和指导，并就具体事项进行决策。

第二十七条 公司各主要业务部门应将社会责任工作纳入工作规划，由社会责任工作小组负责督导和落实各自部门分担的环境保护、员工志愿者行动、利益相关者权益保护、社会责任信息收集和上报等工作。

第二十八条 所属各公司应根据公司有关社会责任工作的精神和相应的管理制度，将该项工作内化到各自的主营业务当中，认真落实各所属公司分担的环境保护、员工志愿者行动、利益相关者权益保护、企业社会责任信息确认和上报等工作。

第九章 社会责任信息流通与汇总

第二十九条 公司各部门和所属各公司应在年末将各自社会责任工作的成果总结以书面形式报送公司相关职能部门，为公司编制年度社会责任报告提供素材。

第三十条 公司各部门和所属各公司提交的社会责任信息包括但不限于文字描述、具体案例，应尽量结合图片、视频信息等素材，使社会责任信息的内容和表现形式更具创新性和独特性。

第十章 执行与完善

第三十一条 公司各部门和所属各公司负责社会责任工作的相关领导及员工应根据各自的考核制度，对自身在社会责任工作方面的表现作出自我评估，其企业社会责任工作管理绩效纳入各自的年度考核范畴。

对社会责任工作中有突出成绩、突出贡献的员工，应给予表彰，并在员工年度考核时给予必要奖励。

2.4　企业文化之内部控制

　　企业文化是企业建立和完善内部控制的重要基础，企业文化建设可以为内部控制的有效性提供有力保证。《企业内部控制应用指引第5号——企业文化》（以下简称企业文化指引）对企业文化的建设、培育及评估进行了规范。

　　企业文化是企业在长期的经营实践中形成的共同思想、作风、价值观念和行为准则，是一种具有企业个性的信念和行为方式。企业文化与企业内部控制制度的建设和执行密切相关。企业内部控制制度的贯彻执行有赖于企业文化建设的支持和维护。企业文化是培养员工诚信、忠于职守、乐于助人、刻苦钻研、勤勉尽责的一种制度约束。

2.4.1　加强企业文化建设应关注的风险

　　加强企业文化建设至少应当关注下列风险。

　　（1）缺乏积极向上的企业文化，可能导致员工丧失对企业的信心和认同感，使企业缺乏凝聚力和竞争力。

　　（2）缺乏开拓创新、团队协作和风险意识，可能导致企业的发展目标难以实现，影响可持续发展。

　　（3）缺乏诚实守信的经营理念，可能导致舞弊事件的发生，造成企业损失，影响企业信誉。

　　（4）忽视企业间的文化差异和理念冲突，可能导致并购重组失败。

2.4.2　企业文化在企业发展战略中的作用

　　企业文化能够为企业提供长久而深厚的发展动力。企业要获得长久稳定的发展，就必须建立起自己的信仰体系，让员工坚定地认同企业的战略目标、经营方针、管理规范等，自觉地把自我价值与企业价值、个人命运与企业命运紧密地联系在一起。

　　企业文化可以从价值观、企业精神、伦理道德、管理宗旨到规章制度、员工行为、企业形象等方面，规范严谨的方式，构建自己的体系，营造企业的精神家园，为企业发展长久战略提供源源不断的精神和思想动力。

2.4.3　企业文化的培育

2.4.3.1　企业文化培育的原则

　　（1）企业应当重视文化培育在实现发展战略中的作用，加大投入力度，健全保障机制，防止和避免形式主义。

（2）企业应当根据发展战略和自身特点，总结优良传统，挖掘文化底蕴，提炼核心价值，确定文化培育的目标和内容，形成企业文化规范，并成为员工行为守则的重要组成部分。

（3）企业文化培育应当融入生产经营过程，切实做到文化培育与发展战略的有机结合，增强员工的责任感和使命感，促使员工自身价值在企业发展中得到充分体现。

2.4.3.2　企业文化培育的方法

（1）通过召开职工大会、举办专题报栏，让职工了解企业文化。

（2）通过开展各种各样生动活泼、具有积极意义的员工文化活动，培育企业精神，塑造企业价值观。

（3）要塑造和维护企业的共同价值观，领导要首先成为这种价值观的化身，并通过自己的行动向全体员工灌输这种价值观。

企业文化是群体文化，需要企业人员对企业目标、企业哲学、企业价值观、企业精神、企业宗旨、企业道德等进行整体确认和认同。离开整体参与，企业文化将变为企业阶层文化、小团体文化。

2.4.4　企业文化的评估

企业文化评估是企业文化建设与创新的重要环节。开展企业文化评估工作，建立科学的企业文化评估体系，有助于企业认识自身的文化发展状况，查找企业文化建设中存在的问题，并不断改进和完善企业文化建设，使企业文化真正融入企业和员工的实际工作中。

2.4.4.1　企业文化的评估应当重点关注的内容

企业应当定期对企业文化建设工作以及取得的进展和实际效果进行检查及评估，并着力关注以下内容。

（1）董事、监事、经理和其他高级管理人员在企业文化建设中的责任履行情况。

（2）全体员工对企业价值观的认同感。

（3）企业经营管理行为与企业文化的一致性。

（4）企业品牌的社会影响力。

（5）参与企业并购重组的各方文化的融合度。

（6）员工对企业未来发展的信心。

2.4.4.2 评估应把握的原则

在评估过程中，应当把握三大原则，如图2-3所示。

1 全面评估与重点评估相结合，注重评估指标的导向性。要突出关键指标，确保评估指标的可操作性

2 定性与定量相结合，注重评估方法的科学性。要根据评估内容和指标功能，量身定制不同的评估标准

3 内部评价与外部评价相结合，注重评估结果的有效性。既要引导企业通过对照评估标准，自我改进、自我完善，不断激发企业的积极性、主动性和创造性；又要兼顾社会公众以及企业利益相关者，借助专业机构力量，提升文化评估专业水平和公信力

图2-3 评估应把握的三大原则

2.4.4.3 评估结果及改进

企业应当重视企业文化的评估结果，巩固和发扬文化培育成果，针对评估过程中发现的问题，研究影响企业文化培育的不利因素，并分析深层次的原因，及时采取措施加以改进。

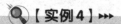 【实例4】▶▶▶

企业文化内部控制活动规范

关键点1：企业文化建设

分控节点	控制目标	标准控制活动	主责部门
企业文化体系建设	企业文化体系有效建立，企业文化、价值观建设目标和内容明确，符合公司发展战略	（1）集团公司制定企业文化建设管理制度，明确集团公司企业文化建设的指导思想、目标、基本原则、主要任务，并建立包含文化理念体系（MI）、行为识别体系（BI）、视觉识别体系（VI）的全面企业文化体系 （2）文化宣传管理部门牵头开展企业文化调研与诊断，运用科学的诊断方法，明确企业文化与未来战略发展、先进文化的差距，提出文化理念体系方案，并就初步诊断结果广泛征求意见，形成最终方案，方案按照公司规定的权限和程序进行决策审批	文化宣传中心
企业文化规范	企业文化规范内容明确，并经过恰当授权审批	（1）集团公司文化宣传管理部门负责根据集团的发展战略制订3至5年企业文化建设规划，并将员工行为规范的设计和提炼与文化理念结合，形成企业文化规划方案，按照公司规定的权限和程序进行决策审批后，编制"企业文化手册"，并在文件系统中进行发布	文化宣传中心

续表

分控节点	控制目标	标准控制活动	主责部门
企业文化规范	企业文化规范内容明确，并经过恰当授权审批	（2）成员公司文化建设应与集团文化建设保持一致，在企业文化核心理念、公司标识、管理者和员工指导行为规范方面保持统一。各成员公司企业文化理念体系文件应报集团文化宣传管理部门审批；企业文化建设规划、年度工作计划和重大企业文化活动方案应报集团文化宣传管理部门备案	文化宣传中心
企业文化宣传	企业文化得到高管层主导和垂范，并在内部各层级得到有效宣贯	（1）集团公司成立企业文化建设领导小组，由党组书记、总经理、各个职能部门负责人组成，领导小组实行小组会议制度，负责集团企业文化建设相关重大事项的决策与审批 （2）集团公司文化宣传管理部门根据企业文化建设的整体部署制订本年度企业文化建设的具体推进计划，并将年度计划分解成月度计划，从传播推广、制度匹配、主题活动三方面进行落实 （3）集团企业文化推进小组负责针对每项企业文化推进工作，制定专项实施方案，从目标、实施载体、组织形式、资源保障等方面做好规划，同时对每个节点的进度和目标设置控制标准	文化宣传中心

关键点 2：企业文化评估

分控节点	控制目标	标准控制活动	主责部门
企业文化评估实施	企业文化评估内容和方法明确、程序规范，评估责任得到有效落实	（1）文化宣传管理部门负责定期对集团的企业文化进行评价，从参与广度、影响深度、反应热度等方面进行效果评估，有针对性地实施改进，形成PDCA闭环管理 （2）企业文化评价主要关注董事、监事、经理和其他高级管理人员在文化建设中的责任履行情况、全体员工对企业价值观的认同感、经营管理行为与企业文化的一致性、品牌的影响力、参与企业并购重组各方文化的融合度、员工对未来发展的信心等方面，评估过程和结果应形成企业文化评估报告，并按照公司规定的权限和程序进行审批	文化宣传中心
评估结果改进	企业文化评估结果得到有效分析和及时改进	（1）文化宣传管理部门对企业文化评估结果进行分析，针对评估过程中发现的问题，分析影响企业文化建设的不利因素，明确改进方向，并制订改进计划，及时追踪改进情况 （2）文化宣传管理部门根据文化评估结果及改进情况，结合公司发展需求，进一步修订次年的企业文化建设规划，并按照公司规定的权限和程序进行审批后正式发布	文化宣传中心

 **学习笔记**

请对本章的学习做一个小结，将你认为的重点事项和不懂事项分别列出来，以便于自己进一步学习与提升。

本章重点事项
1. _____
2. _____
3. _____
4. _____
5. _____
6. _____
7. _____
本章不懂事项
1. _____
2. _____
3. _____
4. _____
5. _____
6. _____
7. _____
个人心得
1. _____
2. _____
3. _____
4. _____
5. _____
6. _____
7. _____

第3章

业务活动层面
的内控设计

 学习目标：

1.了解业务活动层面的内控项目：发展战略、资金、采购、资产、销售、研发、工程、担保、业务外包、财务报告、全面预算、合同管理。

2.了解各项业务活动管理应关注的风险，掌握各项业务活动的流程、控制的目标、内部控制的关键事项和要求。

3.1 发展战略之内部控制

《企业内部控制应用指引第2号——发展战略》阐明了制定和实施发展战略的重要意义，明确了战略管理的流程和主要风险点，制定了战略分析、制定、实施、监控与调整等各环节的控制措施，旨在防范和控制企业发展战略制定与实施中的主要风险，提高企业核心竞争力，推动企业健康可持续发展。

战略又称为"使命""愿景"或"目的"。发展战略是企业在对现实状况和未来趋势进行综合分析和科学预测的基础上，制定并实施的中长期发展目标与战略规划。

3.1.1 为什么要制定和实施发展战略

（1）发展战略可以为企业找准市场定位

每一个主体都面临来自外部和内部的一系列风险，确定目标是有效的事项识别、风险评估和风险应对的前提。目标与主体的风险容量相协调，它决定了主体的风险容限水平。

（2）发展战略是企业执行层行动的指南

发展战略指明了企业的发展方向、目标与实施路径，描绘了企业未来经营方向和目标纲领，是企业发展的蓝图，关系着企业的长远生存与发展。只有制定科学合理的发展战略，企业执行层才有行动的指南，在日常经营管理和决策时才不会迷失方向，才能知晓哪些是应着力做的"正确的事"，如图3-1所示。

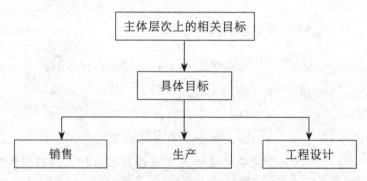

图3-1　发展战略是企业执行层行动的指南

（3）发展战略为内部控制设定了最高目标

促进发展战略实现是内部控制最高层次的目标。它一方面表明，企业内部控制最终所追求的是如何通过强化风险管控促进企业实现发展战略；另一方面也说明，实现发展战略必须通过建立和健全内部控制体系提供保证。

3.1.2 制定与实施发展战略应关注的风险

企业制定与实施发展战略至少应当关注下列风险。

（1）缺乏明确的发展战略或发展战略实施不到位，可能导致企业盲目发展，难以形成竞争优势，丧失发展机遇和动力。

（2）发展战略过于激进，脱离企业实际能力或偏离主业，可能导致企业过度扩张，甚至经营失败。

（3）发展战略因主观原因频繁变动，可能导致资源浪费，甚至危及企业的生存和持续发展。

3.1.3 发展战略制定的内部控制

3.1.3.1 要建立和健全发展战略

（1）企业应当在董事会下设立战略委员会，或指定相关机构负责发展战略管理工作，履行相应职责。

战略委员会的主要职责是对企业长期发展战略和重大投资决策进行研究并提出建议，具体包括对企业的长期发展规划、经营目标、发展方针进行研究并提出建议，对企业涉及产品战略、市场战略、营销战略、研发战略、人才战略等经营战略进行研究并提出建议，对企业重大战略性投资、融资方案进行研究并提出建议，对公司重大资本运作、资产经营项目进行研究并提出建议等。

（2）在内部机构中设置专门的部门或指定相关部门，承担战略委员会有关具体工作。

3.1.3.2 要综合分析评价影响发展战略的内外部因素

要综合分析评价影响发展战略的内外部因素，如表3-1所示。

3.1.3.3 要科学编制发展战略

发展战略可以分为发展目标和战略规划两个层次。

（1）制定发展目标

通常包括盈利能力、生产效率、市场竞争地位、技术领先程度、生产规模、组织结构、人力资源、用户服务、社会责任等。值得注意的是，发展目标应当突出主业，不能过于激进，不能盲目追逐市场热点，不能脱离企业实际，否则可能导致企业过度扩张或经营失败。

表3-1　影响发展战略的内外部因素

外部因素	内部因素
（1）与经济有关的因素，包括价格变动、资本的可获得性，或者竞争性准入的较低障碍，它们会导致更高或更低的资本成本以及新的竞争者	（1）基础结构，包括增加用于防护性维护和呼叫中心支持的资本配置，减少设备的停工待料期，以及提高客户满意度
（2）自然环境因素，包括洪水、火灾或地震，它们会导致厂房或建筑物的损失、原材料获取受限，或者人力资本的损失	（2）人员，包括工作场所的意外事故、欺诈行为以及劳动合同到期，它们会导致失去可利用的人员、货币性或者声誉性的损失以及生产中断
（3）政治因素，包括新的法律和监管等，它们会导致对国外市场的新开放或限制进入，或者更高或更低的税收	（3）流程，包括没有遵循变更管理规程的流程修改、流程执行错误以及对外包的客户送达服务缺乏充分的监督，它们会导致丢失市场份额、低效率以及客户的不满和丢失重复性业务
（4）社会因素，包括人口统计、社会习俗、家庭结构、对工作和生活优先考虑的变化，以及恐怖主义活动，它们会导致对产品或服务需求的变化、新的购买场所和人力资源问题，以及生产中断	（4）技术事项，包括增加资源以应对批量变动、安全故障以及潜在的系统停滞，它们会导致订货减少、欺诈性交易以及不能持续经营业务，不能区分风险和机会
（5）技术因素，包括电子商务的新方式，它会导致数据可取得性的提高、基础结构成本的降低，以及对以技术为基础的服务的需求增加	（5）事项，具有负面影响、正面影响，或者二者兼有：具有负面影响的事项代表风险，它需要管理当局的评估和应对。相应地，风险是一个事项将会发生并对目标实现产生负面影响的可能性。具有正面影响或者抵消风险的负面影响的事项代表机会。机会是一个事项将会发生并对实现目标和创造价值产生正面影响的可能性

（2）编制战略规划

使用何种手段、采取何种措施、运用何种方法来达到目标，即编制战略规划。严格审议和批准发展战略具体包括：

① 发展战略是否符合国家行业发展规划和产业政策。

② 发展战略是否符合国家经济结构战略性调整方向。

③ 发展战略是否突出主业，有助于提升企业核心竞争力。

④ 发展战略是否具有可操作性。

⑤ 发展战略是否客观全面地对未来商业机会和风险进行分析预测。

⑥ 发展战略是否有相应的人力、财务、信息等资源保障等。

3.1.4　发展战略实施的内部控制

科学制定发展战略是一个复杂的过程，实施发展战略更是一个系统工程。企业应当加强对发展战略实施统一领导，制订详细的年度工作计划，通过编制全面预算，将年度目标进行分解、落实，从而确保企业发展目标的实现。

3.1.4.1　着力加强对发展战略实施的领导

要想确保发展战略有效实施，加强组织领导是关键。企业应本着"统一领导、统一指挥"的原则，围绕发展战略，卓有成效地发挥企业经理层在资源分配、内部机构优化、企业文化培育、信息沟通、考核激励相关制度建设等方面的协调、平衡和决策作用，确保发展战略的有效实施。

3.1.4.2　着力将发展战略分解落实

发展战略制定后，企业经理层应着手将发展战略逐步细化，确保"文件上"的发展战略落地变为现实。

（1）要根据战略规划，制订年度工作计划。

（2）要按照上下结合、分级编制、逐级汇总的原则编制全面预算，将发展目标分解并落实到产销水平、资产负债规模、收入及利润增长幅度、投资回报、风险管控、技术创新、品牌建设、人力资源建设、制度建设、企业文化、社会责任等可操作层面，确保发展战略能够真正有效地指导企业各项生产经营管理活动。

（3）要进一步将年度预算细分为季度、月度预算，通过实施分期预算控制，促进年度预算目标的实现。

（4）要通过建立发展战略实施的激励约束机制，将各责任单位年度预算目标完成情况纳入绩效考评体系，切实做到有奖有惩、奖惩分明，以促进发展战略的有效实施。

3.1.4.3　着力保障发展战略有效实施

战略实施过程是一个系统的有机整体，需要研发、生产、营销、财务、人力资源等各个职能部门间的密切配合。企业应当采取切实有效的保障措施，确保发展战略的顺利贯彻实施。

（1）要培育与发展战略相匹配的企业文化。

（2）要优化调整组织结构。企业必须在发展战略制定后，尽快调整企业组织结构、业务流程、权责关系等，以适应发展战略的要求。

（3）要整合内外部资源。企业在战略实施过程中，只有对拥有的资源（人力、财力、物力和信息）进行优化配置，达到战略与资源的匹配，才能充分保证战略的实现。

（4）要相应调整管理方式。如由粗放、层级制管理向集约、扁平化管理转变，为发展战略的有效实施提供强有力的支持。

3.1.4.4　着力做好发展战略宣传培训工作

企业应当重视发展战略的宣传培训工作，为推进发展战略实施提供强有力的思想支撑和行为导向。

（1）在企业董事、监事和高级管理人员中树立战略意识和战略思维，充分发挥其在战略制定与实施过程中的模范带头作用。

（2）通过采取内部会议、培训、讲座、知识竞赛等多种行之有效的方式，把发展战略及其分解落实情况传递到内部各管理层级和全体员工，营造战略宣传的强大舆论氛围。

（3）企业高管层要加强与广大员工的沟通，使全体员工充分认清企业的发展思路、战略目标和具体举措，自觉将发展战略与自己的具体工作结合起来，促进发展战略的有效实施。

3.1.5 发展战略转型的内部控制

因经济形势、产业政策、技术进步、行业状况以及不可抗力等因素发生变化时，确需对发展战略作出调整优化甚至转型的，企业应当按照规定权限和程序，调整发展战略或实现战略转型。

3.1.5.1 要加强对发展战略实施的监控

企业应当建立发展战略评估制度，加强对战略制定与实施的事前、事中和事后评估。从发展战略监控的角度讲，重点应当放在实施中及实施后的评估。

（1）实施中评估

实施中评估是对实施中发展战略的效果进行评估，也是战略调整的重要依据。企业应当结合战略期内每一年度工作计划和经营预算完成情况，侧重对战略执行能力和执行效果进行分析评价。

（2）实施后评估

实施后评估是对发展战略实施后效果的评估，应结合战略期末发展目标的实现情况，侧重对发展战略的整体实施效果进行概括性的分析评价，总结经验教训，并为制定新一轮的发展战略提供信息、数据和经验。

3.1.5.2 要根据监控情况持续优化发展战略

企业在开展战略监控和评估过程中，发现下列情况之一的，应当调整优化发展战略，以促进企业内部资源能力和外部环境条件保持动态平衡。

（1）经济形势、产业政策、技术进步、行业竞争态势以及不可抗力等因素发生较大变化，对企业发展战略实现有较大影响。

（2）企业内部经营管理发生较大变化，有必要对发展战略作出调整。

发展战略调整牵一发而动全身，应当按照规定的权限和程序进行，如图3-2所示。

第一步	各战略执行单位提出各自的战略规划评估报告和修订意见
第二步	战略管理部门汇总各单位意见，并提出修订后的发展战略规划草案
第三步	战略委员会对修订后的发展战略规划草案进行评估论证，向董事会提出发展战略建议方案
第四步	企业董事会严格审议战略委员会提交的发展战略建议方案。按公司章程规定，董事会审议通过的方案应报经股东（大）会批准的，还应履行相应的程序
第五步	战略管理部门将批准的新发展战略，下发各战略执行单位遵照执行

图3-2 发展战略调整的程序

3.1.5.3 要抢抓机遇，顺利实现战略转型

当企业外部环境尤其是所从事行业的竞争状况发生重大变化时，或当企业步入新的成长阶段需要对生产经营与管理模式进行战略调整时，企业必须选择新的生存与发展模式，即战略转型。企业战略转型不是战略的局部调整，而是各个战略层次上的方向性改变。比如，海尔从产品制造企业向高端制造服务型企业的战略转型；吉利汽车从低端汽车产品向中端产品的战略转型等。

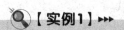 【实例1】▶▶▶

发展战略内部控制活动规范

关键点1：战略管理职能设置

分控节点	控制目标	标准控制活动	主责部门
职责分工	不相容岗位相互分离、制约和监督	战略管理的不相容岗位至少包括： （1）战略规划的编制与审批 （2）战略实施与监控 （3）战略调整与审批	战略规划部
战略管理职能设置	战略发展及规划机构职能明确、清晰	（1）集团公司董事会设立战略委员会负责集团发展战略管理，并制定董事会战略委员会工作规则，明确战略委员会的职责和议事规则 （2）战略管理部门作为战略委员会的日常办事机构，负责战略目标研究、规划编制与调整、考核与评估、统计分析等战略管理工作	

关键点2：发展战略的制定

分控节点	控制目标	标准控制活动	主责部门
发展战略和规划的制定	发展战略和规划的制定经过充分调查研究及全面分析预测，发展目标符合公司发展能力	（1）集团公司战略管理部门负责制定集团中长期发展战略及五年发展规划，制定发展目标时应在充分调查研究、科学分析预测和广泛征求意见的基础上，综合考虑宏观经济政策、国内外市场需求变化、技术发展趋势、行业及竞争对手状况、可利用资源水平和自身优势与劣势等影响因素，重点明确集团的战略定位、发展目标、发展战略、主要业务规划、主要资源配置以及面临的重大风险及应对策略 （2）集团建立战略研究体系，确保战略研究成果为集团战略的制定和决策提供有效支持。集团公司总经理领导和部署集团战略研究工作；集团战略管理部门为战略研究工作的归口管理部门；集团战略研究部门负责实施具体的战略研究工作；集团各成员公司和集团公司各职能部门分别负责所在产业领域和职能领域的战略研究工作，并定期向集团公司战略研究室提交战略分析报告。战略研究的范围包括企业发展战略研究，产业环境及价值链研究，技术、市场及标杆企业研究，战略相关的重大决策支持研究	战略规划部
战略方案的审批	战略规划方案通过合理审议，且经过恰当的授权审批	每年9月底前，集团中长期发展战略与五年发展规划按照公司规定的权限和程序进行审核，并在年底前报股东会审批，批准后通过文件系统在集团内下达执行	战略规划部
战略分解	战略规划得到有效分解	（1）集团中长期发展战略与五年发展规划审批通过后，通过职能子规划、板块业务子规划及成员公司商业计划书、集团年度经营计划、各部门年度工作计划、各板块及其成员公司年度发展战略和三年经营业绩考核实现分解、承接和落实 （2）集团中长期发展战略与五年发展规划作为制订年度经营计划（含战略焦点任务）的重要输入，对战略目标和举措进行分解落实。年度经营计划经董事会批准后，相关指标和任务进一步分解到成员公司年度经营计划、集团公司部门年度重点计划和集团年度专项计划，并据此签订绩效合约书，确保战略目标和任务得到逐级分解落实并达成一致 （3）职能规划包括财务、人力资源、科技创新以及信息化建设等，产业板块业务子规划包括本公司业务发展目标、关键业务领域指标、核心能力建设以及主要资源配置安排。职能规划和产业板块业务子规划分别由集团各相关职能部门和集团相关板块按照集团中长期发展战略及五年发展规划的要求进行编制，由集团公司战略管理部门予以指导。板块具体负责其下属成员公司商业计划书的编制或修订工作	战略规划部

续表

分控节点	控制目标	标准控制活动	主责部门
年度PBA（计划、预算、考核）的制定	年度PBA制定合理、清晰，符合公司发展目标	（1）集团战略规划和年度计划的实施通过编制年度发展战略规划来落实，发展战略应结合上一年集团经营业绩与战略焦点完成情况的分析与改进、下一年国内外经济形势分析与预判以及上一年集团发展战略管理执行情况的分析与改进进行编制。集团公司各部门根据集团年度发展战略启动方案的编制要求编制所在部门内部的年度计划与预算初稿，经部门内部初步评审后提交年度发展战略工作小组。战略管理部门牵头组织财务管理部门、投资发展部门、人力资源管理部门等相关部门（单位）组成集团年度发展战略工作小组，负责汇总发展战略规划并形成发展战略初稿，同时组织初稿评审会议。战略管理部门根据审定意见，完成报审稿，并根据授权提请批准。其中，战略管理部门牵头组织编制下一年度集团战略焦点，战略焦点应按照公司规定的权限和程序进行审批，审批后通过文件系统发布 （2）集团公司各部门及相关板块根据已发布的集团年度发展战略方案编制部门年度重点工作计划与预算	战略规划部

关键点3：战略实施与调整审批

分控节点	控制目标	标准控制活动	主责部门
战略沟通	战略规划得到有效宣传和沟通	（1）集团公司战略管理部门负责战略规划的宣传沟通工作。战略规划方案通过文件系统发布，并通过任务跟踪系统对年度经营目标和战略焦点进行监控和跟踪 （2）各战略承接单位应每月、每季度对每个任务进展情况进行录入，战略管理部门通过系统汇编材料反映集团战略任务的总体完成情况及重点关注项	战略规划部
战略实施	战略规划得到有效实施	（1）战略焦点任务承接单位应定期在任务跟踪系统中录入每个任务进展，经所在单位领导审核后报送，确保完成情况记录真实、客观、准确 （2）战略管理部门通过系统汇编材料反映集团战略任务的总体完成情况	战略规划部
战略监控与评估	战略实施情况得到有效监控和评估	（1）战略管理部门通过任务跟踪系统对年度经营目标和战略焦点进行监控和跟踪。根据战略任务的不同性质和特点，以月度计划跟踪、季度经营分析、年度战略任务评估等例常方式，加上战略质询、管理面谈、实地调查、重大风险监控报告等多种形式对战略实施进行跟踪	战略规划部

续表

分控节点	控制目标	标准控制活动	主责部门
战略监控与评估	战略实施情况得到有效监控和评估	（2）集团公司战略管理部门根据战略实施跟踪情况，定期或不定期提交规划执行总体或专项评估报告，以此作为战略绩效考核、规划修订和调整的重要依据 （3）集团公司战略管理部门通过战略导航与经营检测系统对成员公司及职能部门经营计划的实施情况进行及时监测与分析，发现及识别执行缺陷或不足并采取相应措施	战略规划部
战略考核	战略考核标准客观、合理，考核结果经过恰当授权审批	（1）集团通过任务跟踪系统对战略进行跟踪和考核。每年底，战略管理部门负责组织财务管理部门、人力资源管理部门、投资发展部门等相关部门形成经营业绩考核小组，对战略焦点完成情况进行评分 （2）集团整体运营业绩的评价以经营业绩类指标为主，综合考虑发展类指标和监控指标；成员公司的经营业绩评价采用平衡计分卡原理，以财务、运营、学习与发展为基本目标，综合考虑高目标、单项奖、加分项、效益类及发展类等指标进行打分。评分结果应按照公司规定的权限和程序进行决策审批	战略规划部
战略调整及审批	战略调整合理、及时，符合公司战略目标，且经过恰当授权审批	（1）战略规划一经制订，不得随意变更和调整。当外部环境发生重大变化时，年度战略焦点才能调整 （2）调整战略应按照公司规定的权限和程序进行决策审批	战略规划部

3.2 资金之内部控制

货币资金（以下简称"资金"）是指企业所拥有或控制的现金、银行存款和其他货币资金，是企业流动性最强、控制风险最高的资产，是企业生存与发展的基础。大多数贪污、诈骗、挪用公款等违法乱纪的行为都与货币资金有关。因此，为了加强企业对资金的内部控制，提高资金使用效益，保证资金的安全，防范资金链条断裂，企业必须加强对货币资金的管理和控制，建立健全货币资金内部控制，确保经营管理活动合法而有效。

《企业内部控制应用指引第6号——资金活动》（以下简称资金活动指引）分为四章，共二十一条，对企业开展资金筹集、投放和营运等活动的业务流程、主要风险类型和风险控制措施作出了具体规定；同时明确指出，发布资金活动指引的目的是维护资金的安全与完整、防范资金活动风险、提高资金效益、促进企业健康发展。

3.2.1 资金的内部控制目标

资金的内部控制应该达到以下目标，如图3-3所示。

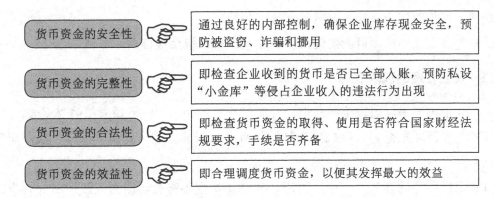

图3-3 资金的内部控制目标

3.2.2 资金的内部控制环境

资金的内部控制环境是对企业货币资金内部控制的建立和实施有重大影响的因素的统称。控制环境的好坏直接决定着企业内部控制能否实施或实施的效果，影响着内部控制的有效性。影响货币资金内部控制环境的主要因素有以下三个方面，如表3-2所示。

表3-2 影响货币资金内部控制环境的主要因素

序号	主要因素	具体说明
1	管理决策者	管理决策者是货币资金内部控制环境中的决定性因素，特别是在推行企业领导个人负责制的情况下，管理决策者的领导风格、管理方式、知识水平、法治意识、道德观念都直接影响货币资金内部控制执行的效果。因此，管理决策者本人应加强自身约束，同时通过民主集中制、党政联席会等制度加强对其监督
2	员工的职业道德和业务素质	在内部控制每个环节中，各岗位都处于相互牵制和制约之中，如果任何岗位的工作出现疏忽大意，均会导致某项控制失效。比如，空白支票、印章应分别由不同的人保管，如果保管印章的会计警惕性不高，出门不关抽屉，将使保管空白支票的出纳有机可乘，由此造成出纳携款潜逃的案件也屡见不鲜
3	内部审计	内部审计是企业自我评价的一种活动，内部审计可协助管理层监督控制措施和程序的有效性，及时发现内部控制的漏洞和薄弱环节。内部审计力度的强弱同样影响货币资金内部控制的效果

3.2.3 资金管理涉及的主要风险

3.2.3.1 资金管理涉及的主要风险概述

（1）筹资与发展战略严重背离，企业盲目扩张，引发流动性不足，可能导致资金链条断裂（比如，当前的房地产资金链问题，巨人集团当年的轰然坍塌）。

（2）投资决策失误或资金配置不合理，可能导致投资损失或效益低下；资金无法收回或支付，可能导致企业陷入财务困境或债务危机。

（3）资金管控不严，可能出现舞弊、欺诈，导致资金被挪用、抽逃。

3.2.3.2　资金管理的风险表现

（1）资金管理违反国家法律法规，可能遭受外部处罚、经济损失和信誉损失。

（2）资金管理未经适当审批或超越授权审批，可能因重大差错、舞弊、欺诈而导致损失。

（3）银行账户的开立、审批、使用、核对和清理不符合国家有关法律法规要求，可能导致受到处罚，造成资金损失。

（4）资金记录不准确、不完整，可能造成账实不符或导致财务报表信息失真。

（5）有关的票据遗失，被变造、伪造、盗用，以及非法使用印章，可能导致资产损失。

3.2.4　筹资活动的内部控制

筹资活动是企业资金活动的起点，也是企业整个经营活动的基础。企业应当根据经营和发展战略的资金需要，确定融资战略目标和规划，并结合年度经营计划和预算安排，拟订筹资方案，明确筹资用途、规模、结构和方式等相关内容，对筹资成本和潜在风险作出充分估计。如果是境外筹资，还必须考虑所在地的政治、经济、法律和市场等因素。

3.2.4.1　筹资活动应重点关注的风险

（1）筹资活动违反国家法律法规，可能遭受外部处罚、经济损失和信誉损失。

（2）筹资活动未经适当审批或超越授权审批，可能因重大差错、舞弊、欺诈而导致损失。

（3）筹资决策失误，可能造成企业资金不足、冗余或债务结构不合理。

（4）债务过高和资金调度不当，可能导致企业不能按期偿付债务。

（5）筹资记录错误或会计处理不正确，可能造成债务和筹资成本信息不真实。

3.2.4.2　岗位分工与授权批准

企业应当建立筹资业务的岗位责任制，明确有关部门和岗位的职责、权限，确保办理筹资业务的不相容岗位相互分离、制约和监督。同一部门或个人不得办理筹资活动全过程的业务。

筹资业务的不相容岗位至少包括：

（1）筹资方案的拟订与决策。

（2）筹资合同或协议的审批与订立。

（3）与筹资有关的各种款项偿付的审批与执行。

（4）筹资业务的执行与相关会计记录。

企业应当配备合格的人员办理筹资业务。办理筹资业务的人员应具备必要的筹资业务专业知识和良好的职业道德，熟悉国家有关法律法规、相关国际惯例及金融业务。

企业应当对筹资业务建立严格的授权批准制度，明确授权批准方式、程序和相关控制措施，规定审批人的权限、责任以及经办人的职责范围和工作要求。

3.2.4.3 筹资活动的业务流程及关键控制点

企业筹资活动的内部控制，应该根据筹资活动的业务流程，区分不同筹资方式，按照业务流程中不同环节体现出来的风险，结合资金成本与资金使用效益情况，采用不同的措施。因此，设计筹资活动的内部控制制度，首先必须深入分析筹资业务流程。通常情况下，筹资活动的业务流程如图3-4所示。

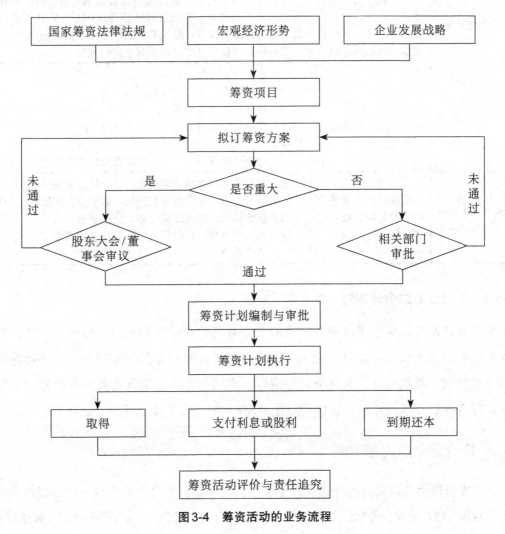

图3-4 筹资活动的业务流程

根据筹资业务流程，找出其中的关键风险控制点进行风险控制，可以提高风险管控的效率，具体内容如表3-3所示。

表3-3　筹资活动内部控制的关键风险控制点、控制目标与控制措施

关键风险控制点	控制目标	控制措施
提出筹资方案	进行筹资方案可行性论证	（1）进行筹资方案的战略性评估，包括是否与企业发展战略相符合，筹资规模是否适当 （2）进行筹资方案的经济性评估，如筹资成本是否最低，资本结构是否恰当，筹资成本与资金收益是否匹配 （3）进行筹资方案的风险性评估，如筹资方案面临哪些风险，风险大小是否适当、可控，是否与收益匹配
筹资方案审批	选择批准最优筹资方案	（1）根据分级授权审批制度，按照规定程序严格审批经过可行性论证的筹资方案 （2）审批中应实行集体审议或联签制度，保证决策的科学性
制订筹资计划	制订切实可行的具体筹资计划，科学规划筹资活动，保证低成本、高效率筹资	（1）根据筹资方案，结合当时经济金融形势，分析不同筹资方式的资金成本，正确选择筹资方式和不同方式的筹资数量，由财务部门或资金管理部门制订具体筹资计划 （2）根据授权审批制度，报有关部门批准
实施筹资	保证筹资活动正确、合法、有效进行	（1）根据筹资计划进行筹资 （2）签订筹资协议，明确权利与义务 （3）按照岗位分离与授权审批制度，各环节和各责任人正确履行审批监督责任，实施严密的筹资程序控制和岗位分离控制 （4）做好严密的筹资记录，发挥会计控制的作用
筹资活动评价与责任追究	保证筹集资金的正确有效使用，维护筹资信用	（1）督促各部门严格按照确定的用途使用资金 （2）监督检查，督促各环节严密保管未发行的股票、债券 （3）监督检查，督促正确计提、支付利息 （4）加强债务偿还和股利支付环节的监督管理 （5）评价筹资活动过程，追究违规人员责任

3.2.4.4　筹资业务的会计控制

对于筹资业务，企业还应设置记录筹资业务的会计凭证和账簿，按照国家统一会计准则和制度，正确核算和监督资金筹集、本息偿还、股利支付等相关情况，妥善保管筹资合同或协议、收款凭证、入库凭证等资料，定期与资金提供方进行账务核对，确保筹资活动符合筹资方案的要求。具体可从图3-5所示的几个方面入手。

3.2.5　投资活动的内部控制

企业投资活动是筹资活动的延续，也是筹资的重要目的之一。企业应该根据自身发展战略和规划，结合企业资金状况以及筹资可能性，草拟投资目标，制订投资计划，谨慎投资。

对筹资业务进行准确的账务处理。应通过相应的账户准确进行筹集资金核算、本息偿付、股利支付等工作

对筹资合同、收款凭证、入库凭证等，应妥善保管。与筹资活动相关的重要文件，如合同、协议、凭证等，企业的会计部门需登记造册，妥善保管，以备查用

企业会计部门应做好具体资金管理工作，随时掌握资金情况。应编制贷款申请表、内部资金调拨审批表等，严格管理筹资程序；应通过编制借款存量表、借款还款计划表等，掌握贷款资金的动向；还应与资金提供者定期对账，以保证资金及时到位与资金安全

财务部门还应协调好企业筹资的利率结构、期限结构等，力争最大限度地降低企业的资金成本

图3-5 筹资业务的会计控制要点

3.2.5.1 投资活动应关注的风险

企业至少应当关注涉及长期股权投资业务的下列风险。

（1）投资行为违反国家法律法规，可能遭受外部处罚、经济损失和信誉损失。

（2）投资业务未经适当审批或越权审批，可能因差错、舞弊、欺诈而导致损失。

（3）投资项目未经科学、严密的评估和论证，可能因决策失误导致重大损失。

（4）投资项目执行缺乏有效管理，因不能保障投资安全和投资收益而导致损失。

（5）投资项目处置的决策与执行不当，可能导致权益受损。

3.2.5.2 职责分工与授权批准控制

职责分工与授权批准控制的具体控制政策和措施包括：

（1）建立投资业务的岗位责任制，确保办理投资业务的不相容岗位相互分离、制约和监督。投资业务不相容岗位至少应当包括投资项目的可行性研究与评估；投资的决策与执行；投资处置的审批与执行；投资绩效评估与执行。

（2）配备合格的人员办理对外投资业务。办理对外投资业务的人员应当具备良好的职业道德，掌握金融、投资、财会、法律等方面的专业知识。

（3）建立投资授权制度和审核批准制度，并按照规定权限和程序办理投资业务；应根据投资类型制定业务流程，明确主要业务环节的责任人员、风险点和控制措施等。

（4）设置相应的记录或凭证，如实记载投资业务的开展情况；明确与投资业务相关文件资料的取得、归档、保管、调阅等各个环节的管理规定及相关人员的职责权限。

3.2.5.3 投资活动业务流程及风险控制点

企业应该根据不同投资类型的业务流程，以及流程中各个环节体现出来的风险，采用不同的具体措施进行投资活动的内部控制。投资活动的业务流程如图3-6所示。

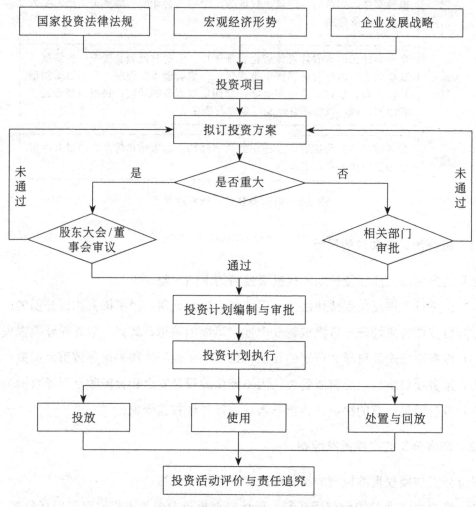

图3-6 投资活动的业务流程图

投资业务的风险控制点、控制目标和对应的控制措施如表3-4所示。

表3-4 投资业务的关键风险控制点、控制目标和控制措施

风险控制点	控制目标	控制措施
提出投资方案	进行投资方案可行性论证	（1）进行投资方案的战略性评估，包括是否与企业发展战略相符合 （2）投资规模、方向和时机是否适当 （3）对投资方案进行技术、市场、财务可行性研究，深入分析项目的技术可行性与先进性、市场容量与前景，以及项目预计现金流量、风险与报酬，比较或评价不同项目的可行性

续表

风险控制点	控制目标	控制措施
投资方案审批	选择批准最优投资方案	（1）明确审批人对投资业务的授权批准方式、权限、程序和责任，不得越权 （2）审批中应实行集体决策审议或者联签制度 （3）与有关被投资方签署投资协议
编制投资计划	制订切实可行的具体投资计划，作为项目投资的控制依据	（1）核查企业当前资金额及正常生产经营预算对资金的需求量，积极筹措投资项目所需资金 （2）制订详细的投资计划，并根据授权审批制度报有关部门审批
实施投资方案	保证投资活动按计划合法、有序、有效进行	（1）根据投资计划进度，严格分期、按进度适时投放资金，严格控制资金流量和时间 （2）以投资计划为依据，按照职务分离制度和授权审批制度，各环节和各责任人正确履行审批监督责任，对项目实施过程进行监督和控制，防止各种舞弊行为，保证项目建设的质量和进度要求 （3）做好严密的会计记录，发挥会计控制的作用 （4）做好跟踪分析工作，及时评价投资的进展，将分析和评价的结果反馈给决策层，以便及时调整投资策略或制定投资退出策略
投资资产处置控制	保证投资资产的处理符合企业的利益	（1）投资资产的处置应该通过专业中介机构，选择相应的资产评估方法，客观评估投资价值，同时确定处置策略 （2）投资资产的处置必须经过董事会的授权批准

3.2.5.4　投资业务的会计控制

企业应当按照会计准则的规定，准确进行投资的会计处理。根据对被投资方的影响程度，合理确定投资业务适用的会计政策，建立投资管理台账，详细记录投资对象、金额、期限、收益等事项，妥善保管投资合同或协议、出资证明等资料。对于被投资方出现财务状况恶化、市价当期大幅下跌等情形的，企业财会机构应当根据国家统一的会计准则和制度规定，合理计提减值准备，确认减值损失，具体内容如图3-7所示。

1　企业必须按照会计准则的要求，对投资项目进行准确的会计核算、记录与报告，确定合理的会计政策，准确反映企业投资的真实状况

2　企业应当妥善保管投资合同、协议、备忘录、出资证明等重要的法律文书

3　企业应当建立投资管理台账，详细记录投资对象、金额、期限等情况，作为企业重要的档案资料以备查用

4　企业应当密切关注投资项目的营运情况，一旦出现财务状况恶化、市价大幅下跌等情形，必须按会计准则的要求，合理计提减值准备。企业必须准确合理地对减值情况进行估计，而不应滥用会计估计，把减值准备作为调节利润的手段

图3-7　投资业务的会计控制要点

3.2.6 资金营运活动内部控制

3.2.6.1 资金营运活动内部控制的主要目标

企业资金营运活动内部控制的主要目标，如图3-8所示。

1 保持生产经营各环节资金供求的动态平衡。企业应当将资金合理安排到采购、生产、销售等各环节，做到实物流和资金流的相互协调、资金收支在数量上及时间上的相互协调

2 促进资金合理循环和周转，提高资金使用效率。资金只有在不断流动的过程中才能带来价值增值。加强资金营运的内部控制，就是要努力提高资金正常周转效率，为短期资金寻找适当的投资机会，避免出现资金闲置和沉淀等低效现象

3 确保资金安全。企业的资金营运活动大多与流动资金尤其是货币资金相关，这些资金由于流动性很强，出现错误、舞弊的可能性更大，所以保护资金安全的要求更迫切

图3-8　资金营运活动内部控制的三大目标

3.2.6.2 职责分工与授权批准

企业应当建立资金业务的岗位责任制，明确相关部门和岗位的职责权限，确保办理资金业务的不相容岗位相互分离、制约和监督。

（1）资金业务的不相容岗位

① 资金支付的审批与执行。

② 资金的保管、记录与盘点清查。

③ 资金的会计记录与审计监督。

④ 出纳人员不得兼任稽核、会计档案保管和收入、支出、费用、债权债务账目的登记工作。不得由一人办理货币资金全过程的业务。

（2）定期进行岗位轮换

① 企业应当配备合格的人员办理资金业务，并结合企业实际情况，对办理资金业务的人员定期进行岗位轮换。

② 企业关键财会岗位，可以实行强制休假制度，并在最长不超过5年的时间内进行岗位轮换。实行岗位轮换的关键财会岗位，由企业根据实际情况确定并在内部公布。

③ 办理货币资金业务的人员应具备良好的职业道德，忠于职守，廉洁奉公，遵纪守法，客观公正，不断提高会计业务素质和职业道德水平。

（3）建立严格的授权批准制度

企业应对货币资金业务建立严格的授权批准制度，明确审批人对货币资金业务的授权批准方式、权限、程序、责任和相关控制措施，规定经办人办理货币资金业务的职责范围和工作要求。审批人根据货币资金授权批准制度的规定，在授权范围内进行审批，不得超越审批权限。经办人在职责范围内，按照审批人的批准意见办理货币资金业务。对于审批人超越授权范围审批的货币资金业务，经办人员有权拒绝办理，并及时向审批人的上级授权部门报告。

3.2.6.3 资金营运活动的业务流程

企业资金营运活动是一种价值运动，为保证资金价值运动的安全、完整、有效，企业资金营运活动应按照严密的流程进行控制，具体内容如图3-9所示。

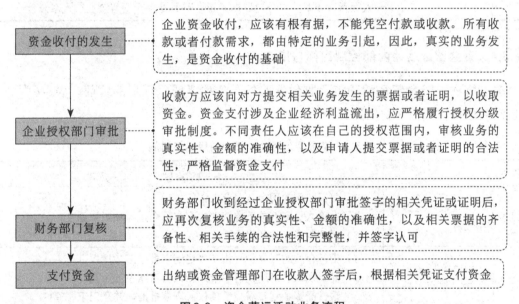

图3-9 资金营运活动业务流程

资金营运活动内部控制的关键风险控制点及内容如表3-5所示。

表3-5 资金营运活动内部控制的关键风险控制点及内容

序号	关键风险控制点	具体内容
1	审批	制定资金的限制接近措施，经办人员进行业务活动时应该得到授权审批，任何未经授权的人员不得办理资金收支业务；使用资金的部门应提出用款申请，记载用途、金额、时间等事项；经办人员在原始凭证上签章；经办部门负责人、主管总经理和财务部门负责人审批并签章
2	复核	资金营运活动会计主管审查原始凭证反映的收支业务是否真实合法，经审核通过并签字盖章后才能填制原始凭证；凭证上的主管、审核、出纳和制单等印章是否齐全

续表

序号	关键风险控制点	具体内容
3	收付	出纳人员按照审核后的原始凭证收付款，对已完成收付的凭证加盖戳记，并登记日记账；主管会计人员及时准确地记录在相关账簿中，定期与出纳人员的日记账核对
4	记账	出纳人员根据资金收付凭证登记日记账，会计人员根据相关凭证登记有关明细分类账，主管会计登记总分类账
5	对账	账证核对、账账核对、账表核对、账实核对等
6	银行账户管理	应当严格按照《支付结算办法》等国家有关规定，加强银行账户的管理；严格按规定开立账户，办理存款、取款和结算
7	票据与印章管理	印章是明确责任、表明业务执行及完成情况的标记。印章的保管要贯彻不相容职务分离的原则，严禁将办理资金支付业务的相关印章和票据集中一人保管，印章要与空白票据分管，财务专用章要与企业法人章分管

3.2.6.4 资金营运活动内部控制目标与措施

综上所述，资金营运活动涉及收付款业务、各种票据、证章的管理，表3-6为资金营运活动内部控制目标与措施。

表3-6 资金营运活动内部控制目标与措施

序号	控制目标	控制措施
1	现金被安全保管和使用	（1）每天收到的现金及时存入银行 （2）主管人员定期或不定期地对库存现金进行核对和抽查 （3）根据制度存放备用金
2	银行账户使用符合法律规定，并且银行存款是安全的	（1）银行存款的开立和终止有严格的审批手续和授权批准 （2）高级别人员定期核对明细账和银行对账单的记录 （3）银行间资金划转需报经授权人审核批准，并登记于账簿内 （4）对账户的管理严格执行《人民币结算账户管理办法》的相关规定
3	支票管理	（1）支票签署严格按照公司支票管理制度执行，如采用会签制度，经指定的支票签署者审批后签发 （2）出纳人员必须登记所有支票和其他票据的收支备查记录，作废支票应当及时注销或者顺号保存 （3）已签署的支票应当由支票签署人保管，直至支票由签署人或其授权的其他职员寄出或递交给受票人为止 （4）支票签章人应当经董事会授权（索取授权书及支票签章样式）
4	银行票据的安全	（1）对有价凭证定期进行盘点 （2）限制在收到的票据上背书 （3）银行票据与有关印章保管的职务分离 （4）定期或不定期进行盘点核对

续表

序号	控制目标	控制措施
5	空白票证的保管	（1）该票证由专人保管 （2）对空白票证进行编号管理并定期盘点 （3）银行空白票证需要设置专用登记簿并顺号登记，定期销号 （4）空白票证的领用有适当的审批
6	货币资金记录的完整	（1）保管和记录的岗位分离 （2）不接触现金收支或保管的人员负责编制银行调节表，由主管人员或独立稽查人员对银行余额调节表进行复核 （3）出纳人员连同原始凭证送交会计人员复核，由会计人员据以填制记账凭单 （4）出纳人员每日逐笔登记"现金日记账"，每日下班之前结出现金余额，与实存现金进行核对相符后，编制"库存现金日报表" （5）收到现金时，出纳人员应当给缴款人员出具正式收据或发票
7	收入被完整记录	（1）在处理现金收入过程中，应限制收款人员接触应收账款文档和相关文件 （2）将收款清单与应收账款贷方和银行存款进行对比 （3）与付款人联系确认付款金额与发票金额不一致的原因，并定期跟客户核对收款清单的明细 （4）对期末未收回的应收账款及客户的投诉进行独立调查 （5）定期对收到的货币资金与开具的发票收据金额进行核对，以确保收到的货币资金全部入账
8	完整记录现金支付情况	（1）定期核对支付记录与应付账款未付发票 （2）将支票事先编号并登记 （3）由独立于应付账款和现金支付职能的人员负责调查长期未达的支票及银行账项 （4）付现金时，有适当的授权批准，并由出纳在付款的原始凭证上加盖"付讫"戳记
9	经过审批的采购支付是合理的业务活动	（1）检查经审批的文件，关注审批付款人员是否独立于采购收货和应付账款等职能 （2）经批准付款的支持文件在付款过后应立即存档或标注，以防被再次用来付款
10	以及时准确的方式向卖主或其他相关人员付款	（1）授权批准人已比较原始文件和支付金额，在验证相关支持文件的准确性后确认支付 （2）有关计算有高级别人员复核 （3）对于延迟付款而产生的损失有相关的罚则
11	公司印鉴管理	（1）新刻印章时应履行相应审批程序 （2）建立印章管理卡，对专人领取和归还印章情况在卡上予以记录 （3）财务专用章和财务负责人名章分开保管

总之，强化企业资金管理、控制资金风险、保障资金安全、发挥资金规模效益，有利于企业宏观掌握和控制资金筹措、运用及综合平衡，促进企业可持续健康发展。

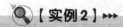【实例2】▶▶▶

资金活动之营运内部控制活动规范

关键点1：资金计划管理

分控节点	控制目标	标准控制活动	主责部门
资金计划编制与审批	确保年度资金总体规划经过适当审批，实现资金在采购、生产、销售等环节的综合平衡，提升资金营运效率	（1）资金管理部门负责按照集团年度预算安排，结合各部门提供的编制资金计划所需相关数据、资本金投入计划和内部资金安排，编制下一年度集团年度资金计划 （2）年度资金计划应按照公司规定的权限和程序进行决策审批后执行	财务部资金管理处
资金计划调整	资金调整经过适当审批，确保资金计划调整的合理性	资金计划变化时，资金管理部门应进行年度资金计划调整，并按照公司规定的权限和程序进行决策审批后执行	
资金计划分解与执行	确保资金使用根据资金计划执行	（1）集团公司制定资金管理制度，并将资金计划执行准确率纳入考核指标 （2）各部门和下属成员公司需根据制度规范对资金预算执行情况进行监控和分析，并定期向集团公司财务管理部门报送月度资金计划及月度资金执行情况	

关键点2：资金管理

分控节点	控制目标	标准控制活动	主责部门
资金集中管理	按集团发展战略对资金实施集中管理，确保资金统一结算和运作，提升资金运营效率	（1）集团公司财务管理部门根据集团发展战略的要求，统筹全集团的资金，集中管理 （2）集团制定资金管理制度，要求全集团资金采用集中管理的模式，以财务公司作为运作平台，实行统一结算、资金统一运作和资金计划统一管理	财务部资金管理处
资金收入及会计控制	资金收入入账及时、准确、完整	（1）集团制定会计核算制度，对资金收入进行管理 （2）集团本部无现金收入，对于银行存款收入，财务共享中心根据收付款凭证，按照业务的发生顺序逐笔登记银行存款日记账，每日终了结出余额，每月核对银行存款日记账及银行对账单，对差异进行说明，并按月编制"银行存款余额调节表"进行调节	财务共享中心
资金支付	资金支付经过适当审批且真实、合理、准确	支付申请部门/员工在工作流程系统中发起支付流程，并上传相应附件和立项信息（如有），按照公司规定的权限和程序审批通过后，流转至财务共享中心付款	财务共享中心
一般备用金申请	员工领用一般备用金符合相关制度规定，并经过适当授权审批	（1）集团备用金使用应根据备用金管理办法执行，员工可预支一般备用金用于一次性零星采购、差旅费等事项，并遵循"前账不清、后账不借"的原则进行管理	财务共享中心

分控节点	控制目标	标准控制活动	主责部门
一般备用金申请	员工领用一般备用金符合相关制度规定，并经过适当授权审批	（2）员工申请备用金时，应提交借款申请说明，按照公司规定的权限和程序进行审批，审批通过后提交至财务共享中心会计和出纳，完成核算和支付	财务共享中心
资金调拨	资金拨付合理且经过恰当授权及审批	资金管理部门根据各业务部门或成员公司资金计划和需求发起资金调拨业务，当涉及内部业务时，如同总公司资金账户调拨、资金一体化管理的各公司之间的调拨、活期账户转定期等，调拨申请直接交由资金管理部门负责人审核后即可执行调拨业务；如涉及外部银行，业务人员应填写内部资金调拨审批表，经公司规定的权限和程序进行审批后办理资金拨付	财务部资金管理处、财务共享中心

关键点3：银行账户管理

分控节点	控制目标	标准控制活动	主责部门
银行账户开立等	银行账户及网银账户开立、注销、使用、对账等工作经过严格管理，确保银行存款安全，记录金额完整准确	财务管理部门根据集团授权规定办理集团账户开立和撤销，征求财务公司意见后，在资金管理系统银行账户模块发起申请，并按照公司规定的权限和程序进行审批后执行	财务部资金管理处
专款专户管理	"国拨资金""省拨资金"等专款专户定期检查，确保未被挪用、透支	（1）财务管理部门根据相关部委下拨资金的通知，提交"财政直接支付汇总申请书"，并加盖财务管理部门公章和总会计师印鉴进行请款。财政部直接将专项资金划拨到集团在外部金融机构指定的专户，集团则根据相关通知和成员公司请款来函划拨到成员公司的专户 （2）成员公司定期自查包括专项资金专户在内的所有银行账户，并提交相关账户信息和审批文件 （3）财务公司资金结算处抽查重要账户的交易记录，包括支付申请单是否有审批记录和支持性文件等，形成银行账户定期抽查记录	财务部资金管理处
银行账户定期清理	对不再需要的银行账户及时清理销户，账户注销经过适当审批	（1）成员公司及时对不再需要的银行账户进行清理销户，银行账户注销应按照公司规定的权限和程序进行审批 （2）成员公司每年按期将上年末的银行账户开立、销户和账户使用情况及各账户的资金余额情况统一报送财务公司，由财务公司汇总，并向集团财务管理部门报告集团整体的银行账户管理情况	财务部资金管理处

续表

分控节点	控制目标	标准控制活动	主责部门
网银管理	公司网银密码及支付权限设置适当，有效防止资金被挪用或未经审批支付	集团公司内部结算系统网银权限支付层级以及外部银行网银支付权限名单应按照公司规定的权限和程序进行审批，各财务共享单位根据经审批的权限名单开通网银相关权限。网银支付指令应经过共享中心资金管理会计和出纳人员的独立复核	财务共享中心
银行存款余额调节表编制	确保银行存款记录真实、完整、准确，未达账项被及时跟踪	（1）财务共享中心资金结算会计负责每月编制银行存款余额调节表，核对本月未达账项，跟踪督促上月及本月未达账项 （2）银行存款余额调节表应提交财务共享中心资金结算负责人审核	财务共享中心

关键点4：现金及票据管理

分控节点	控制目标	标准控制活动	主责部门
现金管理	现金经过妥善登记及保管，确保实物安全，记录准确	（1）集团公司各部门定额备用金应根据公司备用金管理办法的规定进行申请，经部门负责人审核真实性、必要性，财务管理部门负责人审核借款额度的合理性后由财务共享中心发放 （2）定额备用金保管人开立备用金专用账户，并设立定额备用金收支登记簿，登记备用金收支情况 （3）定额备用金需在申请范围内使用，备用金保管人负责及时办理报销手续，在业务完成后一个月内报销，补足备用金金额	财务共享中心
票据管理	票据经过妥善登记及保管，确保实物安全，记录准确	（1）财务共享中心设置专人保管空白支票及支票登记簿，支票使用时由保管人按批准金额填写支票，交由印鉴保管人加盖预留印章，并由领用人在支票登记簿上签字备查 （2）财务管理部门人员按月对支票进行盘点并检查支票号码的连续性，形成盘点表并经复核，确保账实相符	财务共享中心
印鉴管理	银行预留印鉴变更及保管的内控程序严谨合理，可防止印章不恰当变更及使用	（1）集团公司财务专用章和银行预留印鉴私章应分别由不同人员进行专门保管。如需使用财务印章，使用人应填写财务印章使用登记表，注明时间及事项，必要时经财务经理审批后使用 （2）如遇特殊情况，需在保管部门以外使用财务印章时，由使用人填写携带财务印章外出申请单，并提交财务经理审批	财务部资金管理处

 【实例3】▶▶▶

资金活动之投资内部控制活动规范

关键点1：投资计划制订

分控节点	控制目标	标准控制活动	主责部门
投资计划的拟订与审核	年度投资计划符合企业发展战略，并得到科学的评估和论证	（1）各板块/成员公司与预算管理部门就投资计划进行充分沟通，确保投资计划表中项目信息填报完整准确，投资计划满足各板块/成员公司发展的实际需要 （2）每年年底，各板块/成员公司按集团公司要求报送下一年的年度投资计划。战略管理部门基于企业中长期规划、年度经营计划、资产负债率、项目实际情况、潜在项目情况等编制集团年度投资计划 （3）战略管理部门会同财务管理部门、资产管理部门对年度投资计划初稿进行审核；与成员公司及集团相关职能部门沟通，并根据沟通结果澄清/调整年度投资计划后，按照公司规定的权限和程序进行审批	战略规划部
投资计划决策	年度投资计划经适当授权审批，确保投资方案的合理性	集团公司年度投资计划按照集团公司规定的权限和程序进行决策审批，并经股东会批准后发布实施	战略规划部
	及时向有关管理部门履行相应报批程序	战略管理部门根据《中央企业投资监督管理办法》的要求，向国资委报备审批通过的集团年度投资计划	战略规划部
投资计划调整	投资方案调整或变更时经过评估并得到适当审批	年度投资计划调整包括临时性变更和年中调整： （1）对于投资计划的临时性变更，如为总额内项目调整，由各板块/成员公司提交变更申请议案，根据相应授权，以议案审议的形式进行；如为投资计划总额的变更，由集团董事会审核，股东会审批，战略管理部门根据审批后的变更项调整年度投资计划 （2）对于投资计划年中调整，战略管理部门于年中时发出调整通知，各板块/成员公司提出调整方案，说明变更内容及原因。战略管理部门会同财务管理部门等相关部门进行审核，并与成员公司沟通、澄清、修改调整稿。年度投资计划的调整按照公司规定的权限和程序进行审批后发布实施	战略规划部

关键点2：投资方案实施

分控节点	控制目标	标准控制活动	主责部门
投资方案可行性研究	投资项目均得到科学的评估和论证，并购风险经过分析论证，政治、经济、法律、市场等因素对境外投资的影响经严格分析论证，确保投资符合企业战略及具有可行性和经济性	投资方案可行性研究包括初步可行性研究和正式可行性研究： （1）初步可行性研究在投资项目/事项立项前进行，由投资主体成员公司/投资职能部门编制初步可行性研究报告，并作为立项申请材料提交集团投资评审管理部门进行立项评审 （2）正式可行性研究在投资项目/事项立项审批通过后进行，由投资主体成员公司/投资职能部门编制正式可行性研究报告，分析宏观经济、市场、交易方案、融资方案、经济效益和风险等，并作为投资决策的申请材料 （3）对于并购类投资项目，投资板块/职能部门需聘请中介机构开展初步尽职调查和正式尽职调查，对被并购方法律和监管环境、行业及市场情况、财务与资产情况、技术研发情况等进行调查，形成工作底稿并出具尽职调查报告 （4）对于境外投资，投资主体进行可行性研究时需考虑境外政治、宏观经济、法律、市场等因素对投资收益及投资风险产生的影响	资本运营部等投资职能部门
投资项目立项申请	投资项目符合年度投资方案，并经过初步可行性论证和立项	（1）成员公司投资项目 ① 对于在成员公司立项审批授权范围内的投资项目，成员公司完成内部投资立项审批后应在投资管理系统中进行立项备案 ② 对于超出成员公司立项审批授权的投资项目，成员公司需完成初步研究论证后，通过议案或公文申请方式向集团上报立项申请，并提交相关立项申请材料 （2）集团投资项目 对于集团投资业务部门发起的投资项目，项目开发单位完成初步研究论证后以文件系统方式提出立项申请，并提交相关立项申请材料	投资评审中心
投资项目立项评审	投资项目立项经严格论证和评审，确保投资项目符合集团战略，在年度投资计划范围内，且具有可行性和经济性	（1）集团公司投资评审管理部门结合战略管理部门意见，初步对申请文件的完整性、合规性审查后，牵头组织战略管理部门、财务管理部门等相关职能部门，从战略、法律、安全、技术等方面开展立项评审 （2）集团公司投资评审管理部门负责汇总立项评审意见，形成评审结果文件，就是否同意立项提出建议，供决策机构参考	投资评审中心

分控节点	控制目标	标准控制活动	主责部门
投资项目立项审批	投资项目立项经过适当授权和审批	（1）投资项目立项应按照公司规定的权限和程序进行审批，重点审查投资方案是否可行，投资项目是否符合国家产业政策及相关法律法规的规定，是否符合企业投资战略目标和规划，是否具有相应的资金能力，投入资金能否按时收回，预期收益能否实现，以及投资和并购风险是否可控等 （2）重大投资项目，应按照规定的权限和程序实行集体决策或者联签制度	投资评审中心、法律事务部
投资项目评审与决策	投资项目决策经过适当授权和审批	（1）成员公司投资项目 ① 对于在成员公司决策审批授权范围内的投资项目，成员公司完成内部投资决策审批后，在投资管理系统中进行备案 ② 对于超出成员公司决策审批授权的投资项目，成员公司开展可行性研究并完成投资方案后，通过议案或公文申请方式上报集团进行投资决策审批 （2）集团投资项目 ① 对于集团投资项目，投资业务部门在立项经批准后组织开展可行性研究并完成投资方案制定，然后向集团公司投资评审管理部门提出最终投资申请 ② 投资评审管理部门牵头组织战略管理部门、财务管理部门、法务部门、资产管理部门等相关职能部门形成投资评审小组，从项目的战略价值、融资方案、对集团财务影响、股权投资项目治理结构、投资协议、技术先进性和可行性等方面进行评审。集团投资评审管理部门汇总评审信息，并通过敏感性分析、情景分析或概率分析等揭示主要投资风险，对投资的综合影响进行判断，形成评审结果文件，提出明确的投资评审意见 （3）投资项目决策应按照公司规定的权限和程序进行审批，形成正式决策文件	投资评审中心
投资事项审议与决策	投资事项决策经过适当授权和审批	（1）集团制定投资事项审议与决策管理流程，明确投资事项是对外投资项目以外的其他投资行为，如投资项目前期工作过程中的征地、采购设备等活动 （2）成员公司投资事项 ① 对于在成员公司决策审批授权范围内的投资事项，成员公司完成内部投资决策审批后，需在投资管理信息系统中备案 ② 对于超出成员公司决策审批授权的投资事项，成员公司应通过议案或公文申请方式上报集团进行投资决策审批	投资评审中心

分控节点	控制目标	标准控制活动	主责部门
投资事项审议与决策	投资事项决策经过适当授权和审批	（3）集团投资事项 ① 对于集团投资事项，由投资业务部门向集团公司投资评审管理部门提出投资决策申请 ② 投资评审管理部门牵头组织战略管理部门、财务管理部门、法务部门、资产管理部门等相关职能部门形成投资评审小组，从投资事项是否符合投资计划，对融资、预算、投资的财务影响，法律治理问题，对集团总体资本运营的影响等方面进行评审 ③ 集团公司投资评审管理部门汇总评审信息，形成评审结果文件，提出明确的评审意见 （4）投资事项决策应按照公司规定的权限和程序进行审批，形成正式决策文件	投资评审中心
自用不动产投资评审	自用不动产投资经评审，确保投资符合年度投资计划和企业战略，且具有可行性和经济性	（1）成员公司自用不动产购建事项 ① 成员公司提出的自用不动产购建申请应先经过成员公司完成内部审议和审批。在成员公司授权范围内的，经成员公司内部审批通过后，向集团投资评审管理部门报备审批结果 ② 对于超出成员公司决策审批授权的自用不动产购建事项，成员公司根据年度投资计划和需求，按功能、区域、开发模式、经营模式，并结合能否计入工程建造成本等因素，提出项目建议书。申报单位在提交自用不动产购建申请前还应征求所在基地规划委员会（如有）的意见，前置提出项目规划符合性建议，将项目建议书连同各基地规划委的审议意见以议案方式一并提交集团法务部 ③ 成员公司以文件系统方式向集团提交自用不动产购建需求，并按照公司规定的权限和程序进行审批 （2）集团自用不动产购建事项 根据年度投资计划，集团公司需求部门将自用不动产购建需求规划及投资方案、项目方案等资料提交集团投资评审管理部门，并按照公司规定的权限和程序进行审议，形成书面审议意见	投资评审中心、办公室
自用不动产投资决策	自用不动产投资决策经过适当授权和审批	自用不动产投资项目决策应按照公司规定的权限和程序进行决策审批后执行；重大投资项目应按照规定的权限和程序实行集体决策或者联签制度	投资评审中心
投资合同签订	投资合同经适当审批后授权签署	（1）投资主体成员公司/集团公司相关职能部门负责在投资决策前制定投资合同，投资合同应明确出资时间、金额、方式、双方权利义务和违约责任等内容，并经法务部门审核 （2）投资评审时各职能部门需评审合同关键条款，并在决策时明确合同签署授权人，决策审批后由授权人负责签署相关合同	投资主体或集团公司投资业务主办部门

续表

分控节点	控制目标	标准控制活动	主责部门
投资项目跟踪管理	确保投资项目合法合规地根据计划执行，进展和收益符合既定的计划和目标，重大事项得到及时发现和处理	（1）战略管理部门每季度收集公司投资整体执行情况及存在问题，编制季度投资计划执行报告，由公司总经理部审批股份公司投资计划执行报告 （2）投资主体成员公司按要求定期向公司财务管理部门提交项目实施情况，财务管理部门负责核查项目实施进度、市场环境及项目风险是否发生重大变化、已完工部分是否符合投资方案等，并出具相应意见	战略规划部、投资评审中心

关键点3：投资退出

分控节点	控制目标	标准控制活动	主责部门
确定资产处置对象	建立投资退出机制和退出标准，确保投资项目的处理符合公司的利益，实现公司经济利益最大化	（1）投资资产退出原因包括集团内部资产重组、战略规划、经营策略优化等，但主要是被认定为处置类低效资产 （2）集团制定低效资产管理办法，明确低效资产的评价标准和分类（保留类资产和处置类资产）。投资成员公司每年根据制度规定的定性和定量指标完成低效资产自评价，向集团公司提交公司低效资产统计调查表。资产管理部门组织战略管理部门、财务管理部门、法务部门等相关部门，综合考虑投资项目年度定量、定性指标，对低效资产审定分类，将低效资产清单及审定意见按照公司规定的权限和程序进行审批。被审定为处置类的低效资产依据资产盘活退出流程完成投资退出	资本运营部
资产处置立项评审及审批	资产处置立项经充分论证，确保资产处置有助于国有资产保值增值，避免国有资产流失，符合公司资产结构调整战略	（1）集团公司资产归口部门根据确定的资产处置对象，在文件系统中向资产管理部门提出资产处置立项申请 （2）集团公司战略管理部门、财务管理部门等相关职能部门就资产处置项目是否有助于集团资产保值增值以及是否能避免资产流失等方面出具评审意见，资产管理部门负责汇总各部门意见并出具立项评审汇总意见，资产处置立项申请按照公司规定的权限和程序进行审批	资本运营部
清产核资	按法律法规和企业制度履行清产核资、财务审计、资产评估程序，确保国有产权转让合法合规	（1）集团公司资产归口部门和资产管理部门聘请中介机构，按照有关规定开展资产清查，根据资产清查结果编制资产负债表和资产移交清册，并委托会计师事务所实施全面审计 （2）在资产清查和审计的基础上，集团资产归口部门委托具有相关资质的资产评估机构依照国家有关规定进行资产评估，并对评估结果进行备案	资本运营部

续表

分控节点	控制目标	标准控制活动	主责部门
资产处置方案的评审及审批	处置方案经充分论证和适当审批，确保国有产权转让合法合规，并有利于国有资产保值增值	集团公司资产归口部门编制资产处置方案；资产管理部门组织战略管理部门、财务管理部门等相关职能部门对资产处置方案从经济性、战略性等维度进行审议；资产管理部门负责根据各部门审议意见出具汇总审议意见，并按照公司规定的权限和程序进行审批	资本运营部
签署转让协议及完成市场主体/产权变更	国有产权转让均签订产权转让合同/协议，并完成产权变更手续	通过内外部协议转让或以产权交易机构公开挂牌形式确定受让方后，转让协议经法务部门审核，由授权领导签署。集团公司收到转让价款后，资产归口部门负责与受让方共同完成产权登记变更和市场主体变更手续	资本运营部

关键点4：投资后评价

分控节点	控制目标	标准控制活动	主责部门
投资后评价工作计划的制订	年度投资后评价工作计划涵盖重点投资项目，且经过适当审批	（1）集团公司投资评审管理部门负责启动制订年度投资后评价工作计划，发出制订年度投资后评价工作计划通知。成员公司和集团公司投资项目实施单位负责收集项目基本信息，提交集团公司投资评审管理部门 （2）集团投资评审管理部门审核后，结合战略管理部门意见，制订集团公司投资后评价年度工作计划，明确重点项目和非重点项目，以及对投资项目进行全面后评价 （3）投资后评价工作计划按照公司规定的权限和程序进行审批后下达执行	投资评审中心
投资后评价报告	确保遵循年度投资后评价计划进行投资后评价，并形成书面报告，以指导投资项目管理工作的持续改进	（1）集团项目实施单位和成员公司根据投资后评价工作计划完成项目自我总结，集团公司投资评审管理部门根据项目自我总结和独立调查信息编制重点项目投资后评价报告 （2）对于需进行全面后评价的项目，成员公司成立工作小组并按需聘请外部中介机构。外部中介机构选聘结果应经投资评审管理部门确认，全面后评价报告经集团公司投资评审管理部门组织审议验收。对于非重点项目和未列入年度后评价工作计划的项目后评价，由投资评审管理部门委托成员公司或业主公司自主开展，后评价报告报集团公司投资评审管理部门备案 （3）成员公司应向集团公司投资评审管理部门提交投资后评价工作年度报告	投资评审中心
整改落实	确保投资后评价报告中的改进建议事项得以落实	（1）集团公司投资管理部门根据后评价报告反映的问题，向投资主体发出限期整改通知，并监督整改落实情况 （2）投资主体根据集团的整改通知，提出整改方案，推动整改行动的实施，并及时将整改情况上报集团公司投资管理部门	投资评审中心、资本运营部

续表

分控节点	控制目标	标准控制活动	主责部门
责任追究机制	建立责任追究机制，确保资产损失责任追究和处罚合规、客观、公正	（1）集团公司监察部门负责建立资产损失责任人的处理规范，根据管理过程中的发现和相关部门报告的资产损失情况，提出责任追究立案建议 （2）监察部门根据集团相关职能部门出具的情况调查和责任认定结果，提出责任人处理建议，并按照公司规定的权限和程序进行审批后执行	监察部

关键点5：会计控制

分控节点	控制目标	标准控制活动	主责部门
会计处理	关注被投资方财务状况，根据国家会计准则和企业会计核算制度的规定计提减值，确保财务报表项目的公允性和准确性	集团会计核算制度要求财务共享中心定期或于资产负债表日，对各项投资资产进行全面检查，并根据谨慎性原则的要求，判断资产是否存在减值的迹象，对可能发生的各项资产损失计提资产减值。资产减值准备按照公司规定的权限和程序审批后进行计提	财务共享中心
投资管理台账	确保建立投资管理台账，以管理投资项目信息	集团公司投资评审管理部门使用投资管理信息系统管理投资项目信息，投资主体负责在系统中录入投资对象、金额、持股比例、期限等相关信息，集团公司投资评审管理部门通过投资管理信息系统管理所有投资项目	投资评审中心
投资资料保管	确保投资合同或协议、出资证明等资料被妥善保管	投资主体负责妥善保管投资合同或协议、出资证明、章程等资料，并按照档案管理部门的要求定期归档至集团档案室	投资主体或集团公司投资业务主办部门

【实例4】

资金活动之筹资内部控制活动规范

关键点1：筹资计划

分控节点	控制目标	标准控制活动	主责部门
年度筹资计划编制	筹资计划符合企业整体发展战略、投资计划、资金现状和年度预算	（1）集团公司财务管理部门负责统筹集团年度预算管理工作，年度预算包括经营预算、投资预算、筹资预算和财务预算，筹资预算内容包括吸收外部股东投资预算、发行债券或票据预算、借款预算、偿还债券本息预算等	财务部资金管理处

续表

分控节点	控制目标	标准控制活动	主责部门
年度筹资计划编制	筹资计划符合企业整体发展战略、投资计划、资金现状和年度预算	（2）每年年末，集团公司财务管理部门根据公司筹资情况，综合考虑下一年度投资计划、年度资金使用需求、外部金融环境变化、筹资方式差异等因素，以集团债券方案（框架方案）的形式制订年度筹资计划，经财务管理部门内部审批后，提交总经理办公会审议	财务部资金管理处
年度筹资计划审批	授权审批制度健全，筹资计划经过适当授权审批	集团年度筹资计划，经财务管理部门负责人审批通过后，按照公司规定的权限和程序进行审批后执行	财务部资金管理处
年度筹资计划变更	筹资计划发生重大变更时，经过可行性研究及适当授权审批	年度筹资计划发生总额变更时，调整后的年度筹资计划经集团公司财务管理部门评估论证后，按照公司规定的权限和程序进行审批后执行	财务部资金管理处

关键点2：筹资执行

分控节点	控制目标	标准控制活动	主责部门
筹资方案编制与审批	具体筹资方案在年度筹资方案范围内，并经过适当审批	（1）集团目前的筹资方式主要为发行债券，同时，集团公司财务管理部门需对下属成员公司筹资方案进行前置审议 （2）发行债券筹资方案：根据年度债券发行方案，集团公司财务管理部门制定债券发行具体方案并在文件系统中提交，具体方案内容至少包括发行结构、期限、利率、发行市场、中介机构选择等，债券具体方案按照公司规定的权限和程序进行审批 （3）下属成员公司项目筹资方案：成员公司在文件系统中递交项目可行性研究报告及筹资方案，集团公司财务管理部门从额度、利率、期限是否适当，偿债风险是否可控等维度进行前置审议后，成员公司根据自身管理授权进行内部审批	财务部资金管理处
筹资合同的签订	筹资合同经法律部门等相关职能部门审核，并经过适当授权审批	（1）重大筹资协议经过法务部门提供专业意见后，按照公司规定的权限和程序进行审批后签订 （2）年度内一般筹资方案涉及的合同/协议，在具体筹资方案依据管理授权的规定进行审批时即指定合同授权签订人，筹资合同经法务部门提供专业意见，授权人审核后签订	财务部资金管理处
筹资信息披露	信息披露符合相关法律法规要求，披露及时且内容完整准确	（1）公司信息披露应满足相关法律法规和交易商协会规定的最低披露要求 （2）财务管理部门信息披露专员根据董事、监事、高级管理人员和公司各部门提供的相关资料，组织编写相应的信息披露文件，发送至业务部门及相关单位复核，以保证信息的真实性、准确性和完整性。经复核的信息披露文件由财务管理部门总经理审批，通过办公系统及其他合适渠道报送交易商协会系统，及时向市场披露	财务部资金管理处

关键点3：筹资活动的监督、评价与责任追究

分控节点	控制目标	标准控制活动	主责部门
筹集资金使用监督	确保筹集资金按筹资方案或筹资计划使用	（1）集团公司财务管理部门提交债券具体发行方案时说明资金用途 （2）集团公司财务管理部门或相关业务部门使用筹资资金时，应提交提款申请，按照公司规定的权限和程序进行审批。审批时重点关注资金用量及资金用途是否合理，审批通过后由资金管理专员向外部银行发出提款指令，款项才能到账	财务部资金管理处
筹集资金本息偿付监督	确保筹资主体按照筹资计划或合同约定的本金、利率、期限、汇率及币种及时、准确偿付本息	（1）对于发行的外部债券，财务公司每月初将本月债券还本付息金额提前通知集团财务管理部门的资金管理专员。财务管理部门资金管理专员根据融资合同，在资金管理系统中发起还本付息支付申请，经公司规定的权限和程序审批。财务共享中心根据筹资合同，审核支付额度准确性后对外支付。财务公司及财务管理部门依据资金管理系统中的还款记录来监控还款付息情况 （2）同时，资金专员在筹资台账中及时更新还款情况，并提交至资金管理负责人审阅。每月月初，资金专员更新上月度资金计划执行情况，其中包括上月筹资还本付息情况，经资金管理负责人审阅	财务部资金管理处

关键点4：筹资核算

分控节点	控制目标	标准控制活动	主责部门
会计控制	遵循国家统一会计准则和公司会计核算制度，正确核算资金筹集、本息偿还、股利支付等筹资相关业务	财务共享中心根据筹资合同或协议，确认负债或所有者权益、借款利息、折溢价摊销及外币借款发生的汇兑差额，会计核算应遵循公司会计核算制度。对于专为构建或生产符合资本化条件的资产而借入的款项，按核算规定进行借款费用资本化或利息化处理。所有会计处理均经过核算管理负责人的复核	财务共享中心
筹资凭证保管	确保筹资合同等原始资料被妥善保管，定期与资金提供方账务进行核对	（1）集团公司财务管理部门负责签署筹资相关合同或协议，妥善保管贷款合同及其他筹资协议原件，并依据集团档案管理部门要求定期归档 （2）集团公司财务管理部门资金管理专员负责维护筹资台账，确保台账信息真实准确，并至少每两周更新一次 （3）还本付息时，集团公司财务管理部门资金管理专员负责与资金提供方进行账务核对，确保与合同约定一致	财务部资金管理处

3.3 采购之内部控制

采购是企业生产经营的起点，既是企业"实物流"的重要组成部分，又与"资金流"密切关联。采购流程的环节并不是非常复杂，但蕴藏的风险却是巨大的。《企业内部控制应用指引第7号——采购业务》（以下简称采购业务指引）对采购的主要流程进行了梳理，明确了采购业务的主要风险点，有针对性地提出了相应的控制措施。

采购业务指引中所称采购，是指企业购买物资（或接受劳务）及支付款项等相关活动。其中，物资主要包括企业的原材料、商品、工程物资、固定资产等。

3.3.1 采购业务内部控制的目标

（1）促进企业合理采购，满足企业经营需要，规范采购行为，防范采购风险。

（2）确保采购活动以及供应商的管理方法和程序符合国家法律法规和企业内部规章制度的要求。

（3）保证供应商的资料数据保存完整，记录真实、准确，易于管理，便于追踪，同时合理设置供应商审核程序与审核权限，提高企业的决策效益与效率。

（4）维护和发展良好的、长期并稳定的供应商合作关系，开发有潜质的供应商，促进企业的长远发展。

（5）确保授权合理，与采购相关的关键岗位、职责相分离，保证采购资料及数据记录真实、准确、完整。

（6）加快资金周转，降低采购成本，防止资金占用，提高经营效率。

3.3.2 采购业务中重要的职务分离

企业要对采购业务进行内部控制，必须对一些重要业务的处理进行职务分离，如表3-7所示。

表3-7 采购业务中重要的职务分离

序号	业务环节	职务分离
1	请购与审批	企业物品采购应由使用部门根据需要提出申请，并经分管采购工作的负责人进行审批
2	供应商的选择与审批	应由企业采购部门和相关部门共同参与询价并确定供应商，但是确定供应商的人员不能同时负责审批
3	采购合同的制定、审核与审批	应由企业采购部门下订单或起草购货合同，并经授权部门或人员审核、审批

序号	业务环节	职务分离
4	采购、验收与相关记录	企业采购、验收与会计记录工作的职务应当分离，以保证采购数量的真实性，采购价格、质量的合规性，采购记录和会计核算的正确性
5	付款的申请、审批与执行	企业付款审批人与付款执行人的职务应当分离，付款方式不恰当、执行有偏差，可能导致企业资金损失或信用受损

3.3.3　采购业务的流程

采购业务的流程主要涉及编制需求计划和采购计划、请购、选择供应商、确定采购价格、订立框架协议或采购合同、管理供应过程、验收、退货、付款、会计控制等环节，如图3-10所示。该图列出的采购流程适用于各类企业的一般采购业务。企业在实际开展采购业务时，可以参照此流程，并结合自身情况予以扩充和具体化。

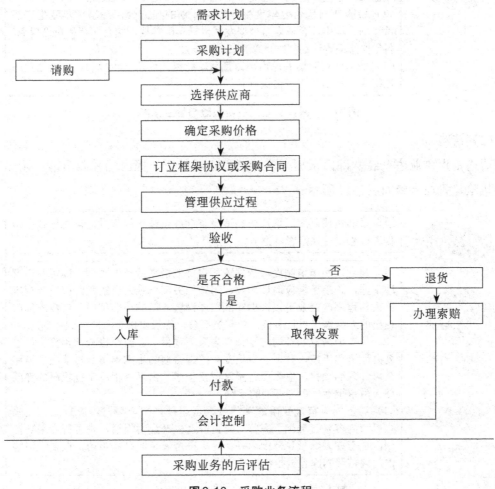

图 3-10　采购业务流程

3.3.4　采购业务各环节的风险点及管控措施

（1）编制需求计划和采购计划

采购业务从计划（或预算）开始，包括需求计划和采购计划。企业实务中，需求部门一般根据生产经营需要向采购部门提出物资需求计划，采购部门根据该需求计划归类、汇总、平衡现有库存物资后，统筹安排采购计划，并按规定的权限和程序审批后执行。

该环节的主要风险与管控措施如图3-11所示。

主要风险	需求或采购计划不合理，不按实际需求安排采购或随意超计划采购，甚至与企业生产经营计划不协调等
主要管控措施	（1）生产、经营、项目建设等部门，应当根据实际需求准确、及时地编制需求计划。需求部门提出需求计划时，不能指定或变相指定供应商。对独家代理、专有、专利等特殊产品应提供相应的独家、专有资料，经专业技术部门研讨后，经具备相应审批权限的部门或人员审批 （2）采购计划是企业年度生产经营计划的一部分，在制订年度生产经营计划过程中，企业应当根据发展目标实际需要，结合库存和在途情况，科学安排采购计划，防止采购量过高或过低 （3）采购计划应纳入采购预算管理，经相关负责人审批后，作为企业刚性指令，各部门应严格执行

图3-11　采购计划的主要风险与管控措施

（2）请购

请购是指企业生产经营部门根据采购计划和实际需要，提出的采购申请。该环节的主要风险与管控措施如图3-12所示。

主要风险	缺乏采购申请制度，请购未经适当审批或超越授权审批，可能导致采购物资过量或短缺，影响企业正常生产经营
主要管控措施	（1）建立采购申请制度，依据购买物资或接受劳务的类型，确定归口管理部门，并授予相应的请购权，明确相关部门或人员的职责权限及相应的请购程序。企业可以根据实际需要设置专门的请购部门，对需求部门提出的采购需求进行审核，并归类汇总，统筹安排企业的采购计划 （2）具有请购权的部门对于预算内采购项目，应当严格按照预算执行进度办理请购手续，并根据市场变化提出合理的采购申请。对于超预算和预算外采购项目，应先履行预算调整程序，由具备相应审批权限的部门或人员审批后，再办理请购手续 （3）具备相应审批权限的部门或人员审批采购申请时，应重点关注采购申请内容是否准确、完整，是否符合生产经营需要，是否符合采购计划，是否在采购预算范围内等。对不符合规定的采购申请，应要求请购部门调整请购内容或拒绝批准

图3-12　请购的主要风险与管控措施

（3）选择供应商

选择供应商也就是确定采购渠道，它是企业采购业务流程中非常重要的环节。该环节的主要风险与管控措施如图3-13所示。

主要风险

供应商选择不当，可能导致采购物资质次价高，甚至出现舞弊行为

主要管控措施

（1）建立科学的供应商评估和准入制度，对供应商资质和信誉情况的真实性和合法性进行审查，确定合格的供应商清单，健全企业统一的供应商网络。企业新增供应商的市场准入、供应商新增服务关系以及调整供应商物资目录，都要由采购部门根据需要提出申请，并按规定的权限和程序审核批准后，纳入供应商网络。企业可委托具有相应资质的中介机构对供应商进行资信调查

（2）采购部门应当按照公平、公正和竞争的原则，择优确定供应商，在切实防范舞弊风险的基础上，与供应商签订质量保证协议

（3）建立供应商管理信息系统和供应商淘汰制度，对供应商提供物资或劳务的质量、价格，交货及时性，供货条件及其资信，经营状况等进行实时管理和考核评价。根据考核评价结果，提出供应商淘汰和更换名单，经审批后对供应商进行合理选择和调整，并在供应商管理系统中作出相应记录

图3-13　选择供应商的主要风险与管控措施

（4）确定采购价格

如何以最优"性价比"采购到符合需求的物资，是采购部门的永恒主题。该环节的主要风险与管控措施如图3-14所示。

主要风险

采购定价机制不科学，采购定价方式选择不当，缺乏对重要物资品种价格的跟踪监控，可能引起采购价格不合理，造成企业资金损失

主要管控措施

（1）健全采购定价机制，采取协议采购、招标采购、询比价采购、动态竞价采购等多种方式，科学合理地确定采购价格。对标准化程度高、需求计划性强、价格相对稳定的物资，通过招标、联合谈判等公开竞争方式签订框架协议

（2）采购部门应当定期研究大宗通用重要物资的成本构成与市场价格变动趋势，确定重要物资品种的采购执行价格或参考价格。建立采购价格数据库，定期开展重要物资市场供求形势及价格走势的商情分析，并合理利用

图3-14　确定采购价格的主要风险与管控措施

（5）订立框架协议或采购合同

框架协议是企业与供应商之间为建立长期物资购销关系而作出的一种约定。采购合同是指企业根据采购需要、采购方式、采购价格等情况与供应商签订的具有法律约束力

的协议。该协议对双方的权利、义务和违约责任等情况作出了明确规定（企业向供应商支付合同规定的金额，供应商按照约定时间、期限、数量与质量、规格将物资交付给采购方）。该环节的主要风险与管控措施如图3-15所示。

主要
风险
框架协议签订不当，可能导致物资采购不顺畅；未经授权对外订立采购合同，合同对方主体资格、履约能力等未达要求，合同内容存在重大疏漏和欺诈，可能导致企业合法权益受到侵害

主要管
控措施
（1）对拟签订框架协议的供应商的主体资格、信用状况等进行风险评估；框架协议的签订应引入竞争制度，以确保供应商具备履约能力
（2）根据确定的供应商、采购方式、采购价格等情况，编制采购合同，准确描述合同条款，明确双方权利、义务和违约责任，按照规定权限签署采购合同。对于影响重大、涉及较高专业技术或法律关系复杂的合同，应当组织法律、技术、财会等专业人员参与谈判，必要时可聘请外部专家参与相关工作
（3）对重要物资验收量与合同量之间允许的差异，应当作出统一规定

图3-15　订立框架协议或采购合同的主要风险与管控措施

（6）管理供应过程

管理供应过程主要是指企业建立严格的采购合同跟踪制度，科学评价供应商的供货情况，并根据合理选择的运输工具和运输方式，办理运输、投保等事宜，实时掌握物资采购供应过程的情况。该环节的主要风险与管控措施如图3-16所示。

主要
风险
缺乏对采购合同履行情况的有效跟踪，运输方式选择不合理，忽视运输过程保险风险，可能导致采购物资损失或无法保证供应

主要管
控措施
（1）依据采购合同中确定的主要条款跟踪合同履行情况，对有可能影响生产或工程进度的异常情况，应出具书面报告，并及时提出解决方案，采取必要措施，保证需求物资的及时供应
（2）对重要物资建立并执行合同履约过程中的巡视、点检和监造制度。对需要监造的物资，择优确定监造单位，签订监造合同，落实监造责任人，审核确认监造大纲，审定监造报告，并及时向技术等部门通报
（3）根据生产建设进度和采购物资特性等因素，选择合理的运输工具和运输方式，并办理运输、投保等事宜
（4）实行全过程的采购登记制度或信息化管理，确保采购过程的可追溯性

图3-16　管理供应过程的主要风险与管控措施

（7）验收

验收是指企业对采购物资和劳务进行检验接收，以确保其符合合同相关规定或产品质量要求。该环节的主要风险与管控措施如图3-17所示。

主要 风险	验收标准不明确、验收程序不规范、对验收中存在的异常情况不进行处理，可 能造成账实不符、采购物资损失
主要管 控措施	（1）制定明确的采购验收标准，结合物资特性确定必检物资目录，同时规定此 类物资出具质量检验报告后方可入库 （2）验收机构或人员应当根据采购合同及质量检验部门出具的质量检验证明， 重点关注采购合同、发票等原始单据与采购物资的数量、质量、规格型号等是 否一致 （3）对验收合格的物资，填制入库凭证，加盖物资"收讫章"，登记实物账， 及时将入库凭证传递给财会部门 （4）物资入库前，采购部门应检查质量保证书、商检证书或合格证等证明文件 （5）验收时涉及技术性强，大宗和新、特物资的，还应进行专业测试，必要时 可委托具有检验资质的机构或聘请外部专家协助验收 （6）对于验收过程中发现的异常情况，比如无采购合同或大额超采购合同、超 采购预算的采购、物资毁损等，验收机构或人员应当立即向企业的相关机构报 告，相关机构应当查明原因并及时处理 （7）对于不合格物资，采购部门应依据检验结果办理让步接收、退货、索赔等 事宜 （8）对延迟交货造成生产建设损失的，采购部门要按照合同约定索赔

图 3-17　验收的主要风险与管控措施

（8）付款

付款是指企业对采购预算、合同、相关单据凭证、审批程序等内容审核无误后，按照采购合同规定及时向供应商支付款项的过程。该环节的主要风险与管控措施如图 3-18 所示。

主要 风险	付款审核不严格、付款方式不恰当、付款金额控制不严，可能导致企业资金损 失或信用受损
主要管 控措施	企业应当加强对采购付款的管理，完善付款流程，明确付款审核人的职责职权， 严格审核采购预算、合同、相关单据凭证、审批程序等相关内容，审核无误后按 照合同规定，合理选择付款方式，及时办理付款。要着重关注以下方面： （1）严格审查采购发票等票据的真实性、合法性和有效性，判断采购款项是否 确实应予支付，如审查发票填制的内容是否与发票种类相符合、发票加盖的印 章是否与票据的种类相符合等。企业应当重视采购付款的过程控制和跟踪管理， 如果发现异常情况，应当拒绝向供应商付款，避免出现资金损失和信用受损 （2）根据国家有关支付结算的相关规定和企业生产经营的实际，合理选择付款方 式，并严格遵循合同规定，防范付款方式不当带来的法律风险，保证资金安全。 除了不足转账起点金额的采购可以支付现金外，采购价款应通过银行办理转账 （3）加强预付账款和定金的管理，涉及大额或长期的预付款项，应当定期进行 追踪核查，综合分析预付账款的期限、占用款项的合理性、不可收回风险等情 况，发现有疑问的预付款项，应当及时采取措施，尽快收回款项

图 3-18　付款的主要风险与管控措施

（9）会计控制

会计控制主要指采购业务会计系统控制。该环节的主要风险与管控措施如图3-19所示。

主要风险：缺乏有效的采购会计系统控制，未能全面真实地记录和反映企业采购各环节的资金流和实物流情况，相关会计记录与相关采购记录、仓储记录不一致，可能导致企业采购业务未能如实反映，以及采购物资和资金受损

主要管控措施：
（1）企业应当加强对购买、验收、付款业务的会计系统控制，详细记录供应商情况、采购申请、采购合同、采购通知、验收证明、入库凭证、退货情况、商业票据、款项支付等内容，做好采购业务各环节的记录，确保会计记录、采购记录与仓储记录核对一致
（2）指定专人通过函证等方式，定期向供应商寄发对账函，核对应付账款、应付票据、预付账款等往来款项。对供应商提出的异议应及时查明原因，报有权管理的部门或人员批准后，作出相应调整

图3-19　会计控制的主要风险与管控措施

3.3.5　采购业务的后评估控制

由于采购业务对企业生存与发展具有重要影响，采购业务控制指引强调企业应当建立采购业务后评估制度。就此，企业应当定期对物资需求计划、采购计划、采购渠道、采购价格、采购质量、采购成本、合同签约与履行情况等物资采购供应活动进行专项评估和综合分析，及时发现采购业务薄弱环节，优化采购流程；同时，将物资需求计划管理、供应商管理、储备管理等方面的关键指标纳入业绩考核体系，促进物资采购与生产、销售等环节的有效衔接，不断防范采购风险，全面提升采购效能。

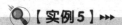【实例5】▶▶▶

采购业务内部控制活动规范

关键点1：采购计划编制

分控节点	控制目标	标准控制活动	主责部门
采购计划编制	采购计划的编制与生产经营计划相符合，采购计划的调整与实际情况相符	（1）每年年初，采购需求部门根据年度预算制订年度采购计划，采购部门负责汇总各个采购需求部门的年度采购计划，形成年度总采购计划 （2）月度采购计划根据年度采购计划编制，采购需求部门按月报送月度采购计划至采购部门，采购部门根据上报的月度采购计划分配采购资源	资本运营部

续表

分控节点	控制目标	标准控制活动	主责部门
采购计划审批	采购计划的编制及调整得到公司适当管理层的审批	（1）年度采购计划的编制包括在集团年度预算编制内，并通过年度预算审批后执行 （2）每年年末，各部门将部门年度预算提交至财务管理部门审核，审核通过后按照公司规定的权限和程序进行审批	资本运营部

关键点2：采购申请管理

分控节点	控制目标	标准控制活动	主责部门
采购立项及申请	技术规范书编制完整，符合采购需求，且经过专业授权审批	应由采购需求部门根据采购项目的技术要求编写技术规范书，包括工作范围、技术规范、质量要求、进度计划、验收标准、保修条款等技术内容。技术规范书应由采购申请部门领导审核，审核通过后在系统中提出采购立项申请，技术归口部门和财务管理部门负责对立项的必要性进行审核，审核原则包括经济合理、统一规划与调配、尽量统一规格、批量采购等，确保采购项目在技术标准和数量上满足实际需要	资本运营部
	采购立项根据预算执行，符合预算控制要求	采购立项应严格按照采购预算执行，对于重大项目，可引入专业咨询公司协助编制准确的预算，以使项目造价或采购价格有据可依。财务管理部门负责审核采购立项是否符合预算管理规定，对于立项金额超过规定限额的项目，还需报审计部门审核其采购方式的合理性。预算审核应重点关注项目的必要性和费用估算金额等方面	资本运营部
	采购立项经过恰当的授权和审批	采购立项申请经申请部门、技术归口部门、财务管理部门、审计部门（如需）审核通过后，按照公司规定的权限和程序进行审批，审批后方可执行采购活动	资本运营部

关键点3：供应商管理

分控节点	控制目标	标准控制活动	主责部门
供应商引入	供应商准入经过严格评估和审核	（1）供应商准入由集团公司统一组织管理，由供应商服务大厅负责牵头实施。供应商自行在供应商管理系统中注册，审核通过后，由供应商服务大厅确定资审单位，资审完成后，由供应商服务大厅将资审结果录入供应商管理系统。供应商准入评估包括供应商技术评审与商务评审两方面	资本运营部

分控节点	控制目标	标准控制活动	主责部门
供应商引入	供应商准入经过严格评估和审核	（2）技术归口部门根据采购项目的技术要求，从供应商的综合实力、项目经验、技术专业性、项目团队配置及管理等方面审核供应商的技术能力，并出具技术能力评估报告。评估结果通过后，由供应商管理部门负责从供应商的资信与履约能力、财务状况、质保等级等方面对供应商的商务能力进行评估 （3）技术评审及商务评审均通过后，供应商管理部门启动供应商资格审查流程，从合格供应商所应具备的能力、经验、资质、信誉、财务状况、质量保证体系等方面对供应商进行有效的资格审查。审查确认合格后，由供应商服务大厅录入供应商管理系统	资本运营部
供应商评估	供应商评估程序规范，评估结果合理、有效	（1）采购合同执行完成后，采购主办单位应组织相关部门，对供应商履约情况进行评价，并对合同执行过程中发生的重大合同争议、索赔、违约等事件进行经验反馈，报供应商管理部门及相关部门。评价结果良好的，需以适当方式通知供应商。评价结果可作为采购项目供应商选择的评审因素，具体评审规则应在采购项目的评审办法中明确 （2）对于存在但不限于不当竞标、行贿、重大违约、重大责任事故、重大负面社会评价、不当投诉、不当争议处理、不履行签约义务、阻挠合同执行、单方面终止/暂停合同、采用威胁手段及其他造成严重后果和影响的不良行为且情节严重造成恶劣影响的供应商，由供应商管理部门提出报告，按照公司规定的权限和程序进行审批，将供应商列入黑名单	资本运营部
供应商主数据维护	供应商主文档及采购资料得到妥善保管、及时更新	（1）集团建立统一的供应商数据库及相应的供应商管理办法，对供应商信息进行有效的管理，以实现集团范围内的信息共享。集团供应商信息统一在供应商管理系统中进行管理 （2）每年年末，供应商管理部门负责对合格供应商库的供应商资质进行检查，对于即将过期的合格供应商，及时安排复审计划，并根据相关程序进行复审。复审通过后由公司商务人员发起供应商信息变更申请，经主管领导审批通过后，统一交由供应商服务大厅审核，审核无误后，在供应商管理系统中更新供应商信息 （3）对于需要淘汰的不合格供应商，集团公司供应商管理部门在供应商管理系统中发起供应商信息变更申请，并上传供应商评估表以及其他支持性材料，经主管领导审批后，统一交由供应商服务大厅审核，审核无误后，在供应商管理系统中更新供应商信息	资本运营部

关键点4：采购方式选择

分控节点	控制目标	标准控制活动	主责部门
采购方式选择	采购方式合规且经过合理论证，采购方式选择经过恰当授权和审批	（1）集团公司总部采购方式包括竞争性采购、单一来源采购 （2）在采购实施过程中，采购需求部门应对采购方式进行分析，选择对公司最有利的采购方式。商务部门应对采购申请部门建议的采购方式进行合理分析。商务部门牵头，与技术、财务等人员组成采购小组，采购方式的确定应通过采购项目启动会由采购小组集体表决，表决结果应形成书面会议纪要，并在合同推荐时按照公司规定的权限和程序进行审批	资本运营部
招标采购	招标工作实施合规，符合公司经济利益	对于属于《中华人民共和国招标投标法》及相关法规要求的强制性招标范围的采购项目，应严格按照相关法律法规的要求，采用委托招标的形式进行招标采购；对于必须依法公开招标的项目，应进行公开招标；对于法定可不招标的情形或法定邀请招标的情形，拟不招标或采用邀请招标的，应报相关行政监督部门批准。商务部门负责对采购招标项目进行监控，确保采购招标程序合规	资本运营部
	招标文件编制规范、内容明确	（1）招标文件由集团公司招标管理部门根据不同类型项目建立相应的模板，模板中的重要条款及内容应根据具体项目进行完善。招标文件模板编制完成后应经法务部门审批 （2）招标方案由招标人根据招标文件模板编制，并提交至授权人审批	资本运营部
	评标程序公平、公正、公开，评估结果客观，符合公司利益	（1）集团公司商务部门负责对评标专家和专家库进行集中统一管理。评标委员会成员应从集团评标专家库中随机抽取。如委托外部招标机构，应根据法规要求选择评标专家 （2）评标项目应根据项目级别由评标人员建立相应的评标规则，不同级别的项目评标规则应经授权审批。评标应符合"合理最低价"或"综合评分最优"的原则。对于技术含量不高且没有质保等级的项目，原则上采用合理最低价中标的方式评标 （3）招标结果公布前，招标人不得与中标人就投标价格、投标方案等实质性内容进行谈判	资本运营部
	评标结果经过恰当授权和审批	评标结果及相关招投标文件应通过授权人审批，审批通过后，应向中标单位发出中标通知	

续表

分控节点	控制目标	标准控制活动	主责部门
询比价采购	采购询价工作实施规范、科学，符合公司经济利益	（1）询比价采购方式包括公开询价、邀请询价及竞争性谈判。对于采购标的规格与标准统一、现货货源充足且价格变化幅度小的采购项目，公开询价的，商务部门以询价公告的方式向集团所有满足标的供货范围的合格供应商进行书面询价；邀请询价的，商务部门需同时向三家或三家以上的潜在供应商进行书面询价，根据供应商报出的不得更改价格，选择最低价或价格条件最优的供应商。对于技术复杂或性质特殊，不能确定详细规格或具体要求的采购项目，商务部门需在两家或两家以上潜在供应商中以谈判的方式确定供应商，谈判过程应形成采购谈判记录表 （2）技术归口部门负责审批采购技术规范书，确定评审原则及评审方法。审批通过后，商务部门负责发出采购询价文件。询价文件收回后，由采购小组负责汇总分析采购比较表，并在合同推荐时按照公司规定的权限和程序进行审批，确定最终采购供应商	资本运营部
单一来源采购（议价采购）	单一来源采购经过合理分析和审核，并经过恰当审批	（1）集团严格控制单一来源的采购方式。单一来源采购的情形主要包括向原供应商采购货物、工程和服务；垄断行业或特殊服务项目；无法形成竞争的项目；续签合同项目以及通过集采平台进行的集团集中采购或集团内部交易等 （2）对于单一来源的采购，由采购主办部门负责牵头实施，通过市场比较、价格分析、谈判等方式确保采购价格的合理性。采购申请部门应提出单一来源采购申请，并将单一来源采购申请报告作为审批附件提交至采购申请部门领导进行审批，未经批准不得启动单一来源采购流程。单一来源采购审批应按照公司规定的权限和程序进行审批	资本运营部
集中采购	规定类别的采购严格实施集中采购，降低采购成本	（1）集中采购业务范围包括招标类项目、公共物资及相关服务等。集中采购范围实行目录化管理，凡列入招标集中采购目录内的项目，均应委托集团统一招标采购平台实施招标采购；凡列入备品备件集中采购目录内的货物，均应通过备品备件集采平台实施采购 （2）集采平台根据法律法规的规定及成员公司的需求，充分论证需纳入集采目录的项目。集采目录定期发布，集采平台负责集采目录的维护更新	资本运营部

关键点 5：采购价格确定

分控节点	控制目标	标准控制活动	主责部门
采购谈判与定价	采购价格分析合理，采购成本得到有效控制	采购小组在谈判前充分了解市场信息，收集相关资料，掌握以往类似交易的合同价格及技术服务的边界范围和要求，为采购定价提供可比依据。可根据采购类型、采购数量、采购质量、交易频率、付款方式、采购渠道、市场常规定价、内部历史采购价格、异常报价等因素，从不同维度、渠道对采购价格进行分析	资本运营部
	采购谈判相关信息得到保密，参与谈判人员设置恰当	采购谈判需严格遵守公司的保密制度，采购管理部门应排除有利害关系的人员参与价格分析、合同谈判工作，并向采购小组成员告知商务谈判的保密规定，提高采购小组成员的保密意识	资本运营部
	评审规则设置恰当，评审过程公平、公正，评审结果客观、合理	评审方法包括最低价评审法、综合评审法或法律及行政法规允许的其他评审方法，对于品牌、型号、规则明确的通用行政物资、通用服务的采购或技术含量不高且没有质保等级的项目，应采用最低价评审法确定签约方。采购项目评审规则由商务部门牵头制定，并经授权人审批后执行。评分细则需客观可衡量，减少主观因素。评审人员应由多个部门代表组成，评审结果应按照公司规定的权限和程序审批通过后生效	资本运营部

关键点 6：采购合同管理

分控节点	控制目标	标准控制活动	主责部门
采购合同签订	采购合同得到恰当审核，并经过适当的授权审批	（1）除规定可不签订书面合同外的采购，均应签订采购合同。对于一般业务合同，由采购小组负责审核；对于非标准合同、影响重大、合同金额重大、涉及较高专业技术或法务关系复杂的合同，合同文本应提交法务部门审核，重点关注合同主体、内容和形式是否合法，合同内容是否符合公司经济利益，对方当事人是否具有履约能力，合同权利和义务、验收标准、违约责任和争议解决条款是否明确等，必要时对合同条款作出修改 （2）合同签订前，商务部门应按照公司规定的权限和程序进行审批，审批后方可签订采购合同。建议合同附上必要的采购报告，包括评（议）标报告以及其他能够记录采购过程重要事项和说明的报告等	资本运营部
采购合同变更	采购合同的变更程序规范，且经过恰当授权审批	（1）采购合同一般不应进行设计和技术要求的变更，除非涉及重大质量安全问题或可以为公司争取到明显的效益。可以发起合同变更的情形包括以下两种情况： ①对于采购申请部门提出的或供应商直接向采购申请部门提出的经过采购申请部门认可的变更要求，采购申请部门应提交书面变更申请，由所在部门的领导批准后，交商务部门	资本运营部

分控节点	控制目标	标准控制活动	主责部门
采购合同变更	采购合同的变更程序规范，且经过恰当授权审批	②供应商直接向商务部门提出书面变更或商务部门认为环境相对订单/合同签订时发生变化，无法继续执行订单/合同或继续执行将给公司造成危害的情况 （2）采购合同变更应按照公司规定的权限和程序进行审批，审批通过后由被授权人签发变更通知书，方可执行合同变更。紧急情况时，可以以书面形式经采购申请部门的领导批准后先执行，相关商务活动同时办理	资本运营部
采购合同暂停与终止	采购合同的暂停与解除程序规范，且经过恰当授权审批	（1）采购合同的暂停或终止应按照合同条款进行。采购主办部门与归口管理部门应事先做好风险分析，采取及时有效的措施，避免或减少公司利益受到损害。合同一方一旦提出暂停或终止合同，采购主办部门应负责召集归口管理部门、法务部门、财务管理部门（必要时）会商，共同研究因合同暂停或终止而可能发生的金额补偿或损失等问题 （2）采购合同暂停或终止应按照公司规定的权限和程序进行审批，审批通过后方可执行。紧急情况时（如国家法令的规定、公司政策的变化等），可立即通知供应商暂停或终止合同	资本运营部
采购合同索赔	采购合同索赔申请和处理及时、合理	（1）采购合同索赔事项发生时，采购申请部门应及时将供应商违约情况以书面形式反馈给商务部门，采购主办单位应组织成立索赔小组，实施反索赔或索赔。如因供应商原因使公司受到损失，索赔小组认为因特殊原因可放弃索赔时，则应形成会议纪要，按照公司规定的权限和程序进行审批 （2）对于需要通过仲裁或诉讼才能解决的重大订单/合同争议，采购主办单位应立即通知法务部门和商务部门。法务部门按照公司法律事务管理办法，牵头组织并处理相关事项	资本运营部
采购合同经验反馈	采购合同执行的经验反馈和沟通及时	采购合同结束时，采购主办单位应组织相关部门对合同执行过程中发生的重大合同争议、索赔、违约等事件进行经验反馈，并报相关部门及资产管理部门	资本运营部
采购合同跟踪	对合同履行情况进行密切监控，确保物资正常供应，符合采购事项进度要求	采购申请部门负责对合同执行情况进行跟踪和检查。通过电子商务平台系统对采购各个环节予以记录，合同执行情况需登记在合格执行台账中备查。通过系统管控采购发货、到货、支付等环节	资本运营部

关键点 7：采购过程监控

分控节点	控制目标	标准控制活动	主责部门
验收管理	确保所有已收到的物资或服务为企业真实购买的物资及服务，并符合公司要求	采购申请部门的技术负责人负责根据合同的规定，及时验收已完成部分的项目，签署验收证书并经授权人签字；技术归口管理部门对验收结果负责，并在验收单、验收合同上进行签字确认	资本运营部
退货申请审核	货品经过规范验收，退货准确，且经恰当审核	集团建立退货管理制度，对退货条件、退货手续、货物出库、退货货款回收等应作出明确规定。退货申请应按照公司规定的权限和程序进行审批	资本运营部
退货货款监控	退款得到跟进并确保及时收回	采购部门根据供应商合同中明确的退货事宜，及时收回退货货款；对于符合索赔条件的退货，应在索赔期内及时办理索赔。财务管理部门负责监控和记录货款的回收情况	财务共享中心

关键点 8：采购结算与付款审核管理

分控节点	控制目标	标准控制活动	主责部门
付款审核管理	付款原始票据真实、合法、有效，付款符合合同约定且经过恰当授权审核	（1）由申请部门通过系统发起支付申请，附上合同签署后的合同文本、发票、验收单等支持性单据，并按照公司规定的权限和程序进行审批，审批通过后由财务共享中心处理支付申请 （2）接收采购支付申请后，财务共享中心审核合同支付的支持性文件，包括合同相关支付条款，收款人信息、金额、收货验收发票、保函、验收单等信息，所有票据完整、有效、合法后方可进行支付 （3）对于有立项无合同以及无立项无合同的支付，均由付款申请部门发出支付申请，按照公司规定的权限和程序进行审批，审批通过后由财务共享中心处理支付申请	财务共享中心
预付账款管理	预付款项得到定期追踪核查、监控和分析	对于涉及大额或长期的预付款项，财务管理部门负责定期进行追踪核查，综合分析预付账款的期限、占用款项的合理性、不可收回风险等情况，发现有疑问的预付款项，及时向采购部门了解原因，并将跟踪分析结果上报财务管理部门负责人审核	财务共享中心

关键点9：会计控制

分控节点	控制目标	标准控制活动	主责部门
应付暂估管理	应付暂估金额及时、准确	（1）每月针对已入库但发票未到的采购物资，财务管理部门根据入库单等相关单据编制暂估入库汇总表，提交财务管理部门负责人审核后进行账务处理，暂估入账。收到发票后，采购部门及时将发票传递至财务管理部门，由会计人员冲回暂估，并根据发票进行相应的账务处理，记账凭证需经不相容岗位人员稽核 （2）对于发票等原始单据尚未齐全但已经通过验收的固定资产，固定资产归口管理部门及时在验收当月将固定资产验收单、采购合同等支持性文件提交至财务管理部门，由财务管理部门会计人员根据合同和已经到货的数量等信息暂估入账，经财务管理部门负责人审核后，确认应付账款	财务共享中心
核算处理	应付账款得到真实、准确、及时核算	对于购入材料、商品等已验收入库，但货款尚未支付的情形，财务管理部门应根据有关凭证（发票账单、随货同行发票上记载的实际价款或暂估价值），进行应付账款核算，确保应付账款的真实性和准确性	财务共享中心
对账管理	应付账款、应付票据、预付账款等往来款项准确	财务管理部门指定专人通过函证、邮件等方式，定期向供应商寄发对账函，核对应付账款、应付票据、预付账款等往来款项，对供应商提出的异议及时查明原因，报有权管理的部门或人员批准后，作出相应调整	财务共享中心

3.4　资产之内部控制

资产管理贯穿于企业生产经营全过程，也就是通常所说的"实物流"管控。《企业内部控制应用指引第8号——资产管理》（以下简称资产管理指引），着重对存货、固定资产和无形资产等提出了全面风险管控要求，旨在保障企业资产安全的前提下，提高资产效能。

3.4.1　资产管理应关注的风险

资产管理指引根据当前企业资产管理实务中存在的实际问题，针对存货、固定资产和无形资产，要求企业着重关注下列主要风险。

（1）存货积压或短缺，可能导致流动资金占用过量、存货价值贬损或生产中断。

（2）固定资产更新改造不够、使用效能低下、维护不当、产能过剩，可能导致企业缺乏竞争力、资产价值贬损、安全事故频发或资源浪费。

（3）无形资产缺乏核心技术、权属不清、技术落后、存在重大技术安全隐患，可能导致企业法律纠纷，使企业缺乏可持续发展能力。

企业应当在全面梳理资产管理流程的基础上，着重围绕上述三个方面的主要风险，结合企业实际进行细化，全面查找资产管理漏洞，确保资产管理不断处于优化状态。

3.4.2　存货的内部控制

存货主要包括原材料、在产品、产成品、半成品、商品及周转材料等；企业代销、代管、代修、受托加工的存货，虽不归企业所有，也应纳入企业存货管理范畴。

存货所涉及的主要业务活动一般会涉及生产计划部门、仓库、生产部门、销售部门、会计部门。

（1）存货业务的分工与授权批准

职责分工、权限范围和审批程序应当明确规范，机构设置和人员配备应当科学合理。企业应当建立存货业务的岗位责任制，明确内部相关部门和岗位的职责、权限，确保办理存货业务的不相容岗位相互分离、制约和监督。

企业应当对存货业务建立严格的授权批准制度，明确审批人对存货业务的授权批准方式、权限、程序、责任和相关控制措施，规定经办人办理存货业务的职责范围和工作要求。

企业内部除存货管理部门及仓储人员外，其余部门和人员接触存货时，应由相关部门特别授权。对于贵重物品、危险品或需保密物品等存货，应当规定更严格的接触限制条件，必要时，存货管理部门内部也应当实行授权接触。

（2）存货业务流程

不同类型的企业有不同的存货业务特征和管理模式；即使同一企业，不同类型存货的业务流程和管控方式也可能不尽相同。企业建立和完善存货内部控制制度，必须结合本企业的生产经营特点，针对业务流程中主要风险点和关键环节，制定有效的控制措施；同时，充分利用计算机信息管理系统，强化会计、出入库等相关记录，确保存货管理全过程的风险得到有效控制。

生产企业的存货业务流程一般可分为取得存货、验收入库、仓储保管、领用发出、原料加工、装配包装、盘点清查等主要环节。生产企业物流流程如图3-20所示。

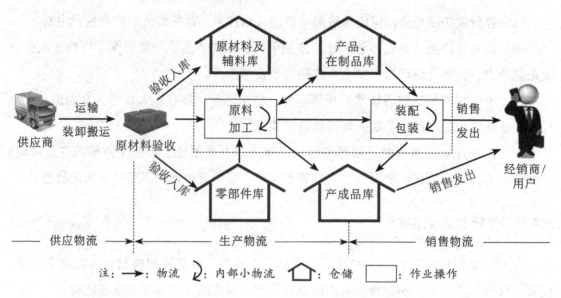

图3-20　生产企业物流流程图

具体到某个特定生产企业，存货业务流程可能较为复杂，不仅涉及上述所有环节，甚至有更多、更细的流程，且存货在企业内部要经历多次循环。比如，原材料经历验收入库、领用加工、形成半成品后又要入库保存或现场保管，直至被继续领用加工；加工完成为产成品后再入库保存，直至发出销售等过程。也有部分生产企业的生产经营活动较为简单，其存货业务流程可能只涉及上述阶段中的某几个环节。

商品流通企业的批发商存货，通常经过取得、验收入库、仓储保管和销售发出等主要环节；零售商从生产企业或批发商（经销商）那里取得商品，经验收后入库保管或者直接放置在经营场所对外销售，如图3-21所示。仓储式超市货架里摆放的商品就是超市的存货，商品仓储与销售过程紧密联系在一起。

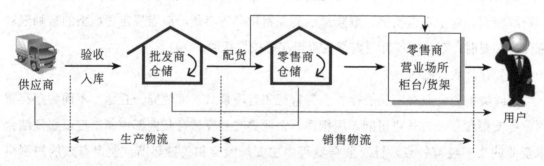

图3-21　商品流通企业物流流程图

总而言之，无论是生产企业，还是商品流通企业，取得存货、验收入库、仓储保管、领用发出、盘点清查等是共有的环节。表3-8对这些环节可能存在的主要风险及管控措施加以阐述。

表3-8　存货管理环节可能存在的主要风险及管控措施

管理环节	主要风险	管控措施
取得存货	存货预算编制不科学、采购计划不合理，可能导致存货积压或短缺	（1）应当根据各存货采购间隔期和当前库存，综合考虑企业生产经营计划、市场供求等因素，充分利用信息系统，合理确定存货采购日期和数量，确保存货处于最佳库存状态 （2）存货取得的风险管控措施主要体现在预算编制和采购环节，应由相关的预算和采购内部控制应用指引加以规范
验收入库	验收程序不规范、标准不明确，可能导致数量被克扣、以次充好、账实不符	（1）外购存货的验收，应当重点关注合同、发票等原始单据与存货数量、质量、规格等是否一致。涉及技术含量较高的货物，必要时可委托具有检验资质的机构或聘请外部专家协助验收 （2）自制存货的验收，应当重点关注产品质量，检验合格的半成品、产成品才能办理入库手续，不合格品应及时查明原因、落实责任、报告处理 （3）其他方式取得的存货的验收，应当重点关注存货来源、质量状况、实际价值是否符合有关合同或协议的约定
仓储保管	仓储保管方法不适当、监管不严密，可能导致存货损坏变质、价值贬损、资源浪费	（1）存货在不同仓库之间流动时，应当办理出入库手续 （2）存货要按照仓储物资所要求的储存条件妥善储存，做好防火、防洪、防盗、防潮、防病虫害、防变质等保管工作，不同批次、型号和用途的产品要分类存放 （3）生产现场的加工原料、周转材料、半成品等要按照有助于提高生产效率的方式摆放，同时防止浪费、被盗和流失 （4）对于代管、代销、暂存、受托加工的存货，应单独存放和记录，避免与本单位存货混淆 （5）应结合企业实际情况，加强对存货进行投保，以保证存货安全，合理降低存货意外损失风险 （6）仓储部门应对库存物料和产品进行每日巡查和定期抽检，并详细记录库存情况；发现毁损、存在跌价迹象的，应及时与生产、采购、财务等相关部门沟通；进入仓库的人员应办理进出登记手续，未经授权人员不得接触存货
领用发出	存货领用发出的审核不严格、手续不完备，可能导致货物流失	（1）企业应根据自身的业务特点，确定适用的存货发出管理模式，制定严格的存货准出制度，明确存货发出和领用的审批权限，健全存货出库手续，加强存货领用记录的管理 （2）无论是何种企业，对于大批存货、贵重商品或危险品的发出，均应当实行特别授权；仓储部门应当根据经审批的销售（出库）通知单发出货物
盘点清查	存货盘点清查制度不完善、计划不可行，可能导致工作流于形式，无法查清存货真实状况	（1）企业应当建立存货盘点清查工作规程，结合本企业实际情况确定盘点周期、盘点流程、盘点方法等相关内容，同时要定期盘点和不定期抽查相结合 （2）盘点清查时，应拟订详细的盘点计划，合理安排相关人员，使用科学的盘点方法，保持盘点记录完整，以保证盘点的真实性、有效性 （3）对于盘点清查结果，要及时编制盘点表，形成书面报告；对盘点清查中发现的问题，应及时查明原因，落实责任，按照规定权限报经批准后处理

管理环节	主要风险	管控措施
盘点清查	存货盘点清查制度不完善、计划不可行，可能导致工作流于形式，无法查清存货真实状况	（4）应多部门人员共同盘点，充分体现相互制衡原则，严格按照盘点计划，认真记录盘点情况 （5）企业应当于每年年度终结时开展全面的存货盘点清查，及时发现存货减值迹象，并将盘点清查结果形成书面报告
存货处置	存货报废处置责任不明确、审批不到位，可能导致企业利益受损	企业应定期对存货进行检查，及时、充分了解存货的存储状态，对于存货变质、毁损、报废或流失的处理要分清责任、分析原因、及时合理。

3.4.3 固定资产的内部控制

固定资产主要包括房屋、建筑物、机器、机械、运输工具，以及其他与生产经营活动有关的设备、器具、工具等。

3.4.3.1 建立固定资产业务的岗位责任制

企业应当建立固定资产业务的岗位责任制，明确相关部门和岗位的职责、权限，确保办理固定资产业务的不相容岗位相互分离、制约和监督。同一部门或个人不得办理固定资产全过程的业务。

有关固定资产的主要业务有编制资本预算、购置固定资产、验收固定资产、保养和维修、折旧、盘点、报废与清理等。为了加强控制，各业务必须有明确的职责分工。

（1）固定资产的需求应由使用部门提出。采购部门、企业内部的建筑或建设部门一般无权首先提出采购或承建的要求。

（2）资产请购或建造的审批人应与请购或建造要求提出者分离。

（3）资本预算的复核审批人应独立于资本预算的编制人。

（4）固定资产的验收人应同采购或承建人、款项支付人职务分离。

（5）资产使用或保管人不能同时担任资产的记账工作。

（6）资产盘查工作不能只有使用人员、保管人员或负责记账的人员来进行，应由独立于这些人员的第三者共同参加。

（7）资产报废的审批人不能同时是资产报废通知单的编制人。

3.4.3.2 固定资产的业务流程与控制措施

企业应当根据固定资产特点，分析、归纳、设计合理的业务流程，查找管理的薄弱环节，健全风险管控措施，保证固定资产安全、完整、高效运行。固定资产业务流程，通常可以分为资产取得、投保、日常维护、资产改造和报废淘汰五个环节，如图3-22所示。

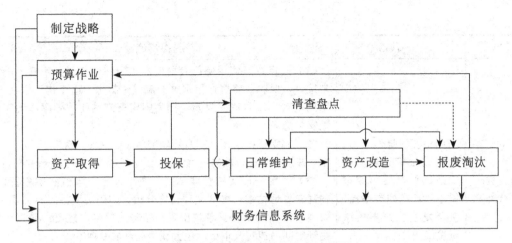

图3-22 固定资产基本业务流程图

表3-9对固定资产各环节可能存在的主要风险及管控措施加以阐述。

表3-9 固定资产各环节可能存在的主要风险及管控措施

管理环节	主要风险	管控措施
固定资产取得	新增固定资产验收程序不规范，可能导致资产质量不符要求，进而影响资产运行	（1）企业外购固定资产时应当根据合同、供应商发货单等对所购固定资产的品种、规格、数量、质量、技术要求及其他内容进行验收，并出具验收单，编制验收报告 （2）企业自行建造的固定资产，应由建造部门、固定资产管理部门、使用部门共同填制固定资产移交使用验收单，验收合格后移交使用部门投入使用 （3）未通过验收的不合格资产，不得接收，必须按照合同等有关规定办理退换货或采取其他弥补措施 （4）对于具有权属证明的资产，取得时必须有合法的权属证书
固定资产投保	固定资产投保制度不健全，可能导致应投保资产未投保、索赔不力，不能有效防范资产损失风险	（1）企业应当通盘考虑固定资产状况，根据其性质和特点，确定和严格执行固定资产的投保范围和政策。投保金额与投保项目力求适当，应对投保的固定资产项目按规定程序进行审批，办理投保手续，规范投保行为，以降低固定资产损失风险 （2）对于重大固定资产项目的投保，应当考虑采取招标方式确定保险人，防范固定资产投保舞弊 （3）已投保的固定资产发生损失时，应及时调查原因及受损金额，向保险公司办理相关的索赔手续
资产登记造册	固定资产登记的内容不完整，可能导致资产流失、资产信息失真、账实不符	（1）制定适合本企业的固定资产目录，列明固定资产编号、名称、种类、所在地点、使用部门、责任人、数量、账面价值、使用年限、损耗等内容 （2）按照单项资产建立固定资产卡片，资产卡片应在资产编号上与固定资产目录保持对应关系，详细记录各项固定资产的来源、验收、使用地点、责任单位和责任人、运转、维修、改造、折旧、盘点等相关内容，以便于固定资产的有效识别。固定资产目录和卡片均应定期或不定期复核，以保证信息的真实和完整

续表

管理环节	主要风险	管控措施
固定资产运行维护	固定资产操作不当、失修或维护过剩，可能造成资产使用效率低下、产品残次率高，甚至发生生产事故或资源浪费	（1）固定资产使用部门会同资产管理部门负责固定资产的日常维修、保养，将资产日常维护流程体制化、程序化、标准化，定期检查，及时消除风险，提高固定资产的使用效率，切实消除安全隐患 （2）固定资产使用部门及管理部门应建立固定资产运行管理档案，并据以制订合理的日常维修和大修理计划，报主管领导审批 （3）固定资产实物管理部门负责审核施工单位资质和资信，并建立管理档案。修理类项目应分类，明确需要招投标的项目。修理完成后，由施工单位出具交工验收报告，经资产使用和实物管理部门核对及审批。重大项目应开展专项审计 （4）操作人员上岗前应由有资质的技术人员对其进行充分的岗前培训，特殊设备实行岗位许可制度，操作人员需持证上岗。必须对资产运转进行实时监控，以保证资产使用流程与既定操作流程相符，确保安全运行，提高使用效率
固定资产升级改造	固定资产更新改造不够，可能造成企业产品线老化、缺乏市场竞争力	（1）定期对固定资产进行先进性评估，结合盈利能力和企业发展可持续性，资产使用部门根据需要提出技改方案，与财务部门一起进行预算可行性分析，并且经过管理部门的审核批准 （2）管理部门需对技改方案实施过程适时监控与管理，有条件的企业应建立技改专项资金，并定期或不定期审计
资产清查	固定资产丢失、毁损等会造成账实不符或资产贬值严重	（1）财务部门应组织固定资产使用部门和管理部门定期进行清查，明确资产权属，确保实物与卡、财务账表相符。在清查作业实施之前应编制清查方案，经过管理部门审核后进行相关的清查作业 （2）清查结束后，清查人员需要编制清查报告。管理部门对清查报告进行审核，确保真实性、可靠性 （3）对于清查过程中发现的盘盈（盘亏），应分析原因，追究责任，妥善处理。报告审核通过后，及时调整固定资产账面价值，确保账实相符，并上报备案
抵押、质押	固定资产抵押制度不完善，可能导致抵押资产价值低估和资产流失	（1）应加强固定资产抵押、质押的管理，明确固定资产抵押、质押流程，规定固定资产抵押、质押的程序和审批权限等，确保资产抵押、质押经过授权审批。同时，应做好相应记录，保障企业资产安全 （2）财务部门办理资产抵押时，如需要委托专业中介机构鉴定评估固定资产的实际价值，应当会同金融机构有关人员、固定资产管理部门、固定资产使用部门现场勘验抵押品，对抵押资产的价值进行评估。对于抵押资产，应编制专门的抵押资产目录
固定资产处置	固定资产处置方式不合理，可能造成企业经济损失	企业应当建立健全固定资产处置的相关制度，区分固定资产不同的处置方式，采取相应控制措施，确定固定资产处置的范围、标准、程序和审批权限，保证固定资产处置的科学性，使企业的资源得到有效的利用：

续表

管理环节	主要风险	管控措施
固定资产处置	固定资产处置方式不合理，可能造成企业经济损失	（1）使用期满、正常报废的固定资产，应由固定资产使用部门或管理部门填制固定资产报废单，经企业授权部门或人员批准后，对该固定资产进行报废清理 （2）使用期限未满、非正常报废的固定资产，应由固定资产使用部门提出报废申请，注明报废理由、预计清理费用和可回收残值、预计处置价格等。企业应组织有关部门进行技术鉴定，按规定程序审批后进行报废清理 （3）拟出售或投资转出及非货币交换的固定资产，应由有关部门或人员提出处置申请，对固定资产价值进行评估，并出具资产评估报告，报经企业授权部门或人员批准后予以出售或转让。企业应特别关注固定资产处置中的关联交易和处置定价，固定资产的处置应由独立于固定资产管理部门和使用部门的相关授权人员办理，固定资产处置价格应报经企业授权部门或人员审批后确定。对于重大固定资产处置，应当考虑聘请具有资质的中介机构进行资产评估，并采取集体审议或联签制度。涉及产权变更的，应及时办理产权变更手续 （4）出租的固定资产，应由相关管理部门提出出租或出借申请，写明申请的理由和原因，并由相关授权人员和部门进行审核。审核通过后，应签订出租或出借合同，包括合同双方的具体情况、出租的原因和期限等内容

3.4.4 无形资产的内部控制

无形资产是企业拥有或控制的没有实物形态的可辨认的非货币性资产，通常包括专利权、非专利技术、商标权、著作权、特许权、土地使用权等。企业应当加强对无形资产的管理，建立健全无形资产分类管理制度，保护无形资产的安全，提高无形资产的使用效率，充分发挥无形资产对提升企业创新能力和核心竞争力的作用。

（1）无形资产管理的流程

无形资产管理的基本流程具体如图3-23所示。

（2）无形资产管理的关键控制点和控制措施

企业应当在对无形资产取得与验收、使用与保全、技术升级与更新换代、处置等环节进行全面梳理的基础上，明确无形资产业务流程中的主要风险，并采取适当的措施实施无形资产内部控制，具体内容如表3-10所示。

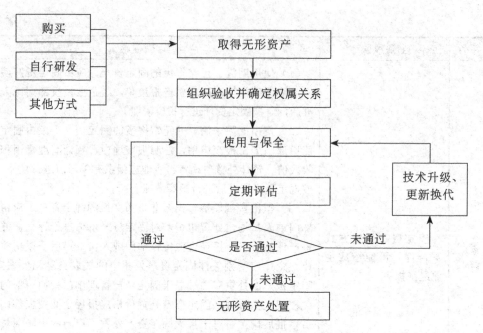

图3-23　无形资产管理基本业务流程图

表3-10　无形资产业务流程环节可能存在的主要风险及管控措施

管理环节	主要风险	管控措施
无形资产取得与验收	取得的无形资产不具先进性或权属不清，可能导致企业资源浪费或引发法律诉讼	（1）企业应当建立严格的无形资产交付使用验收制度，明确无形资产的权属关系，确保及时办理产权登记手续 （2）企业外购无形资产时，必须仔细审核有关合同、协议等法律文件，及时取得无形资产所有权的有效证明文件，同时特别关注外购无形资产的技术先进性 （3）企业自行开发的无形资产，应由研发部门、无形资产管理部门、使用部门共同填制无形资产移交使用验收单后，移交使用部门使用 （4）企业购入或者以支付土地出让金的方式取得的土地使用权，必须取得土地使用权的有效证明文件 （5）当无形资产权属关系发生变动时，应当按照规定及时办理权证转移手续
无形资产的使用与保全	无形资产使用效率低下，导致效能发挥不到位；缺乏严格的保密制度，致使体现在无形资产中的商业机密被泄露；由于商标等无形资产疏于管理，导致其他企业侵权，严重损害企业利益	（1）企业应当强化无形资产使用过程的风险管控，充分发挥无形资产对提升企业产品质量和市场影响力的重要作用 （2）建立健全无形资产核心技术保密制度，严格限制未经授权人员直接接触技术资料。对技术资料等无形资产的保管及接触应保有记录，实行责任追究，以保证无形资产的安全与完整 （3）对侵害本企业无形资产的，要积极取证并形成书面调查记录，提出维权对策，按规定程序审核并上报

续表

管理环节	主要风险	管控措施
无形资产的技术升级与更新换代	无形资产内含的技术未能及时升级换代，导致技术落后或存在重大技术安全隐患	企业应当定期对专利、专有技术等无形资产的先进性进行评估，发现某项无形资产给企业带来经济利益的能力受到重大不利影响时，应当考虑淘汰落后技术，同时加大研发投入，不断推动企业自主创新与技术升级，确保企业在市场经济竞争中始终处于优势地位
无形资产的处置	无形资产长期闲置或低效使用，就会逐渐失去使用价值；无形资产处置不当，往往造成企业资产流失	（1）企业应当建立无形资产处置的相关管理制度，明确无形资产处置的范围、标准、程序和审批权限等要求 （2）无形资产的处置应由独立于无形资产管理部门和使用部门的其他部门或人员，按照规定的权限和程序办理 （3）应当选择合理的方式确定处置价格，并报经企业授权部门或人员审批 （4）重大的无形资产处置，应当委托具有资质的中介机构进行资产评估

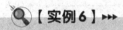 【实例6】▶▶▶

资产管理内部控制活动规范

关键点1：存货管理

分控节点	控制目标	标准控制活动	主责部门
存货验收	存货经过严格验收，存货数量、质量、技术规格等方面符合合同要求	存货归口管理部门负责存货的验收入库管理。物品到货后，仓库管理员负责验收，重点关注存货的数量、质量、规格等，验收无误后在验收单上签字确认。存货管理部门根据验收单及送货单等单据办理存货入库手续	信息管理部、办公室
存货登记与入账	存货登记及账务核算及时、完整、准确	（1）存货出入库情况在存货管理系统中进行登记。存货归口管理部门定期根据存货记录数量对库存实物数量进行核对，确保存货记录与实际库存相符 （2）存货入库后，财务管理部门审核验收单、入库单、技术规范书、采购合同、发票及送货单等单据，确认无误后进行账务处理	信息管理部、办公室
存货领用	存货领用得到恰当授权及审批	存货领用由申请部门或人员在系统中提出申请，按照公司规定的权限和程序进行审批后方可领用或配置	信息管理部、办公室
存货保管	存货得到恰当保管	仓库管理人员需定期对各类库存进行分类整理，分析存货存储状态，及时了解毁损情况。对于存放期限较长、出现毁损等不良存货，仓库管理人员按月/季度编制报表或说明，向资产主管部门领导报告	信息管理部、办公室

分控节点	控制目标	标准控制活动	主责部门
存货盘点	存货得到及时清查，且账实相符	（1）存货管理部门定期对存货进行盘点，记录盘点情况并编制存货盘点表，由盘点人和复核人签字确认 （2）存货管理部门负责对实际盘点结果与存货明细账进行核对，如有盘点差异，应对差异结果进行调查分析，编制盘点差异分析表，列明差异数量、差异原因、相关责任人及处理建议，经盘点人签字确认后反馈给部门领导审批 （3）需调整财务账面数的，由财务管理部门进行相应的账务处理	信息管理部、办公室
存货处置	存货处置得到恰当授权和审批	对于存货的毁损、报废或流失，由存货管理部门编制存货处置申请表，列明应处置存货名称、数量、价值、处置原因、处置方式等内容，按照公司规定的权限和程序进行审批。财务管理部门根据批复意见及时进行账务处理	信息管理部、办公室

关键点2：固定资产管理

分控节点	控制目标	标准控制活动	主责部门
固定资产取得与验收	固定资产经过严格验收，资产质量、技术规格、运转试用等方面符合合同要求	（1）外购固定资产由供应商交付后，由固定资产管理部门验收人会同使用部门验收人，按照采购合同/订单、供应商发票清单及其他相关资料进行必要的检验或调试，并编制固定资产验收单。验收单至少包括固定资产名称、品牌和规格型号、出厂编号、单价（含入账价值、税额）、数量、总价及合同/订单号等内容 （2）对于施工、安装的固定资产，在固定资产达到可使用状态时，固定资产归口管理部门应发起在建工程结转固定资产流程。归口管理部门、技术责任部门应严格按照合同的规定，对到货设备组织验收、调试，对工程质量、进度、投资进行严格控制，并按照合同规定签署"里程碑证书"或"验收证明书"	信息管理部、办公室
固定资产登记	固定资产信息登记及时，内容真实、完整	固定资产通过验收后，固定资产归口管理部门根据合同/订单、发票、验收单等单据及时在固定资产管理系统中登记固定资产卡片，录入固定资产基本信息，包括固定资产名称、物资编码、品牌和规格型号、出厂编号、单价（含入账价值、税额）、数量、总价及合同/订单号等	信息管理部、办公室

分控节点	控制目标	标准控制活动	主责部门
固定资产账务处理	固定资产的入账准确、及时	外购且不需安装可直接使用的固定资产，在验收当月，由归口管理部门发起合同支付等相关流程；需要经施工、安装形成的固定资产，在固定资产达到可使用状态时，由固定资产归口管理部门发起在建工程结转固定资产流程。经授权人签署后，由财务共享中心对预算、立项、合同、发票、验收单、固定资产卡片和支付申请等文件审核无误后，系统自动结转固定资产	财务共享中心
固定资产折旧	固定资产折旧的计提及时、准确，并得到适当审核	（1）公司财务系统自动配置固定资产折旧参数，按照固定资产类别和维护的折旧参数，根据固定资产使用年限进行折旧 （2）每月末，系统自动根据固定资产使用年限、残值率计算当月应计提折旧额，并生成相关会计凭证 （3）每年终了，财务共享中心负责对固定资产的使用年限、预计净残值和折旧方法进行复核。需调整的事项，按照公司规定的权限和程序进行审批，审批通过后由会计人员在系统中重新录入资产资本化起始时间，重新计算折旧	财务共享中心
固定资产实物管理	固定资产实物管理规范，领用、转移经恰当审批，资产得到充分利用	（1）固定资产验收后，由归口部门打印并张贴固定资产标签。各部门固定资产协调员负责固定资产的监督管理，归口管理部门定期对在用的固定资产进行检查，财务共享中心定期组织固定资产的清查，以确保固定资产的完整性和账账、账卡、账实相符 （2）使用部门领用固定资产时，需填写固定资产领用申请单，经批准后办理领用手续。归口管理部门及时做好资产的实物账登记工作，确保账实相符 （3）固定资产在公司内部转移时，固定资产使用人或保管人需填写固定资产转移审批表，经归口管理部门负责人审批后办理固定资产转移手续。归口管理部门固定资产管理人员负责在系统中修改、维护固定资产实物管理信息，包括固定资产存放地点、使用部门、资产负责人、资产保管人等 （4）固定资产闲置不用时，使用人或保管人应向归口管理部门提出申请，及时将实物退回仓库或指定地点。交接双方需填写固定资产转移申请表，经归口管理部门负责人批准后，办理退库移交签字手续	信息管理部、办公室

分控节点	控制目标	标准控制活动	主责部门
运行维护	固定资产维护及时，维修费用经过恰当授权与审批	（1）固定资产维修纳入年度预算。对于固定资产维修项目，固定资产使用部门应提交固定资产维修计划，并明确实施方案，经部门负责人审核后，提交财务管理部门审批 （2）固定资产使用人、保管人负责对所领用的固定资产进行维护管理，部门负责人负责监督本部门领用的固定资产使用情况。当实物出现故障时，使用人、保管人应直接向归口管理部门提出维修申请，由归口管理部门落实维修工作	信息管理部、办公室
固定资产投保	固定资产投保安排合理且经恰当审批	固定资产需投保时，由公司各固定资产归口管理部门填制投保申请单，明确投保范围、险种、价格等内容，按照公司规定的权限和程序进行审批	资本运营部
固定资产盘点	盘点计划编制合理，盘点工作按计划执行，盘点结果准确、有效，盘点结果得到恰当分析，盘点差异得到恰当审批与处理	（1）财务共享中心每年定期牵头，会同固定资产归口管理部门、使用部门组成固定资产盘点小组，开展固定资产年度盘点工作。财务共享中心打印出固定资产清单，作为盘点依据 （2）盘点小组对盘点结果差异进行分析，并编制盘点报告，通过文件系统报送集团。对于盘盈、盘亏情况，盘点小组负责编制盘盈、盘亏表，查明原因，提出处理意见，按照公司规定的权限和程序进行审批。归口管理部门根据批准处理意见在工作管理系统发起审核流程，财务共享中心会计人员审核后进行相应账务处理	财务共享中心
固定资产抵押、质押	固定资产抵押、质押经过恰当授权与审批	固定资产抵押、质押应按照公司规定的权限和程序进行审批，并设置担保备查簿，逐笔登记对内和对外提供的担保，对其全过程进行动态监管、监控和分析，并按季度向财务管理部门提交报告	财务部
固定资产处置	固定资产的处置清理程序规范、合理，经过适当申请与审批	（1）固定资产处置、报废，由资产使用部门或归口管理部门填写固定资产处置申请表，按照公司规定的权限和程序进行审批 （2）处置、报废流程审批完成后，使用部门或归口管理部门需在工作管理系统中发起资产处置流程，并提供相应的附件资料。财务共享中心对相应附件资料审核无误后，将固定资产转入出售、清理程序。固定资产出售、清理完毕后，财务共享中心、实物归口管理部门凭"固定资产处置/报废审批表"、相关发票、收据等材料，分别核销固定资产账、卡	财务共享中心

关键点 3：无形资产管理

分控节点	控制目标	标准控制活动	主责部门
管理职能	无形资产管理制度健全、职责明确	集团应加强对品牌、商标、专利、专有技术、土地使用权等无形资产的管理，分类制定无形资产管理办法，落实无形资产管理责任制，促进无形资产有效利用，充分发挥无形资产对提升企业核心竞争力的作用	信息管理部、科技管理部、集团知识产权办公室
无形资产取得与验收	无形资产交付验收及时	（1）外购无形资产：集团公司科技管理部门、商务部门、法务部门、信息技术管理部门负责审核有关合同、协议等法律文件；集团知识产权管理部门负责对无形资产所有权的有效证明文件进行核对；使用部门负责对无形资产进行验收，编制无形资产验收报告/验收单 （2）自行开发的无形资产：研发部门、无形资产管理部门、使用部门共同填制无形资产移交使用验收单，将无形资产移交使用部门使用	信息管理部、科技管理部、集团知识产权办公室
无形资产登记	无形资产信息、产权登记及时，内容真实、完整	无形资产归口管理部门负责建立无形资产登记清单，并在系统中及时登记无形资产编码、名称、取得时间、权证等信息	信息管理部、科技管理部、集团知识产权办公室
无形资产账务处理	无形资产入账准确、及时	财务共享中心根据集团会计核算制度中无形资产入账要求，及时对取得的无形资产进行账务处理，并定期与有关业务部门对账	财务共享中心
无形资产摊销	无形资产摊销的计提及时、准确，并得到适当审核	（1）公司财务系统自动配置无形资产摊销参数，按照无形资产类别和维护的摊销参数及无形资产使用年限进行摊销 （2）每月末，系统自动根据无形资产的使用年限计算当月应计提摊销额，并生成相关会计凭证 （3）每年终了，财务共享中心负责对无形资产的使用年限和摊销方法进行复核。需调整的事项应按照公司规定的权限和程序进行审批，审批通过后由会计人员在系统中重新录入无形资产资本化起始时间，重新计算摊销	财务共享中心
使用与保全	无形资产使用状况得到记录和监控	集团公司无形资产归口管理部门负责对无形资产使用过程进行监控，并对无形资产使用情况进行登记	信息管理部、科技管理部、集团知识产权办公室
	无形资产技术信息得到保密	（1）集团公司无形资产归口管理部门以及成员公司研发部门、核心岗位技术人员负责对无形资产核心技术保密。研发技术材料需归档保管，并进行档案资料记录 （2）集团研发技术文件的查阅由申请人在系统中填写密级文件利用申请，并提交授权人审批	

续表

分控节点	控制目标	标准控制活动	主责部门
无形资产技术升级与更新	无形资产内含的技术得到定期评估	无形资产归口管理部门定期对专利、专有技术等无形资产的先进性进行评估，淘汰落后技术，加大研发投入，促进技术更新换代，不断提升自主创新能力，努力使核心技术处于同行业领先水平	信息管理部、科技管理部、集团知识产权办公室
无形资产处置	无形资产的处置定价合理，且经过适当的申请与审批	专利和专有技术对外转让时，应按照公司规定的权限和程序进行审批。审批通过后，各成员单位负责及时办理权证转移手续。各成员单位负责根据法律规定签订书面合同，并按照公司规定的权限和程序进行审批。对于集团知识产权管理办公室认定的重大知识产权，其转让和受让应上报集团审批	信息管理部、科技管理部
资产减值与评估	资产价值经过恰当评估，资产减值计提及时、准确、合理	（1）每年年终，财务共享中心牵头对各项资产及账务进行全面的清理、核对和查实，并按照资产清查与资产减值准备财务核销管理办法有关规定，对清查出来的资产盘盈、盘亏、报废及坏账等损益进行处理，对预计可能发生损失的各项资产计提减值准备。财务共享中心可聘请承担公司年度财务决算审计业务的会计师事务所对资产盘点进行监督 （2）对于预计可能发生损失的资产，资产管理部门取得合法、有效的证据后，应按照公司规定的权限和程序进行审批。审批通过后，财务共享中心对相关资产进行处置，并对其账面余额和相应的资产减值准备进行财务核销	财务共享中心

3.5 销售之内部控制

销售业务是指企业出售商品（或提供劳务）及收取款项等相关活动。《企业内部控制应用指引第9号——销售业务》以促进企业销售稳定增长、扩大市场份额为出发点，提出了销售业务应当关注的主要风险以及相应的管控措施。

企业的销售业务并不是简单的交易过程，而是分步骤的交易行为。从收到对方的订单、洽谈交易事宜，到货物的交接，再到货款的支付，甚至还有退货和折扣的发生，这些业务都需要加以控制。

3.5.1 销售业务的流程

企业要想强化销售业务管理，应当对现行销售业务流程进行全面梳理，查找管理漏洞，及时采取措施加以改正；与此同时，还应当健全相关管理制度，明确以风险为导向、符合成本效益原则的销售管控措施，实现与生产、资产、资金等管理的衔接，落实责任制，有效防范和化解经营风险。

图 3-24 是综合不同类型企业形成的销售业务流程，具有普适性。企业在实际操作中，应当充分结合自身业务特点和管理要求，构建和优化销售业务流程。

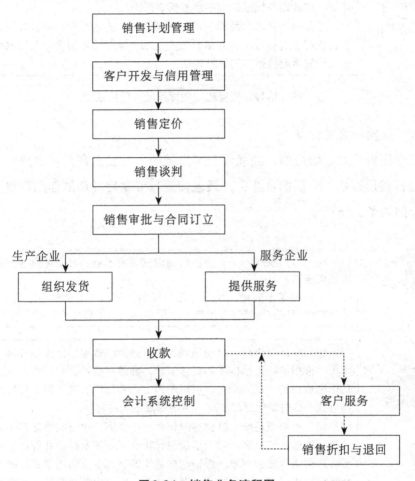

图 3-24　销售业务流程图

3.5.2　销售业务各环节的主要风险及管控措施

企业销售业务流程主要包括销售计划管理、客户开发与信用管理、销售定价、订立销售合同、发货、收款、客户服务和会计系统控制等环节。

（1）销售计划管理

销售计划是指在进行销售预测的基础上，结合企业生产能力，设定总体目标额及不同产品的销售目标额，进而设定具体营销方案和实施计划，以支持未来一定期间内销售额的实现，其主要风险与管控措施如图 3-25 所示。

主要风险	销售计划缺乏或不合理，或未经授权审批，导致产品结构和生产安排不合理，难以实现企业生产经营的良性循环
主要管控措施	（1）企业应当根据发展战略和年度生产经营计划，结合企业实际情况，制订年度销售计划。并在此基础上，结合客户订单情况，制订月度销售计划，按规定的权限和程序审批后下达执行 （2）定期对各产品（商品）的区域销售额、进销差价、销售计划与实际销售情况等进行分析，并结合生产现状，及时调整销售计划，调整后的销售计划需履行相应的审批程序

图 3-25　销售计划管理的主要风险与管控措施

（2）客户开发与信用管理

企业应当积极扩大市场份额，加强现有客户维护，开发潜在目标客户，对有购买意向的客户进行资信评估，并根据企业自身风险接受程度确定具体的信用等级，其主要风险与管控措施如图 3-26 所示。

主要风险	（1）现有客户管理不足、潜在市场需求开发不够，可能导致客户丢失或市场拓展不力 （2）客户档案不健全、缺乏合理的资信评估，可能导致客户选择不当，销售款项不能收回或遭受欺诈，从而影响企业的资金流转和正常经营
主要管控措施	（1）企业应当在进行充分市场调查的基础上，合理细分市场并确定目标市场。根据不同目标群体的具体需求，确定定价机制和信用方式，灵活运用销售折扣、销售折让、信用销售、代销和广告宣传等多种策略和营销方式，促进销售目标实现，不断提高市场占有率 （2）建立和不断更新、维护客户信用动态档案，由与销售部门相对独立的信用管理部门对客户付款情况进行持续跟踪和监控，并提出划分、调整客户信用等级的方案。根据客户信用等级和企业信用政策，确定客户赊销限额和时限，并经销售、财会等部门具有相关权限的人员审批。对于境外客户和新开发客户，应当建立严格的信用保证制度

图 3-26　客户开发与信用管理的主要风险与管控措施

（3）销售定价

销售定价是指商品价格的确定、调整及相应审批，其主要风险与管控措施如图 3-27 所示。

（4）订立销售合同

企业与客户订立销售合同，明确双方权利和义务，并以此作为开展销售活动的基本依据，其主要风险与管控措施如图 3-28 所示。

主要风险	（1）定价或调价不符合价格政策，未能结合市场供需状况、盈利测算等因素进行适时调整，造成价格过高或过低、销售受损 （2）商品销售价格未经恰当审批或存在舞弊，可能导致损害企业经济利益或者企业形象
主要管控措施	（1）应根据有关价格政策，综合考虑企业财务目标、营销目标、产品成本、市场状况及竞争对手情况等多方面因素，确定产品基准定价。定期评价产品基准价格的合理性，定价或调价需经具有相应权限人员的审核批准 （2）在执行基准定价的基础上，针对某些商品，可以授予销售部门一定限度的价格浮动权。销售部门可结合产品市场特点，将价格浮动权向下逐级递减分配，同时明确权限执行人。价格浮动权限执行人必须严格遵守规定的价格浮动范围，不得擅自突破 （3）销售折扣、销售折扣等政策的制定，应由具有相应权限的人员审核批准。销售折扣、销售折扣授予的实际金额、数量、原因及对象，应予以记录，并归档备查

图 3-27　销售定价的主要风险与管控措施

主要风险	（1）合同内容存在重大疏漏和欺诈、未经授权对外订立销售合同，可能导致企业合法权益受到侵害 （2）销售价格、收款期限等违背企业销售政策，可能导致企业经济利益受损
主要管控措施	（1）订立销售合同前，企业应当指定专门人员与客户进行业务洽谈、磋商或谈判，关注客户信用状况，明确销售定价、结算方式、权利与义务等相关内容。重大的销售业务谈判还应当吸收财会、法律等专业人员参加，并形成完整的书面记录 （2）企业应当建立健全销售合同订立及审批管理制度，明确必须签订合同的范围，规范合同的订立程序，确定具体的审核、审批程序和所涉及的部门、人员及相应权责。审核、审批应当重点关注销售合同草案中提出的销售价格、信用政策、发货及收款方式等。重要的销售合同，应当征询法律专业人员的意见 （3）销售合同草案经审批同意后，企业应授权有关人员与客户签订正式销售合同

图 3-28　订立销售合同的主要风险与管控措施

（5）发货

发货是根据销售合同的约定向客户提供商品的环节，其主要风险与管控措施如图 3-29 所示。

（6）收款

收款是企业经授权发货后与客户结算的环节。按照发货时是否收到货款，可分为现销和赊销，其主要风险与管控措施如图 3-30 所示。

主要风险	未经授权发货或发货不符合合同约定，可能导致货物损失或客户与企业发生销售争议、销售款项不能收回
主要管控措施	（1）销售部门应当按照审核后的销售合同开具相关的销售通知，交仓储部门和财会部门 （2）仓储部门应当落实出库、计量、运输等环节的岗位责任，对销售通知进行审核；严格按照所列的发货品种和规格、发货数量、发货时间、发货方式、接货地点等组织发货，形成相应的发货单据，并连续编号 （3）应当以运输合同或条款等形式明确运输方式，商品短缺、毁损或变质的责任，到货验收方式，运输费用承担，保险等内容。在货物交接环节应做好装卸和检验工作，确保货物安全发运，并由客户验收确认 （4）应当做好发货各环节的记录工作，填制相应的凭证，设置销售台账，实现全过程的销售登记制度

图3-29　发货的主要风险与管控措施

主要风险	企业信用管理不到位、结算方式选择不当、票据管理不善、账款回收不力，导致销售款项不能收回或遭受欺诈；收款过程中存在舞弊，使企业经济利益受损
主要管控措施	（1）结合企业销售政策，选择恰当的结算方式，加快款项回收，提高资金的使用效率。对于商业票据，应结合销售政策和信用政策，明确应收票据的受理范围和管理措施 （2）建立票据管理制度，特别要加强商业汇票的管理 ① 对票据的取得、贴现、背书、保管等活动予以明确规定 ② 严格审查票据的真实性和合法性，防止票据欺诈 ③ 由专人保管应收票据，对即将到期的应收票据，及时办理托收，定期核对盘点 ④ 票据贴现、背书应经恰当审批 （3）加强赊销管理 ① 需要赊销的商品，应由信用管理部门按照客户信用等级审核，并经具有相应权限的人员审批 ② 赊销商品一般应取得客户的书面确认，必要时，要求客户办理资产抵押、担保等收款保证手续 ③ 完善应收款项管理制度，落实责任，严格考核，并实行奖惩。销售部门负责应收款项的催收，催收记录（包括往来函电）应妥善保存 （4）加强代销业务款项的管理，及时与代销商结算款项 （5）收取的现金、银行本票、汇票等应及时缴存银行并登记入账。防止销售人员直接收取款项，如必须由销售人员收取的，应由财会部门加强监控

图3-30　收款的主要风险与管控措施

（7）客户服务

客户服务是在企业与客户之间建立信息沟通机制，对客户提出的问题，企业应予以及时解答或反馈、处理，不断改进商品质量和服务水平，以提升客户满意度和忠诚度。客户服务包括产品维修、销售退回、维护升级等，其主要风险与管控措施如图3-31所示。

主要风险	客户服务水平低，消费者满意度不足，会影响企业品牌形象，造成客户流失
主要管控措施	（1）根据竞争对手客户服务水平，建立和完善客户服务内容、标准、方式等 （2）设专人或部门进行客户服务和跟踪，有条件的企业可以按产品线或地理区域建立客户服务中心。同时加强售前、售中和售后技术服务，将客户服务人员的薪酬与客户满意度挂钩 （3）建立产品质量管理制度，加强销售、生产、研发、质量检验等相关部门之间的沟通协调 （4）做好客户回访工作，定期或不定期开展客户满意度调查；建立客户投诉制度，记录所有的客户投诉，并分析产生原因及解决措施 （5）加强销售退回控制。销售退回经具有相应权限的人员审批后方可执行；销售退回的商品应当参照物资采购入库管理规定执行

图 3-31 客户服务的主要风险与管控措施

（8）会计系统控制

会计系统控制是指利用记账、核对、岗位职责落实和相互分离、档案管理、工作交接程序等会计控制方法，确保企业会计信息真实、准确、完整。会计系统控制包括销售收入的确认、应收款项的管理、坏账准备的计提和冲销、销售退回的处理等内容，其主要风险与管控措施如图 3-32 所示。

主要风险	缺乏有效的销售业务会计系统控制，可能导致企业账实不符、账证不符、账账不符或者账表不符，影响销售收入、销售成本、应收款项等会计核算的真实性和可靠性
主要管控措施	（1）企业应当加强对销售、发货、收款业务的会计系统控制，详细记录销售客户、销售合同、销售通知、发运凭证、商业票据、款项收回等情况，确保会计记录、销售记录与仓储记录核对一致。具体为：财会部门开具发票时，应当依据相关单据（计量单、出库单、货款结算单、销售通知单等）并经相关岗位审核。销售发票应符合有关发票管理规定，严禁开具虚假发票。财会部门应审核销售报表等原始凭证的销售价格、数量等，并根据国家统一的会计准则制度确认销售收入，登记入账。财会部门与相关部门在月末应核对当月销售数量，保证各部门销售数量的一致性 （2）建立应收账款清收核查制度，销售部门应定期与客户对账，并取得书面对账凭证；财会部门负责办理资金结算，并监督款项回收 （3）及时收集应收账款相关凭证资料，并妥善保管；及时要求客户提供担保；对未按时还款的客户，采取申请支付令、申请诉前保全和起诉等方式及时清收欠款；对收回的非货币性资产，应进行评估和恰当审批 （4）企业对于可能成为坏账的应收账款，应当按照国家统一的会计准则规定计提坏账准备，并按照权限范围和审批程序进行审批。对确定发生的各项坏账，应当查明原因，明确责任，并在履行规定的审批程序后作出会计处理。企业核销的坏账应当进行备查登记，做到账销案存。已核销的坏账又收回时，应当及时入账，防止形成账外资金

图 3-32 会计系统控制的主要风险与管控措施

3.5.3 销售和收款业务关键控制点

销售和收款业务关键控制点如表3-11所示。

表3-11 销售和收款业务关键控制点汇总表

序号	控制目标	关键控制点	相关账户	有关认定
1	销售收入被完整记录	（1）与适当的销售人员核对经审批的订单 （2）定期核对销售合同管理系统中合同范围与销售订单范围的一致性 （3）将装运单和销售发票预先编制号码并记录 （4）监控客户对错误发票或报表的投诉次数 （5）定期抽查核对销售记录、产品出库记录、销售会计记录、产品实物记录	销售收入/应收账款/应收票据	发生/完整性
2	销售收入被及时入账	（1）企业接收的装运单符合合同约定的条款 （2）如为非标准的装运方式或合同条款，则与负责应收账款的财务人员进行必要的沟通 （3）财务人员在开具发票之前，确认发货条件或合同条款 （4）开票时有符合授权的审批签字，并经过检查确认 （5）发票开具或销售收入确认条件成立后及时入账 （6）根据已发运货物和已开票货物，编制调节表	销售收入/应收账款/应收票据/银行存款	存在/截止
3	销售退回、销售折扣被正确处理	（1）所有的销售退回或折扣都有符合授权的审批签字 （2）有关的销售退回和折扣都及时录入明细账 （3）每一单销售退回都有库房收货单 （4）每一单销售退回或涉及质量的折扣都有质检单 （5）销售退回并不是经常事项或大额年初事项 （6）销售退回或折扣都有跟客户沟通的记录	销售收入/银行存款	发生/涉及舞弊风险
4	应收账款完整和安全	（1）财务部门每月提供未收款明细、账龄分析等内部管理报表 （2）坏账发生审批手续齐备 （3）坏账发生记录及时入账 （4）坏账准备估计经过申报审批 （5）坏账发生与员工绩效挂钩	应收账款	存在/权利和义务/涉及舞弊风险
5	企业的销售信用政策得到严格执行	（1）建立客户台账并定期对信用情况进行更新 （2）信用授权或更改条件有符合授权的审批签字 （3）超信用授权的例外事项发生时，有符合授权的审批签字 （4）对需要授信的新客户进行前期调查	应收账款	权利和义务
6	控制应收票据的贴现和背书	（1）有专人负责银行票据、商业票据的保管和记录 （2）定期盘点有价票据 （3）银行票据、商业票据的入账，有相关的销售记录、销售合同及发货记录 （4）银行票据的贴现有符合授权的批准签字 （5）商业票据的背书转让有符合授权的批准签字 （6）对新收到的商业票据，有专门的审核人员复核其合法性	银行存款/应收票据	完整性/截止

××公司销售与收款内部控制制度

1. 目的

为了加强公司销售与收款环节的内部控制，根据《中华人民共和国会计法》等相关法律法规，制定本制度。

2. 适用范围

本制度所称销售与收款，是指公司在销售过程中接受客户订单、核准客户信用、签订销售合同，以及按客户要求开展生产及运送、开具发票并收取相关款项等一系列工作。

3. 职责

销售与收款业务的下列职责应当分离。

（1）销售订单职能与货物保管职能相分离。

（2）销售订单职能与开具发票、记账职能相分离。

（3）货物保管职能与开具发票、记账职能相分离。

（4）开具发票、记账职能与收款职能相分离。

4. 管理规定

4.1 分工及授权

4.1.1 由各事业部负责产品的销售业务，公司财务部负责财务核算与账款回收。

4.1.2 由业务部负责产品销售定价制度、折扣政策的制定及执行；市场部负责产品物流，开具销售发票；财务部负责记入相关科目，并通过内部往来进行销售实现的相关会计核算。

4.1.3 公司销售的会计核算业务由财务部统一办理，财务部将收回的销售收入存入公司总部开设的银行账户进行统一管理，并负责对应收账款进行统计、总结、分析。

4.1.4 由物控部负责公司产品销售账款的催收工作及订单的关闭；由市场部核对相关加工资料；由业务部确定相应的单价及支付方式；由财务部负责收款，同时对催收与付款结果进行分类统计，并按周、月总结，制作财务分析报表。

4.2 实施与执行

4.2.1 订单执行过程

业务人员根据授权接受客户订单并签署订单合同后，将"订单合同"影本交给市场部进行加工事项的确认（属长期合作客户的，业务及市场人员需确认订单加工事项是否完整），必要时由市场人员组织召开产前会议。市场人员同时编制"加工通知单"给计划部，以便计划部根据客户要求事项及实际生产能力做好相应安排。"加工通知单"作为各事业部和财务部进行业务处理的重要依据，在传递到下一环节前，应经过市场部经理的审批。

4.2.2 应收款的催收

（1）应收款跟进：由该项业务的业务人员直接负责。

（2）应收款收取：由财务部指定的销售会计负责。

4.2.3 发票的开具

市场部根据货物到达时间及时开具发票，并与"加工通知单"、到货凭证（包括送货单与客户收货单）进行核对，若有不符，及时上报。由各事业部或业务部门与客户相关部门协调解决，其协商结果，必须形成相应文书，并进行审批核查，发票开具后及时传递给公司财务部的销售会计。

4.2.4 市场运作与调整

各事业部或业务部门负责制定本部门每季度的"市场运作说明报告"，并报公司总裁批准后执行。中途改变政策时，需经公司总裁批准，并及时以书面形式将内容、执行时间通知公司财务部。

4.2.5 成品交付的单据管控

成品仓库根据审批的"加工通知单"发货。发货时必须经过严格检验，不得擅自发货和随意替换货物，确保与"加工通知单"保持一致；在运输过程中，计划部与车队应确保货物安全和及时到达。"送货单"与运货凭证经计划部审核、市场部核准后传递给财务部的销售会计。

4.2.6 盘点管理

物控部应使用连续编号的"加工通知单""送货单"与运货凭证，定期或不定期对货物进行盘点，并对每月情况进行汇总、分析（统计与分析时，应注明起止时间，以确保数据准确）。公司每月盘点日暂定为25号，若因特殊情况不能如期盘点时，应至少提前5个工作日报经总裁批准后，由各事业部的市场人员分发给相应部门。

4.2.7 单据保管与核对

公司财务部的销售会计应当将"加工通知单"、"送货单"、运货凭证、发票进行核对，并具以入账，进行日常会计核算。每月及时编制日常客户收款单，传递给各事业部进行货款催收，定期与各事业部核对应收账款，做好单据核对工作。财务部对已入账的销售、发货、发票等凭证承担保管职能。

4.2.8 客户信用度管理

公司财务部负责制定应收账款信用制度,同时根据上一季度的销售额、应收账款的回款情况及公司市场开发政策,分类制定和客户对应的应收账款制度,并报客户权益管理人员批准后执行。应收账款超出信用额度时,财务部有权通知各事业部进行催收,严重时应在报总裁并经董事长批准后,及时以书面形式通知业务部及市场部停止该客户产品的加工与供货;业务及市场部应待财务部以书面形式通知禁令解除后,依据加工通知单继续发货。

4.2.9 应收账款最终处理方案

财务部每月对应收账款进行分析、评价,并将分析结果传递给各事业部。对逾期两个季度以上的应收账款,应要求各事业部清理;对于继续开展业务往来的单位,应及时收回应收款,或要求其提供担保、抵押等。必要时,应通过法律程序解决,各事业部负责搜集与诉讼有关的证据,经公司高层决议后,由综合管理部办理起诉事宜。情况特殊的,需经董事长特批。

4.2.10 应收账款的坏账处理方案

逾期一年的应收账款及因现行会计制度规定的其他原因很难收回的应收账款,应由财务经理及时组织清理,并查明原因,由总裁办人员给予相应的处理。确实无法追回的应收账款,及时上报公司董事会审查批准后,转作坏账损失,并注销相关的应收账款明细账。

4.2.11 报废确认与初步处理方案

客户退回的产品,必须经市场部审批后执行。退回产品经质检部门和物控部门验收、清点并开具退货接受单后方可入库。公司财务部根据销售退回单和红字发票及时进行账务处理。物控及计划部应对正常产品和退回产品分别保管,及时统计数量,并要求质量管理部做好相应处理。若无法保障产品质量而需要报废时,应及时上报公司,并根据质量管理部及工程部意见处理。确定报废时,应由计划部及物控部出具相应的报废报告,并提出书面申请,经总裁批准后做相应账务处理。

4.2.12 坏账追讨方案

已注销的应收账款应做到账销案存,并落实责任人随时跟踪,一旦发现客户有偿债能力,应立即追索。对于已核销又收回的应收账款,应冲减当期坏账准备,并出具相应的报告,经董事长批准后做相应账务处理。

4.3 监督检查

4.3.1 本公司的销售与收款环节,由内控部会同有关部门行使监督检查权。

4.3.2 销售与收款环节的监督检查内容包括:

（1）财务部的凭证是否妥善保管，尤其是空白发票的管理；客户信用的变动是否经过审批；应收账款的管理是否及时。

（2）物控部是否按销售通知单发货，销售退回的凭证是否齐全、审批是否越权，退回产品的处理是否符合公司有关规定。

（3）业务部门是否按经审核的价目表进行运作，价格变动和业务提成是否经审批，应收账款的催收管理工作是否到位。

4.3.3 内控部要定期与不定期对销售与收款环节的运行状况进行监督与审查，对于监督检查过程中发现的产品销售与收款内部控制中的薄弱环节，应要求被检查单位纠正和完善；对于发现的重大问题，应要求被检查单位出具书面检查报告，直接向总裁或董事长汇报，以便及时采取措施，加以纠正和完善。

3.6　研发之内部控制

研究与开发是企业核心竞争力的本源，是促进企业自主创新的重要体现，是企业加快转变经济发展方式的强大推动力。《企业内部控制应用指引第10号——研究与开发》（以下简称研究与开发指引）构建了企业研发活动立项、研究、开发、保护过程中内部控制的基本框架，明确了需要重点关注的风险控制点，旨在促进企业自主创新，增强核心竞争力，实现发展战略目标。

研究与开发是指企业为获取新产品、新技术、新工艺等所开展的各种研发活动。研发活动具有投入大、周期长、不确定性高的特点，其对企业经营产生的影响和本身面临的风险也越来越大。因此，研发业务的内部控制在企业整体内部控制过程中处于重要地位。

3.6.1　研究与开发中应关注的风险

企业开展研发活动至少应当关注下列风险。

（1）研究项目未经科学论证或论证不充分，可能导致创新不足或资源浪费。

（2）研发过程管理不善，可能导致研发成本过高、舞弊或研发失败。

（3）研究成果转化利用不足、保护措施不力，可能导致企业利益受损。

3.6.2　研究与开发活动的流程

企业的研发项目不仅注重项目的目标与结果，还要对中间过程建立起有效的管理流程。一个流程化、结构化的研发业务工作流程，应该对过程采取层层控制以及有效反馈而逐步达到最终目标。建立规范的研究与开发项目管理流程，不仅可以指导和帮助团队成员的研发实践，而且可以降低研发风险，保证研发质量，极大提高研发工作的效率和效益。研究与开发的基本流程如图3-33所示。

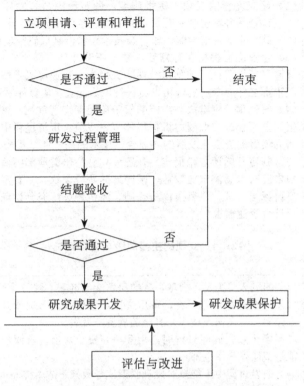

图3-33　一般生产企业研究与开发活动流程

3.6.3　研究与开发活动的主要风险及管控措施

研究与开发活动的基本流程主要涉及立项、研发过程管理、结题验收、研究成果开发和保护、研发活动评估等。

3.6.3.1　立项

立项主要包括立项申请、评审和审批，其主要风险与管控措施如图3-34所示。

3.6.3.2　研发过程管理

研发过程是研发的核心环节。实务中，研发通常分为自主研发、委托研发和合作研发。

（1）自主研发

自主研发是指企业依靠自身的科研力量，独立完成项目，包括原始创新、集成创新和引进消化吸收再创新三种类型，其主要风险与管控措施如图3-35所示。

| 主要风险 | 研发计划与国家（或企业）科技发展战略不匹配、研发承办单位或专题负责人不具有相应资质、研究项目未经科学论证或论证不充分、评审和审批环节把关不严，可能导致创新不足或资源浪费 |

| 主要管控措施 | （1）建立完善的立项、审批制度，确定研究与开发计划、原则和审批人，审查承办单位或专题负责人的资质条件和评估、审批流程等
（2）结合企业发展战略、市场及技术现状，制订研究项目开发计划
（3）企业应当根据实际需要，结合研发计划，提出研究项目立项申请，开展可行性研究，编制可行性研究报告。企业可以组织独立于申请及立项审批之外的专业机构和人员进行评估论证，出具评估意见
（4）研究项目应当按照规定的权限和程序进行审批，重大研究项目应当报经董事会或类似权力机构集体审议决策。审批过程中，应当重点关注研究项目促进企业发展的必要性、技术的先进性以及成果转化的可行性
（5）制定开题计划和报告。开题计划经科研管理部门负责人审批，开题报告应对市场需求与效益、国内外的研究现状、主要技术路线、研究开发目标与进度、已有条件与基础、经费等进行充分论证、分析，保证项目符合企业需求 |

图3-34　立项的主要风险与管控措施

| 主要风险 | （1）研究人员配备不合理，导致研发成本过高、舞弊或研发失败
（2）研发过程管理不善、费用失控或科技收入形成账外资产，会影响研发效率，提高研发成本，甚至造成资产流失
（3）多个项目同时进行时，相互争夺资源，出现资源短期局部缺乏，可能造成研发效率下降
（4）研发过程中未能及时发现错误，导致修正成本提高
（5）科研合同管理不善，导致权属不清，知识产权存在争议 |

| 主要管控措施 | （1）建立研发项目管理制度和技术标准，建立信息反馈制度和研发项目重大事项报告制度，严格落实岗位责任制
（2）合理设计项目实施进度计划和组织结构，跟踪项目进展，建立良好的工作机制，保证项目顺利实施
（3）精确预计工作量和所需资源，提高资源使用效率
（4）建立科技开发费用报销制度，明确费用支付标准及审批权限，遵循不相容岗位牵制原则，完善科技经费入账管理程序，按项目正确划分资本性支出和费用性支出，准确开展会计核算，建立科技收入管理制度
（5）开展项目中期评审，及时纠偏调整，优化研发项目管理的任务分配方式 |

图3-35　自主研发的主要风险与管控措施

（2）研发外包

研发外包根据外包程度可以分为委托研发和合作研发两种形式。

委托研发是指企业委托具有研发能力的企业、科研机构等开展新技术研究开发工作，研发所需经费由委托人全额承担，受托人负责交付研究开发成果；合作研发是指企业与其他企业、科研机构、高等院校之间的联合研发行为，合作各方共同参与、共同出资、共享效益、共担风险、共同研发完成同一科技研发项目。

① 该环节的主要风险有许多，如表3-12所示。

表3-12　研发外包的主要风险

序号	风险类别	具体说明
1	外包单位选择的风险	（1）外包单位选择不恰当会导致中途更换合作伙伴而给企业带来损失 （2）外包单位职业道德缺失引起的提供虚假信息、不履行承诺、泄露机密等，会给企业带来损失
2	沟通风险	（1）企业与外包单位的文化差异可能会导致双方产生较多的摩擦与冲突 （2）既合作又竞争的关系容易使合作伙伴之间产生信任危机 （3）外包单位之间沟通不及时或协调失败，会加大风险发生的概率
3	外包方案的设计风险	（1）外包内容与形式、外包任务等计划安排失误也会诱发风险 （2）权、责、利、险分配不合理会导致合作伙伴终止合作而给企业带来损失 （3）资源整合不当会使组织运作成本提高，无法快速响应市场变化
4	知识产权风险	知识产权风险是指在研发外包中，由合作伙伴之间的合作和知识共享机制产生的，给所有人对知识产权的所有权或者基于知识产权的当前或潜在收益带来负面影响的事件及其可能性
5	壮大竞争对手的力量	由于研发外包双方从事的业务相同或者相似（或具有上下游关系），在本企业通过研发外包获得某种技术成就的同时，合作者很可能也因此获得了技术上的关键性突破。或者说，在本企业的资源和能力得到互补之际，竞争对手的资源和能力也因此获得了互补。在一些情形下，甚至对方获得的互补效应大于本企业，从而出现了亲手培养出更加强大的竞争对手的局面

② 该环节主要风险的管控措施如表3-13所示。

表3-13　研发外包主要风险的管控措施

序号	措施类别	具体说明
1	严格甄选合作伙伴	（1）在外包单位的选择过程中，一般遵循技术互补、成本最低、相容一致性、诚信、均衡等原则 （2）企业在选择外包单位时，应该选择和企业自身研发实力相当的外包单位。如果彼此的技术研发实力差距很大，往往实力较强的企业具有主导优势，而且对企业在合作研发过程中吸收、学习外包单位的技术知识有不利影响
2	认真审核、签订技术合作合同	（1）要严格按照《中华人民共和国民法典》中合同编写要求签订有关合同 （2）合同的条文要力求完整、准确，特别是承担的义务、技术指标、经费落实、知识产权归属、研发信息和成果的保密性条款、赔偿条款以及纠纷处理要界定明确，用词准确 （3）合同签订前，要严把审核关，对合同的合法性、合理性、可能性要逐条逐句地进行分析 （4）合同一旦签订，就要严格按质、按量、按期履行
3	加强合作过程的管理监督	包括进度监督、质量监督、成本监督、效率监督和人员监督几个方面，并严格验收研发成果

序号	措施类别	具体说明
4	建立相互信任的外包关系	包括双赢的企业合作理念、有效的反馈机制、高效的信息沟通渠道和公平合理的激励措施
5	以法律保护自己的合法权益	（1）要重视知识产权法律法规知识的普及宣传，增强知识产权保护意识，注重运用法律手段进行自我保护 （2）一旦发现合作方有侵权行为，要敢于和善于运用法律手段保护自己的合法权益 （3）对于专利申请权纠纷，可以请求专利管理机关进行协调处理，也可以向人民法院起诉，还可以向国家知识产权局提出无效专利宣告请求

3.6.3.3 结题验收

结题验收是对研究过程形成的交付物进行质量验收。结题验收分检测鉴定、专家评审、专题会议三种方式。该环节的主要风险与管控措施如图3-36所示。

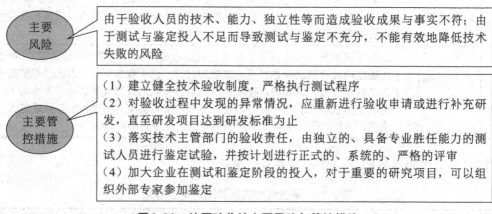

图3-36 结题验收的主要风险与管控措施

3.6.3.4 研究成果开发

研究成果开发是指企业将研究成果经过开发过程转换为企业的产品。该环节的主要风险与管控措施如图3-37所示。

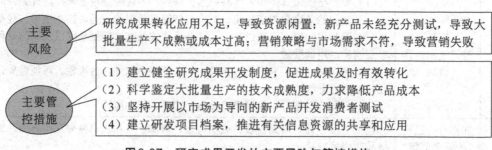

图3-37 研究成果开发的主要风险与管控措施

3.6.3.5　研究成果保护

研究成果保护是企业研发管理工作的有机组成部分。有效的研发成果保护，可保护研发企业的合法权益。

企业的研发成果一般表现为知识产权。国家知识产权制度为知识产权的保护提供了一整套法律方法和措施，是企业研发成果保护的重要依据和途径。企业应当充分利用国家的知识产权保护制度保护自身的研发成果。除此之外，企业还应当通过建立内部控制制度与国家知识产权保护制度相衔接，对研发成果实施全方位的保护。有条件的企业还应当制定自己的知识产权战略，将知识产权提升到企业战略的高度，加强知识产权的管理和保护。

（1）研究成果保护的主要风险如表3-14所示。

表3-14　研究成果保护的主要风险

序号	风险类别	具体说明
1	研发立项时的风险	在研发立项论证时未进行专利信息的详细检索，造成自主开发获得的研发成果不能使用
2	研发过程中的风险	由于核心研发人员的泄密、离职等原因，造成竞争对手获取了企业研发过程中的阶段性成果
3	研发完成后的风险	（1）开发出的新技术或产品未进行有效保护，导致被限制使用。有些企业对开发的新产品未及时申请专利保护，只作为技术秘密进行保护，未对外公开。如果市场的竞争对手抢先将此技术申请专利保护，将使企业处于极端被动的处境，巨额投资的研发项目必须停产，否则就是专利侵权，唯一的退路就是与对手寻求和解，争取专利许可 （2）合作中企业的知识产权权属未能得到明确规范，导致企业自树竞争对手。由于研发合同中未对知识产权权属和风险进行明确，往往导致知识产权归属和使用范围等都存在风险，甚至演变成恶性竞争

（2）研究成果保护主要风险的管控措施如表3-15所示。

表3-15　研究成果保护主要风险的管控措施

序号	措施类别	具体说明
1	进行知识产权评审	（1）知识产权评审包括研发项目立项阶段对相关的技术信息特别是专利进行检索和分析评判 （2）研发完成后对成果的保护形式进行评审，确定采取专利或技术秘密等不同保护方式 （3）生产阶段对工艺路线进行评判，利用专利文献选择较好的工艺路线 （4）采购阶段对供应商知识产权状况进行评价 （5）产品销售阶段对营销方案、广告用语的知识产权进行调查，对欲注册的商标进行查询等

序号	措施类别	具体说明
2	建立知识产权档案	（1）企业建立的知识产权档案，包括商标注册、专利申请的相关资料和文件，以及研发活动的研发记录、知识产权评审资料等。一般而言，企业知识产权档案中的专利内容应包括技术研发、试制、申请专利的原始文件，修改过程文件，专利申请受理通知书，专利证书，专利年费交费票据，专利变更文件等；商标内容应包括商标设计文件、商标注册申请文件、商标注册公告、商标注册证书、商标许可合同等 （2）完备的企业知识产权档案，根据企业知识产权的活动过程和特点进行整理和归纳，才能确保其发挥原始的、直接的、完整的法律证据作用，成为防卫侵权诉讼的"盾牌"
3	依靠法律，配合监管部门保护合法权益	在权益保护的过程中，积极配合监管部门调查、取证，依法投诉，打击侵犯本企业知识产权的非法行为
4	严格界定研究成果的归属	（1）雇佣关系下研究成果的归属。雇佣关系下研究成果的归属分两种情况，即职务技术成果的归属和非职务技术成果的归属。职务技术成果属于单位，由单位拥有并行使技术成果的使用权、转让权。如果技术成果与职工的工作任务和责任范围没有直接关系，而且不是利用本单位的物质技术条件完成的，就属于非职务技术成果。非职务技术成果属于职工个人，其使用权、转让权由完成技术成果的个人拥有和行使 （2）委托开发关系下研究成果的归属。委托开发关系下研究成果的归属由当事人自行约定，也就是说，当事人可以约定委托关系下完成的技术成果属于委托人，也可约定属于被委托人。但是，被委托人在向委托人交付研究成果之前，不得转让给第三人。另外，除当事人另有约定外，委托开发中完成的研究成果的专利申请权属于被委托人 （3）合作开发关系下研究成果的归属。合作开发关系下研究成果的归属由当事人自行约定，如果没有约定或约定不明，则归全体合作人共同拥有，共同行使使用权、转让权和专利申请权

3.6.3.6　研发活动评估

研发项目评估指的是在研发项目通过评审验收的一定时间以后，由各方面具备资格的代表对研发工作所做的正式的、全面的、系统的检查。针对项目成果的应用效果进行评价，并对研发成果对企业发展的贡献作出客观评估，是为了全面衡量企业研发项目的研发价值，有效监督研发项目执行的规范度，为提升后续研发项目申报质量提供科学可靠的依据。

（1）该环节的主要风险如表3-16所示。

（2）该环节主要风险的管控措施如表3-17所示。

表 3-16　研发活动评估的主要风险

序号	风险类别	具体说明
1	对评估的认识风险	进行评估是需要投入成本的，而一些企业管理者片面地认为投入经费用于项目评估是不值得的，产生的作用很难量化，因此，他们认为研发成果投入市场就意味着项目的结束，没必要再进行评估
2	评估人员风险	考虑到不同项目自身的特点，要准确、客观地评价项目，必须对不同项目的评价指标进行个性化处理。这就需要充分发挥项目评价人员的主观能动性和聪明才智，因此，项目评估工作对相关部门、人员的素质也提出了高要求
3	评估指标选取风险	一个项目的成功与否，需要综合多方面因素来评价，如果片面地以某一方面的指标来评价整个项目，可能会造成评估失败

表 3-17　研发活动评估主要风险的管控措施

序号	措施类别	具体说明
1	增强高层管理者对评估作用的认可	高层管理者必须认识到，研发评估不是对知识进行收集、处理、传播，而是围绕企业进行的研发投资管理，因此评估不是独立于企业研发部门之外的工作
2	从流程和制度上保证研发评估工作的开展	研发活动的评估，需要规范的制度和操作流程，从机构设置上加以保证，从职责分工上加以界定，从项目评估的内容上、运作模式上加以明确
3	人员和经费的保证	（1）从岗位设置上保证评估工作的人员配置 （2）企业应该明确评估的资金来源，可设立专项资金，或者在项目立项的经费预算中列入评估费用 （3）企业还应加强对评估人员的选拔和培训，提高他们的专业素质
4	构建评估的指标体系	考虑到不同项目自身的特点，要准确、客观地评价项目，就必须对不同项目的评价指标进行个性化处理

3.6.4　核心研发人员的内控管理

一个研发项目，通常由学术、技术、制造、市场、采购、财务等不同领域人员组成。参与人员按职责分工分为项目评审人员、技术顾问、咨询专家、项目负责人、主要研发骨干、项目一般参与人员等。

研发项目核心研发人员一般包括产品开发团队负责人、主要研究骨干和在测试、制造、成本控制等方面承担主要责任的业务人员等。核心研发人员是掌握企业核心技术的人物，是企业研究开发正常运行的关键，因此，建立并不断完善企业核心研发人员管理制度，是企业研究与开发活动的重要环节。

（1）与核心研发人员相关的主要风险

与核心研发人员相关的主要风险如表3-18所示。

表3-18 与核心研发人员相关的主要风险

序号	风险类别	具体说明
1	职业道德风险	（1）研发人员对企业有抵触情绪，消极对待研发工作时，会导致研发活动不能达到预期的目标 （2）核心研发人员如果主动泄露企业核心技术，有可能造成企业巨大的经济损失
2	离职风险	（1）由于掌握了企业的核心技术，核心研发人员的离职，可能会造成研发活动的中断甚至终止，导致巨额的研发投入损失 （2）如果核心研发人员离职后加入企业的竞争对手，也将会给企业带来难以弥补的损失

（2）与核心研发人员相关的主要风险的管控措施

与核心研发人员相关的主要风险的管控措施如表3-19所示。

表3-19 与核心研发人员相关的主要风险的管控措施

序号	措施类别	具体说明
1	实施合理有效的研发绩效管理	（1）在确定研发人员的考核指标和标准时，人力资源部门首先应明确界定核心研究人员的范围和名册清单，并与研发部门的主管以及核心研发人员共同讨论，获取他们的认同，对核心研发人员制定有针对性的考核指标 （2）将核心人员个人业绩与团队贡献相结合。企业应强调核心研发人员的团队贡献，定期对研发团队或个人进行评选，激励核心技术的共享，降低企业对核心技术人员的过度依赖 （3）小组责任制的研发管理方式。由于核心岗位人员的离职，往往给项目带来很大的风险，因此，每个研发任务由2～3个开发人员共同负责，可最大化地减少人员离职带来的风险
2	建立知识分享管理体系	通过技术手册等手段把个人知识转化为企业知识，把个人的技术发展成企业的共享成果。可建立A、B角制度，促进岗位的互换，以避免"人员与技术一同流失"
3	建立科学的核心研发人员激励体系	采用股权分享的方法实现对研发人员的持续激励，使研发人员的智力资本同物质资本一样参与企业利润分配。同时，企业可以通过合理设置期权、股票等行权的权限和时间，增加研发技术员工离职的机会成本，提高研发人员离职的经济门槛
4	加强对核心研发人员的纪律约束	企业与核心研发人员除签订正常的劳动合同外，还应该在合同里明确以下内容：竞业限制条款、泄露企业商业秘密的违约条款
5	利用劳动法规减少人才流失	虽然国家从劳动法律法规方面保障了劳动者自由择业的权利，但也有相应规定可以避免劳动者的流动给企业造成损害
6	设计员工职业发展通道	为核心研发人员设计完善的职业发展通道，为研发人员的成长和晋升开辟绿色通道

【实例8】▶▶▶

研究与开发内部控制活动规范

关键点1：研发规划与立项

分控节点	控制目标	标准控制活动	主责部门
研发规划	研发规划制订科学，符合公司发展战略要求	（1）研发管理部门在集团公司战略管理部门的统一安排下组织编写和修订集团科技规划，对五年期间的主要任务进行重点规划。集团科技规划在征求集团科技委意见后，按授权管理规定报相关领导审批 （2）根据集团战略发展要求和科技规划，由研发管理部门制订年度科技创新工作计划，并根据公司授权管理规定执行相应的审批程序	科技管理部
科研项目立项	研发立项论证合理、充分	（1）研发管理部门根据集团科技发展规划和当年科技创新形势发展需求，编制集团公司年度重大科技创新项目申报和评审指南 （2）成员公司根据该指南编写要求，编制集团重大科技创新项目申报表和科研项目立项申请书，申报项目清单和申报材料经成员公司内部评审后，通过文件系统上报集团	科技管理部
组织研发谈判	确定研发项目前，需求方和承研方就研发需求、期限、项目目标等达成一致意见	研发管理部门牵头资产管理部门、财务管理部门，组织科研项目需求方和承研方进行科研项目谈判，确定项目目标、科研任务、项目成果、验收要求和合同价格等内容	科技管理部
研发立项论证及审批	研发项目经科学论证，且经恰当授权和审批	（1）研发管理部门科研项目主管根据谈判结果，准备立项报批材料，包括立项申请书、科技委专家意见单、费用估算表等文件，并在系统中发起采购立项报批流程 （2）集团研发管理部门相关负责人对申报项目清单和申报文件从合规性、完整性角度进行初步审查后，由集团科技委组织相关专家进行项目评审，研发管理部门在评审意见的基础上确定资助项目。研发立项应根据公司授权管理规定执行相应的审批程序	科技管理部

关键点2：研发项目执行

分控节点	控制目标	标准控制活动	主责部门
合作/外包研发单位的选择	确保研发合作单位有相应资质，且满足研发项目需求，经过充分评估和恰当审批	下属成员公司负责根据项目需求遴选合作研发单位，并在立项时将合作研发方的信息一并提交。集团科技委组织相关专家进行项目评审时，考量外包研发单位的科研资质、技术力量等相关因素，并形成意见单	科技管理部

续表

分控节点	控制目标	标准控制活动	主责部门
签订合同	科研项目合同文本内容准确、完整，无重大疏漏，技术合作合同签订经过恰当授权和审批	（1）科研项目主管准备合同报批材料，包括合同文本、议标报告等文件，并在合同管理系统中发起合同报批流程，按照公司规定的权限和程序进行审批 （2）合同经审批通过后，由集团科研项目主管组织签订科技研发合同，由科技研发部门负责人和成员公司法定代表人或授权人签字	科技管理部
研发项目监控	研发项目得到及时跟踪及监控	（1）科研管理部门组织相关专家对科研项目的执行情况进行阶段检查，检查结束后，以通知的方式向被检查单位通告检查结果、发现的问题，并提出纠正措施。被检查单位根据检查组提出的纠正措施，按期完成整改，并提交整改材料报科研管理部门 （2）通过阶段检查的，科研管理部门各级领导会在阶段里程碑检查证书上签字	科技管理部
研发项目变更	研发项目变更申请经过适当审批	如有变更需求，项目承担单位应在规定时间内提前向科研管理部门提出调整申请，申请内容包括但不限于项目进展、经费使用、调整原因、调整计划等，研发项目变更应根据公司授权管理规定执行相应的审批程序	科技管理部

关键点3：研发基金管理

分控节点	控制目标	标准控制活动	主责部门
研发预算	研发预算和预算拨付经恰当审批	（1）每年年末，集团公司科研管理部门同财务管理部门编制下一年度科研创新发展资金项目预算，上报集团科技协调会审批后执行 （2）根据集团科技协调会审批通过的科研创新发展资金项目年度预算，财务管理部门同科研管理部门确定集团公司和各成员公司的研发基金预算额度，并下发至成员公司	科技管理部、股份公司财务部
研发基金使用	研发基金的使用符合研发预算，且经过恰当审批	（1）科研项目立项报批时，应提供立项申请书、科技委专家意见单、费用估算表等文件，并在系统中发起采购立项报批流程，经相关负责人审批，审批时，应考虑项目费用估算是否在年度科研预算内 （2）研发费用的支付均基于阶段性里程碑检查证书或验收报告，且支付申请经科研管理部门相关负责人和财务管理部门负责人审批，确保在项目预算内支付	科技管理部

关键点4：研发项目验收及付款

分控节点	控制目标	标准控制活动	主责部门
研发验收	按合同或任务书规定进行验收，确保成果符合需求	集团公司科研管理部门科研项目主管负责组织成立验收专家组，成员包括技术专家，参与科研项目管理的财务管理部门、资产管理部门的专业人员，对科研项目进行验收评审，形成验收报告。研发项目验收应根据公司授权管理规定执行相应的审批程序	科技管理部
款项支付	研发项目款项支付基于验收报告，并经过恰当审批	集团公司科研管理部门科研项目主管负责审查支付申请文件，在系统中发起支付流程。研发项目合同支付应根据公司授权管理规定执行相应的审批程序	科技管理部
研发成果应用推广	研发成果及时转化推广	集团公司各部门及下属成员公司应优先采用集团研发中心的科研成果。科研成果在集团内部推广时，科研管理部门应发挥疏导和协调的作用	科技管理部
成果保护	研发成果得到知识产权评审，并及时确定权属	（1）集团公司科研管理部门应制定研发成果保护制度，对研发成果保护以及知识产权权属进行相关规定 （2）科研管理部门负责统筹成员公司知识产权业务工作，各成员公司负责制定具体实施办法。成员公司应建立专利管理档案，并就专利申请及拥有情况及时报集团公司备案	科技管理部

3.7 工程之内部控制

工程项目投入资源多、占用资金大、建设工期长、涉及环节多、多种利益关系错综复杂，是产生经济犯罪和腐败问题的"高危区"。针对工程项目的特点和存在的问题，《企业内部控制应用指引第11号——工程项目》全面梳理了立项、设计、招标、建设和竣工验收等主要流程，找出了各流程环节的主要风险，并提出了相应的管控措施。

工程项目是指企业自行或者委托其他单位进行的建造、安装活动，包括企业自行建造房屋、建筑物、各种设施，以及大型机器设备的安装工程、固定资产建筑工程、技术改造工程、大修理工程等。

3.7.1 企业至少应当关注工程项目的风险

工程项目内部控制对于企业实现工程项目管理目标、提高单位资金使用效率具有重要的意义。因此，企业至少应当关注工程项目的下列风险。

（1）缺乏科学论证，盲目上马，可能导致工程失败。

（2）存在商业贿赂和舞弊行为，可能导致工程质量低劣和安全隐患。

（3）项目资金不到位，可能导致建设项目延期或中断。

3.7.2　工程项目的职责分工与授权批准控制

企业在建立与实施工程项目内部控制中，职责分工、权限范围和审批程序应当明确规范，机构设置和人员配备应当科学合理。

3.7.2.1　设置不相容岗位

企业应当建立工程项目业务的岗位责任制，明确相关部门和岗位的职责权限，确保办理工程项目业务的不相容岗位相互分离、制约和监督。工程项目业务不相容岗位一般包括：

（1）项目建议、可行性研究与项目决策。

（2）概预算编制与审核。

（3）项目决策与项目实施。

（4）项目实施与价款支付。

（5）项目实施与项目验收。

（6）竣工决算与竣工决算审计。

3.7.2.2　配备合格的人员

企业应当根据工程项目的特点，配备合格的人员办理工程项目业务。办理工程项目业务的人员应当具备良好的业务素质和职业道德。企业应当配备专门的会计人员办理工程项目会计核算业务，办理工程项目会计业务的人员应当熟悉国家法律法规及工程项目管理方面的专业知识。对于重大项目，企业应当考虑聘请具备规定资质和胜任能力的中介机构（如招标代理、工程监理、财务监理等）和专业人士（如工程造价专家、质量控制专家等），协助企业进行工程项目业务的实施和管理。企业应建立适当的程序，对所聘请的中介机构和专业人士的工作进行必要的督导。

3.7.2.3　建立工程项目授权制度和审核批准制度

企业应当建立工程项目授权制度和审核批准制度，并按照规定的权限和程序办理工程项目业务。完善的授权批准制度包括：

（1）企业的资本性预算只有经过董事会等高层治理机构批准方可生效。

（2）所有工程项目的立项和建造均需经企业管理者的书面认可。

3.7.2.4　制定工程项目业务流程

企业应当制定工程项目业务流程，明确项目决策、概预算编制、价款支付、竣工决算等环节的控制要求，并设置相应的记录或凭证，如实记载工程项目各环节业务的开展情况，确保工程项目全过程得到有效控制。除在建工程总账外，企业还必须设置在建工程明细分类账和工程项目登记卡，按工程项目类别和每个工程项目进行明细分类核算。对投入的工程物资等应及时、准确地进行记录和核算。

3.7.3　工程立项的内部控制

工程立项属于项目决策过程，是对拟建项目的必要性和可行性进行技术经济论证，对不同建设方案进行技术经济比较并作出判断和决定的过程。立项决策正确与否，直接关系到项目建设成败。

（1）工程立项流程

工程立项阶段的主要工作包括编制项目建议书、可行性研究、项目评审和决策，具体流程如图3-38所示。

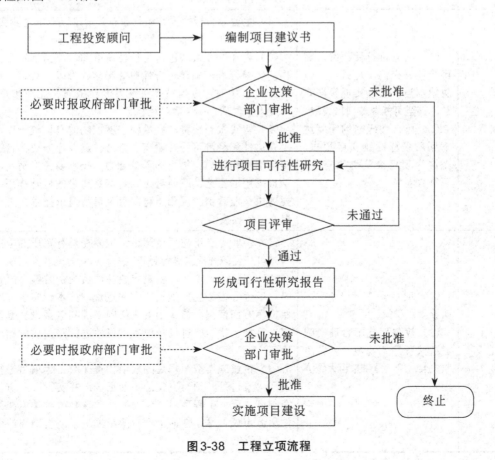

图3-38　工程立项流程

（2）工程立项环节的主要风险及管控措施

工程立项环节的主要风险及管控措施如表3-20所示。

表3-20　工程立项环节的主要风险及管控措施

环节	主要风险	管控措施
编制项目建议书	（1）投资意向与国家产业政策和企业发展战略脱节 （2）项目建议书内容不合规、不完整，项目性质、用途模糊，拟建规模、标准不明确，项目投资估算和进度安排不协调	（1）企业应当明确投资分析、编制和评审项目建议书的职责分工 （2）企业应当全面了解所处行业和地区的相关政策规定，以法律法规和政策规定为依据，结合实际建设条件和经济环境变化趋势，客观分析投资机会，确定工程投资意向 （3）企业应当根据国家和行业有关要求，结合本企业实际，确定项目建议书的主要内容和格式，明确编制要求 （4）对于专业性较强和较为复杂的工程项目，可以委托专业机构进行工程投资分析，编制项目建议书 （5）企业决策机构应当对项目建议书进行集体审议，必要时，可以成立专家组或委托专业机构进行评审；承担评审任务的专业机构不得参与项目建议书的编制 （6）根据国家规定，应当报批的项目建议书必须及时报批并取得有效批文
可行性研究	（1）缺乏可行性研究，或可行性研究流于形式，导致决策不当，难以实现预期效益，甚至可能导致项目失败 （2）可行性研究的深度达不到质量标准和实际要求，无法为项目决策提供充分、可靠的依据	（1）企业应当根据国家和行业有关规定以及本企业实际，确定可行性研究报告的内容和格式，明确编制要求 （2）委托专业机构进行可行性研究的，应当制定专业机构的选择标准，确保可行性研究科学、准确、公正。在选择专业机构时，应当重点关注其专业资质、业绩和声誉、专业人员素质、相关业务经验等 （3）切实做到投资、质量和进度控制的有机统一，即技术先进性和经济可行性要有机结合。建设标准要符合企业实际情况和财力、物力的承受能力，技术要先进适用，对于拟采用的工艺，既要考虑其对产品质量的提升作用，又要考虑企业营销状况和走势，避免盲目追求技术先进性而造成投资损失浪费
项目评审与决策	（1）项目评审流于形式，误导项目决策 （2）权限配置不合理，或者决策程序不规范，导致决策失误，给企业带来巨大经济损失	（1）企业应当组建项目评审组或委托具有资质的专业机构对可行性研究报告进行评审 （2）在项目评审中，要重点关注项目投资方案、投资规模、资金筹措、生产规模、布局选址、技术、安全、环境保护等方面情况，核实相关资料的来源和取得途径是否真实、可靠，特别要对经济技术可行性进行深入分析和全面论证 （3）企业应当按照规定的权限和程序对工程项目进行决策，决策过程必须有完整的书面记录，并实行决策责任追究制度。重大工程项目，应当报经董事会或者类似决策机构集体审议批准，任何个人不得单独决策或者擅自改变集体决策意见

3.7.4 工程设计的内部控制

（1）工程设计流程

项目立项后，能否保证工程质量、加快建设进度、节省工程投资，设计工作十分重要。根据国家规定，一般工业项目设计可分初步设计和施工图设计两个阶段；对于技术上复杂、在设计时有一定难度的工程，可分初步设计、技术设计和施工图设计三个阶段；对于大型建设项目，如大型矿区、油田等的设计，除按上述规定分为三个阶段外，还应进行总体规划设计或总体设计；对于小型工程项目，可以简化为施工图设计一个阶段。本文主要介绍初步设计和施工图设计。

（2）工程设计环节的主要风险及管控措施

工程设计环节的主要风险及管控措施如表 3-21 所示。

表 3-21　工程设计环节的主要风险及管控措施

环节	主要风险	管控措施
初步设计	（1）设计单位不符合项目资质要求 （2）初步设计未进行多方案比选 （3）设计人员对相关资料研究不透彻，初步设计出现较大疏漏 （4）设计深度不足，造成施工组织不周密、工程质量存在隐患、投资失控以及投产后运行成本过高等	（1）建设单位应当引入竞争机制，尽量采用招标方式确定设计单位，根据项目特点选择具有相应资质和经验的设计单位 （2）在工程设计合同中，要细化设计单位的权利和义务，特别是一个项目由几个单位共同设计时，要指定一个设计单位为主体设计单位，主体设计单位应对建设项目设计的合理性和整体性负责 （3）建设单位应当向设计单位提供开展设计所需的详细的基础资料，并进行有效的技术经济交流，避免因资料不完整造成设计保守、投资失控等问题 （4）建立严格的初步设计审查和批准制度，通过严格的复核、专家评议等制度，层层把关，确保评审工作质量
施工图设计	（1）概预算严重脱离实际，导致项目投资失控 （2）工程设计与后续施工未有效衔接或过早衔接，导致技术方案未得到有效落实，影响工程质量，或造成工程变更，发生重大经济损失	（1）建立严格的概预算编制与审核制度。建设单位应当组织工程、技术、财会等部门的相关专业人员或委托具有相应资质的中介机构对编制的概预算进行审核，重点审查编制依据、项目内容、工程量的计算、定额套用等是否真实、完整和准确。如发现施工图概预算超过初步设计批复的投资概预算规模，应对项目概预算进行修正，并经审批 （2）建立严格的施工图设计管理制度和交底制度 （3）制定严格的设计变更管理制度 （4）建设单位应当严格按照国家法律法规和本单位管理要求执行各项设计报批流程，上一环节尚未批准的，不得进入下一环节，杜绝出现边勘察、边设计、边施工的"三边"现象 （5）可以引入设计监理，提高设计质量

3.7.5 工程招标的内部控制

工程招标一般包括招标、投标、开标、评标和定标五个主要环节，如图3-39所示。

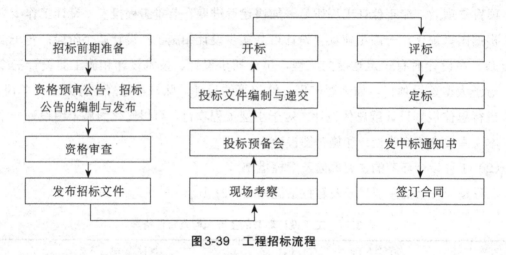

图3-39 工程招标流程

3.7.5.1 招标

招标的主要风险及管控措施如图3-40所示。

主要风险

（1）招标人肢解建设项目，致使招标项目不完整，或逃避公开招标
（2）投标资格条件因人而设，未做到公平、合理，可能导致中标人并非最优选择
（3）相关人员违法违纪泄露标底，存在舞弊行为

主要管控措施

（1）建设单位应当按照《招标投标法》《工程建设施工招标投标管理办法》等相关法律法规，结合本单位实际情况，本着公开、公正、平等竞争的原则，建立健全本单位的招投标管理制度，明确应当进行招标的工程项目范围、招标方式、招标程序，以及投标、开标、评标、定标等各环节的管理要求
（2）工程立项后，对于是否招标，以及招标方式、标段划分等问题，应由建设单位工程管理部门牵头提出方案，报经建设单位招标决策机构集体审议通过后执行
（3）建设单位确需划分标段组织招标的，应当进行科学分析和评估，提出专业意见；划分标段时，应当考虑项目的专业要求、管理要求、对工程投资的影响以及各项工作的衔接，不得违背工程施工组织设计和招标设计方案，将应当由一个承包单位完成的工程项目肢解成若干部分分发包给几个承包单位
（4）招标公告的编制要公开、透明，严格根据项目特点确定投标人的资格要求，不得根据"意向中标人"的实际情况确定投标人资格要求。建设单位不具备自行招标能力的，应当委托具有相应资质的招标机构代理招标
（5）建设单位应当根据项目特点决定是否编制标底；需要编制标底的，标底编制过程和标底应当严格保密

图3-40 招标的主要风险及管控措施

3.7.5.2 投标

投标的主要风险及管控措施如图3-41所示。

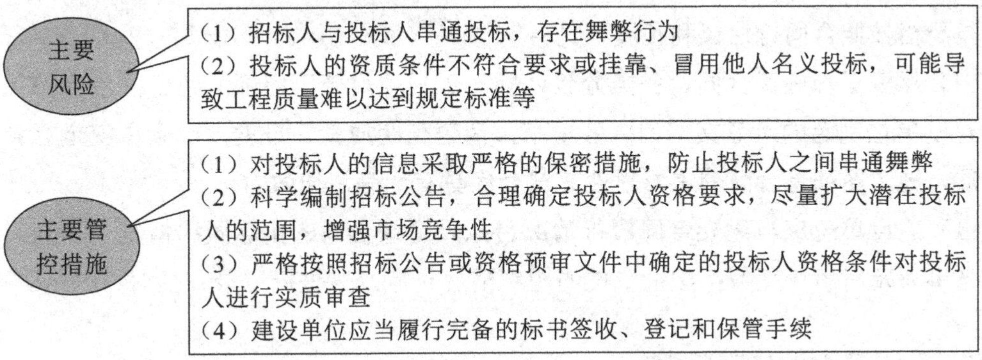

主要风险
（1）招标人与投标人串通投标，存在舞弊行为
（2）投标人的资质条件不符合要求或挂靠、冒用他人名义投标，可能导致工程质量难以达到规定标准等

主要管控措施
（1）对投标人的信息采取严格的保密措施，防止投标人之间串通舞弊
（2）科学编制招标公告，合理确定投标人资格要求，尽量扩大潜在投标人的范围，增强市场竞争性
（3）严格按照招标公告或资格预审文件中确定的投标人资格条件对投标人进行实质审查
（4）建设单位应当履行完备的标书签收、登记和保管手续

图3-41 投标的主要风险及管控措施

3.7.5.3 开标、评标和定标

开标、评标和定标的主要风险及管控措施如图3-42所示。

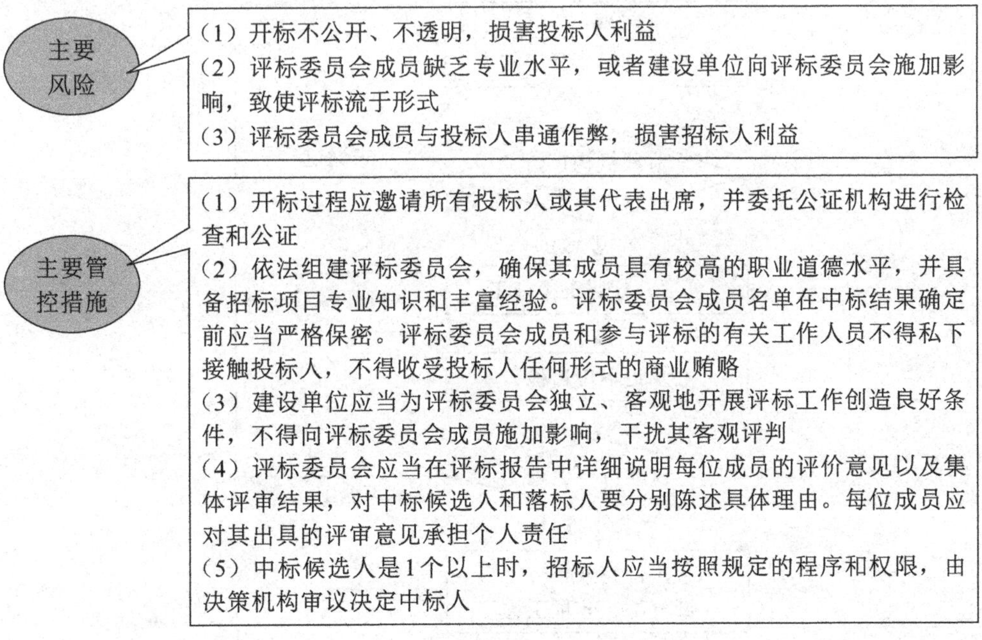

主要风险
（1）开标不公开、不透明，损害投标人利益
（2）评标委员会成员缺乏专业水平，或者建设单位向评标委员会施加影响，致使评标流于形式
（3）评标委员会成员与投标人串通作弊，损害招标人利益

主要管控措施
（1）开标过程应邀请所有投标人或其代表出席，并委托公证机构进行检查和公证
（2）依法组建评标委员会，确保其成员具有较高的职业道德水平，并具备招标项目专业知识和丰富经验。评标委员会成员名单在中标结果确定前应当严格保密。评标委员会成员和参与评标的有关工作人员不得私下接触投标人，不得收受投标人任何形式的商业贿赂
（3）建设单位应当为评标委员会独立、客观地开展评标工作创造良好条件，不得向评标委员会成员施加影响，干扰其客观评判
（4）评标委员会应当在评标报告中详细说明每位成员的评价意见以及集体评审结果，对中标候选人和落标人要分别陈述具体理由。每位成员应对其出具的评审意见承担个人责任
（5）中标候选人是1个以上时，招标人应当按照规定的程序和权限，由决策机构审议决定中标人

图3-42 开标、评标和定标的主要风险及管控措施

3.7.5.4 签订合同

中标人确定后，建设单位应当在规定期限内同中标人订立书面合同，双方不得另行订立与招标文件实质性内容相背离的其他协议。在工程项目的合同管理方面，除应当遵

循《企业内部控制应用指引第16号——合同管理》的统一要求外，还应特别注意以下几个方面。

（1）建设单位应当制定工程合同管理制度，明确各部门在工程合同管理和履行中的职责，严格按照合同行使权利和履行义务。

（2）建设工程施工合同、各类分包合同、工程项目施工内部承包合同应当按照国家或本建设单位制定的示范文本的内容填写，清楚列明质量、进度、资金、安全等各项具体标准。施工图纸是合同的重要附件，与合同具有同等法律效力。

（3）建设单位应当建立合同履行情况台账，记录合同的实际履约情况，并随时督促对方当事人及时履行义务；建设单位的履约情况也应及时进行记录并经对方确认。

3.7.6 工程建设的内部控制

工程建设指的是工程建设实施，即施工阶段。建设成本、进度和质量的具体控制主要就在这一阶段，基本流程如图3-43所示。

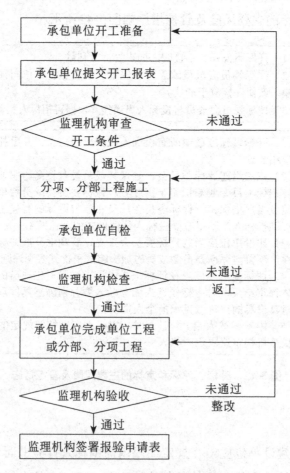

图3-43 工程建设基本流程

在工程建设阶段，有几项重要工作穿插在施工过程中，包括工程监理、工程物资采购和工程价款结算等。下面将侧重介绍工程施工过程中的质量、进度、安全控制，物资采购控制，以及工程价款结算控制和工程变更控制等。

（1）施工质量、进度和安全的主要管控措施

建设单位和承包单位（施工单位）应按设计和开工前签订的合同所确定的工期、进度计划等相关要求进行施工建设，并采用科学规范的管理方式，保证施工质量、进度和安全。

施工质量、进度和安全的主要风险及管控措施如表3-22所示。

表 3-22 施工质量、进度和安全的主要风险及管控措施

主要风险		（1）盲目赶进度，牺牲质量、费用目标，导致质量低劣，费用超支 （2）质量、安全监管不到位，存在质量隐患
主要管控措施	工程进度管控	（1）监理单位应当建立监理进度控制体系，明确相关程序、要求和责任 （2）承包单位应按合同规定的工程进度编制详细的分阶段或分项进度计划，报送监理机构审批后，严格按照进度计划开展工作 （3）承包单位至少应按月对完成情况进行统计、分析和对比。工程的实际进度与批准的合同进度计划不符时，承包单位应提交修订合同进度计划的申请报告，并附原因分析和相关措施，报监理机构审批
	工程质量管控	（1）承包单位应当建立全面的质量控制制度，按照国家相关法律法规和本单位质量控制体系进行建设，并在施工前列出重要的质量控制点，报监理机构审批后，在此基础上实施质量预控 （2）承包单位应按合同约定对材料、工程设备以及工程所有部位和施工工艺进行全过程的质量检查和检验，定期编制工程质量报表，报送监理机构审查。关键工序作业人员必须持证上岗 （3）监理机构有权对工程的所有部位及施工工艺进行检查验收，发现工程质量不符合要求的，应当要求承包单位立即返工修改，直至符合验收标准为止。对于主要工序作业，只有监理机构审验后，才能进行下道工序
	安全建设管控	（1）建设单位应当加强对施工单位的安全检查，并授权监理机构按合同约定的安全工作内容监督、检查承包单位安全工作的实施情况 （2）工程监理单位和监理工程师应当按照法律法规和工程建设强制性标准实施监理，并对建设工程安全生产承担监理责任 （3）承包单位应当设立安全生产管理机构，配备专职安全生产管理人员，并依法建立安全生产、文明施工管理制度，细化各项安全防范措施。承包单位应当对所承担的建设工程进行定期和专项安全检查，并做好安全检查记录
	造价控制	施工过程中的造价控制主要体现在编制资金使用计划和工程款结算方面，可参见"工程价款结算"部分

（2）工程物资采购的主要管控措施

工程物资包括材料和设备。为了保证项目顺利进行，应按照施工进度需要及时购置材料和设备。材料和设备采购一般占工程总造价的60%以上，对工程投资、进度、质量等具有重大影响。

工程物资采购的主要风险及管控措施如图3-44所示。

主要
风险

工程物资采购过程控制不力，材料和设备质次价高，不符合设计标准和合同要求，影响工程质量和进度

主要管
控措施

在工程物资采购管理方面，除应当遵循《企业内部控制应用指引第7号——采购业务》的统一要求外，还应当特别关注以下方面：
（1）重大设备和大宗材料的采购应当采用招标方式
（2）对于由承包单位购买的工程物资，建设单位应当采取必要措施，确保工程物资符合设计标准和合同要求

图3-44　工程物资采购的主要风险及管控措施

（3）工程价款结算的主要管控措施

建设单位与承包单位之间的工程价款结算是建设期间的一项重要内容。实际工作中，工程进度款大部分按月结算，年终或工程竣工后进行清算。工程进度款结算程序如图3-45所示。

| 承包单位进行工程量计算与统计 | → | 申报单位提交进度款支付申请 | → | 监理机构确认 | → | 建设单位认可并审批 | → | 建设单位财务部门支付工程进度款 |

图3-45　工程进度款结算程序

工程价款结算的主要风险及管控措施如图3-46所示。

主要
风险

建设资金使用管理混乱，项目资金不落实，导致工程进度延迟或中断

主要管
控措施

（1）建设单位应当建立完善的工程价款结算制度，明确工作流程和职责权限划分，并切实遵照执行。财会部门应当安排专职的工程财会人员，认真开展工程项目核算与财务管理工作
（2）资金筹集和使用应与工程进度协调一致，建设单位应当根据项目组成（分部、分项工程）并结合时间进度编制资金使用计划，以作为资产管控和工程价款结算的重要依据。这方面的管控措施同时可参照《企业内部控制应用指引第6号——资金活动》
（3）建设单位财会部门应当加强与承包单位和监理机构的沟通，准确掌握工程进度，确保财务报表能够准确、全面地反映资产价值，并根据施工合同约定，按照规定的审批权限和程序办理工程价款结算。建设单位财会部门应认真审核相关凭证，严格按合同规定的付款方式付款，既不应违规预支，也不得无故拖欠
（4）施工过程中，如果工程的实际成本突破了工程项目预算，建设单位应当及时分析原因，按照规定的程序予以处理

图3-46　工程价款结算的主要风险及管控措施

（4）工程变更的主要管控措施

工程变更包括工程量变更、项目内容变更、进度计划变更、施工条件变更等，但最终往往表现为设计变更。以设计变更为例，基本流程如图3-47所示。

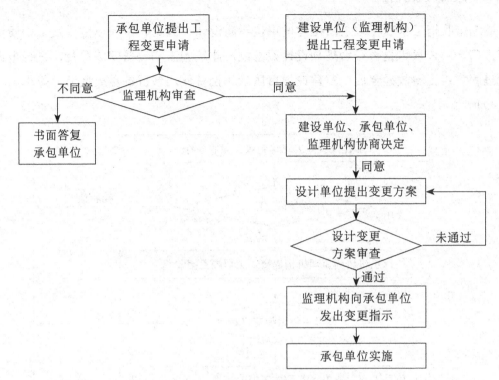

图3-47 工程变更流程图

工程变更的主要风险及管控措施如图3-48所示。

主要
风险

现场控制不当，工程变更频繁，导致费用超支、工期延误

主要管
控措施

（1）建设单位要建立严格的工程变更审批制度，严格控制工程变更；确需变更的，要按照规定程序尽快办理变更手续，以减少经济损失。对于重大的变更事项，必须经建设单位、监理机构和承包单位集体商议，同时严加审核文件，提高审批层级，依法需报有关政府部门审批的，必须取得同意变更的批复文件

（2）工程变更获得批准后，应尽快落实变更设计和施工，承包单位应在规定期限内全面落实变更指令

（3）因人为原因引发工程变更，如设计失误、施工缺陷等，应当追究当事单位和人员的责任

（4）对工程变更价款的支付，实施更为严格的审批制度，变更文件必须齐备，变更工程量的计算必须经过监理机构复核并签字确认，防止承包单位虚列工程费用

图3-48 工程变更的主要风险及管控措施

3.7.7 工程验收的内部控制

3.7.7.1 竣工验收流程

竣工验收指工程项目竣工后由建设单位会同设计、施工、监理单位以及工程质量监督等部门，对该项目是否符合规划设计要求以及建筑施工和设备安装质量，进行全面检验的过程。竣工验收是全面检验建设项目质量和投资使用情况的重要环节，基本流程如图3-49所示。

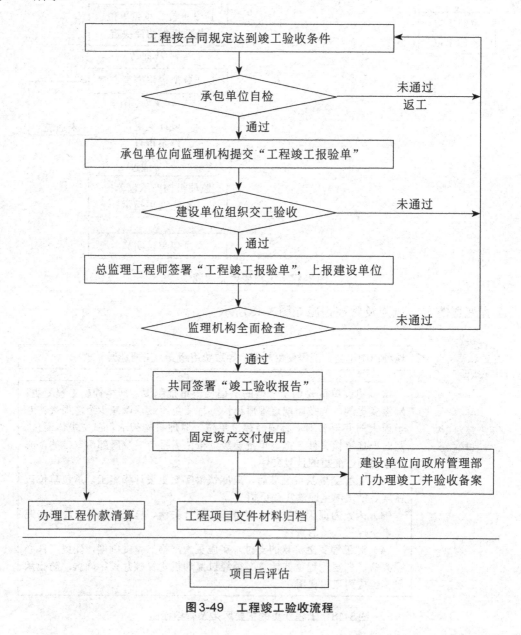

图3-49 工程竣工验收流程

3.7.7.2 竣工验收环节的主要风险及管控措施

在竣工验收环节，除对工程质量进行验收外，还有竣工结算和竣工决算两项重要工作。竣工验收环节的主要风险及管控措施如图3-50所示。

主要风险

（1）竣工验收不规范，质量检验把关不严，可能导致工程存在重大质量隐患
（2）虚报项目投资完成额、虚列建设成本或者隐匿结余资金，使竣工决算失真
（3）固定资产达到预定可使用状态后，未及时进行估价、结转

主要管控措施

（1）建设单位应当健全竣工验收各项管理制度，明确竣工验收的条件、标准、程序、组织管理和责任追究等内容
（2）竣工验收必须履行规定的程序，至少应经过承包单位初检、监理机构审核、正式竣工验收三个程序
（3）初检后，确定固定资产达到预定可使用状态的，承包单位应及时通知建设单位，建设单位会同监理单位初验后，应及时对项目价值进行暂估，转入固定资产核算。建设单位财务部门应定期根据所掌握的工程项目进度，核对项目固定资产暂估记录
（4）建设单位应当加强对工程竣工决算的审核，应先自行审核，再委托具有相应资质的中介机构实施审计；未经审计的，不得办理竣工验收手续
（5）建设单位要加强对完工后剩余物资的管理。工程竣工后，建设单位对节约的材料、设备、施工机械工具等，要清理核实，妥善处理
（6）建设单位应当按照国家有关档案管理的规定，及时收集、整理工程建设各环节的文件资料，建立工程项目档案。需报政府有关部门备案的，应当及时备案

图3-50　竣工验收环节的主要风险及管控措施

3.7.7.3 工程项目后评估

工程项目后评估是指在建设项目已经完成并运行一段时间后，对项目的目的、执行过程、效益、作用和影响进行系统的、客观的分析和总结。

（1）评估的时间

项目后评估通常安排在工程项目竣工验收后6个月或1年后，多为效益后评价和过程后评价。

（2）评估控制措施

工程项目后评估本身就是一项重要的管控措施，建设单位要予以重视并认真执行。

① 建设单位应当建立健全完工项目的后评估制度，对完工工程项目预期目标的实现情况和项目投资效益等进行综合分析与评价，并总结经验教训，为未来项目的决策和投资决策管理水平的提高提出建议。

② 建设单位应当采取切实有效的措施，保证项目后评估的公开、客观和公正。原则上，凡是承担项目可行性研究报告编制、立项决策、设计、监理、施工等业务的机构，不得从事该项目的后评估工作，以保证后评估的独立性。

③ 企业要严格落实工程项目决策及执行相关环节的责任追究制度，项目后评估结果应当作为绩效考核和责任追究的依据。

【实例9】▶▶▶

工程项目内部控制制度

1.目的

为了加强公司对工程项目的内部控制，防止并发现和纠正工程项目业务实施和管理中的各种差错与舞弊，提高资金使用效益，根据国家有关法律法规和《企业内部控制基本规范》，制定本制度。

2.适用范围

本制度所称工程项目，是指公司根据经营管理需要，自行或者委托其他单位进行设计、建造、安装和修护，以便形成新的固定资产或维护、提升既有固定资产性能的活动。工程项目不包括小额（一般为10万元以下）车辆修理、房屋维修、设备维修等。

3.涉及风险

公司在工程项目管理过程中，至少应关注涉及工程项目的下列风险。

3.1 工程项目违反国家法律法规，可能遭受外部处罚、经济损失和信誉损失。

3.2 工程项目未经适当审批或超越授权审批，可能因重大差错、舞弊、欺诈而导致资产损失。

3.3 立项缺乏可行性研究或者可行性研究流于形式，决策不当，盲目上马，可能导致难以实现预期效益或项目失败。

3.4 工程项目概预算编制不当和执行不力，可能造成工程项目建造成本增加。

3.5 工程项目成本失控，可能造成公司经营管理效益和效率低下。

3.6 工程物资质次价高，工程监理不到位，项目资金不落实，可能导致工程质量低劣，进度延迟或中断。

3.7 竣工验收不规范，最终把关不严，可能导致工程交付使用后存在重大隐患。

3.8 工程项目会计处理和相关信息不合法、不真实、不完整，可能导致公司资产账实不符或资产损失。

4.权责

公司在建立与实施工程项目内部控制过程中，至少应强化对下列关键方面或关键环节的控制。

4.1 职责分工、权限范围和审批程序应明确规范，机构设置和人员配备应科学合理。

4.2 工程项目的决策依据应充分、适当，决策过程应科学规范。

4.3 概预算编制的依据、内容、标准应明确规范。

4.4 委托其他单位承担工程项目时，相关的招标程序和合同协议的签订、管理程序应明确。

4.5 价款支付的方式、金额、时间进度应明确。

4.6 竣工决算环节的控制流程应科学严密，竣工清理范围、竣工决算依据、决算审计要求、竣工验收程序、资产移交手续等应明确。

4.7 工程项目的确认、计量和报告应符合《企业会计准则》和《企业会计准则——应用指南》的规定。

5.管理规定

5.1 岗位分工和授权批准

5.1.1 不相容岗位分离

（1）项目建议、可行性研究人员与项目决策人员分离。

（2）概预算编制人员与审核人员分离。

（3）项目实施人员与价款支付人员分离。

（4）竣工决算人员与审计人员分离。

5.1.2 业务归口办理

（1）公司的工程项目组织与实施由工程部归口办理。

（2）工程项目价款支付由公司财务部归口办理。

（3）财务部设置工程项目核算岗位，办理工程项目会计核算业务。

5.1.3 相关部门职责

（1）工程部：受理项目申请和项目建议；组织项目的可行性论证和评估；组织或委托招标；办理工程开工的前期工作；组织编制概预算；组建项目管理机构；监督工程质量进度；审核工程结算（工程量）；组织项目后评价等。

（2）财务部门：参与工程项目的可行性研究论证与评估、决算事项，工程项目核算，工程价款支付；参与工程概预算、结算审核；参与工程建设监督。

（3）审计部门：负责工程审计、委托工程审计和合同审计；参与工程项目的可行性研究论证与评估、决算事项；参与工程建设监督。

5.1.4 授权审批和权责划分

5.1.4.1 授权方式

（1）公司对董事会的授权，由公司章程规定和股东大会决议。

（2）公司对董事长和总经理的授权，由公司董事会决议。

（3）总经理对下属的授权采用年度授权书。

5.1.4.2 权限

项目	审批人	审批权限
工程立项	董事长	单项工程500万元以上
	总经理	单项工程500万元以下
工程审批	股东大会	（1）一个工程项目或设计、技术、功能、最终用途等方面密切相关的多项工程的工程造价达到或超过公司净资产的10% （2）工程项目建成使公司的主业或产业结构发生重大变化
	董事会	（1）单项200万元以上，净资产10%以下 （2）对报股东大会审批的工程项目事前提出预案，经董事会决议通过后，报股东大会审批
	董事长	预算外单项50万元至200万元，年预算外累计不超过500万元
	总经理	（1）年度预算内工程项目 （2）预算外单项50万元以下，年预算外累计不超过200万元
工程项目外包合同签署	董事长	（1）签署（由股东大会批准的项目） （2）授权总经理签署（一般项目）
	总经理	按授权签署
工程项目建设过程事务	授权审批人	按公司授权范围审批

5.1.4.3 批准和越权批准处理

（1）审批人根据公司对工程项目相关业务的授权批准制度规定，在授权范围内进行审批，不得超越审批权限。

（2）经办人在职责范围内，按照审批人的批准意见办理工程项目业务。

（3）对于审批人超越授权范围审批的工程项目业务，经办人有权拒绝办理，并及时向审批人的上一级授权部门报告。

5.2 工程项目决策控制

5.2.1 工程项目决策控制程序图

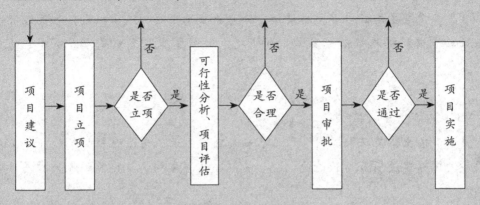

5.2.2 工程项目决策控制程序要求

业务操作	操作人	控制要求
项目立项	董事长或总经理	（1）项目必须符合公司的发展需要，项目应是必要和可行的 （2）项目立项前已进行了初步调查研究，并由相关部门编制项目建议书，无项目建议书的一般不予立项
可行性研究	由工程部门会同相关部门	（1）可行性分析应由基建、营销、生产技术、财务等部门派人员参加 （2）对项目的必要性和可行性进行进一步研究和分析 （3）编制项目可行性研究报告
项目评估	由工程部门组织相关专家	（1）评估人员应包括工程、技术、财会等相关专家 （2）对可行性研究报告的完整性、客观性进行技术经济分析和评审 （3）出具评审意见
项目审批	股东大会、董事会、董事长、总经理	（1）对项目的必要性、可行性和项目风险进行再评估 （2）对项目是否审批进行发言表决 （3）项目通过必须符合董事会、股东大会的议事规则 （4）对项目审批过程和结果进行记录，并存入档案 （5）项目决策改变，必须按项目审批的程序执行，不得由一人单独决策或擅自改变决策

5.3 工程项目实施控制

5.3.1 招标范围

公司除下列情形外，所有工程项目均采用招标方式确定施工单位。

（1）自营项目。

（2）按国家及地方政府规定可不招标的小型项目。

5.3.2 招标机构

（1）小型项目外的项目由公司委托或招标确定的招标代理公司办理。

（2）小型项目由公司工程、技术、财务、审计等部门组成招标小组进行招标。

5.3.3 工程概算

（1）工程概算是公司以初步设计文件为基础编制的，是考核设计方案经济性和合理性的重要经济指标，是确定工程规模、编制年度财务预算、筹措资金的重要依据。

（2）工程概算由工程设计人员依据工程概算定额和各种费用标准编制。

5.3.4 工程预算

（1）工程预算是以施工图设计为基础编制的，是公司通过招投标选择施工单位和设备、控制建设项目工程造价、进行竣工决算、编制资本预算和资金筹措计划的重要依据。

（2）工程预算由工程部门的专业人员或委托专业机构编制。

5.3.5 概预算审核

工程概预算由公司审计部门采用下列方式组织审核。

（1）组织工程、技术、财务等部门的相关人员进行审核。

（2）安排专业人员审核。

（3）委托中介机构审核。

5.3.6 合同签订

（1）公司对外委托的施工工程和工程物资采购必须签订合同。

（2）合同条款必须符合《中华人民共和国民法典》中合同编写的相关规定。

（3）财务部必须事先对合同中的经济利益、财务结算等有关条款进行审查。

（4）在合同签署前，审计部门应对合同进行审计。

5.3.7 合约审批

按公司内部授权文件规定审批，审批人在授权范围内审批，不得越权审批。

5.3.8 合同分发与存档

工程合同（包括施工合同与采购合同）的正本存入工程档案，副本或复印件至少分送到审计、财务、基建（包括预算、结算）、采购等部门。

5.3.9 合同履行跟踪

合同履行部门实时对合同的执行情况进行跟踪和检查，发现异常及时向公司主管领导报告，并采取有效措施，避免或降低合同损失。

5.3.10 价款支付控制

（1）公司工程项目价款支付业务，按资金活动指引的有关规定办理。

（2）公司工程项目采购业务，参照公司采购存货和固定资产的有关规定办理。

5.3.11 工程进度款支付程序

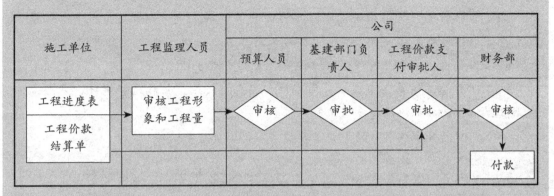

（1）施工单位根据当月工程完工形象进度和施工图预算编制工程进度表，根据累计完成进度和已付款情况编制工程价款结算单。

（2）工程监理人员对工程进度的形象进度和工程量进行审核。

（3）工程预算人员到现场进一步核实工程形象进度、工程量，根据预算单价核实工程进度。

（4）工程部门负责人对工程进度表进行审批。

（5）按照公司授权，价款支付审批人根据工程进度款和工程价款结算单，审批支付金额。

（6）财务部门进一步核实工程价款结算单，核对工程进度表、工程价款结算单、发票等无误后，办理支付。

5.3.12 财务审核和支付

（1）会计人员对工程合同约定的价款支付方式、有关部门提供的价款支付申请及凭证、审批人的批准意见等进行审查和复核。复核无误后，方可办理价款支付手续。

（2）会计人员在办理支付过程中，发现拟支付价款与合同约定价款的支付方式及金额不符或与工程实际完工情况不符等异常情况时，应及时向审批人的上级报告。

（3）因工程变更等原因造成价款支付方式及金额发生变动的，相关部门应提供完整的书面文件和其他相关资料，会计人员应对工程变更价款支付业务进行审核。

5.3.13 工程质保金

（1）任何工程完工后要与施工单位办理竣工结算，并按合同规定预留质保金。

（2）质保金按合同规定到期后，由相关部门提出申请，并由基建部门、工程使用部门、审计部门签署意见，经批准人批准后方能支付。

（3）质保金不得提前支付。

5.3.14 竣工结算

工程完工后，由基建部门组织相关部门对工程进行竣工验收，审计、财务部门应参加竣工验收。竣工验收后，应办理工程竣工结算和决算。

（1）工程竣工结算书由施工单位编制。在工程项目竣工验收时，施工单位根据工程承包合同、施工招投标文件等编制竣工决算书。

（2）工程竣工结算由工程部组织相关专业人员进行审核。

（3）工程竣工结算经审核后，由审计部门或委托中介机构进行审计，未经审计的竣工结算，财务部门不得支付工程结算款。

（4）工程结算审计书必须由施工单位和审计人员签字认可。

5.3.15 工程竣工决算

（1）工程竣工决算书由公司财务部门编制，其内容包括工程项目从筹建开始到竣工交付使用为止的全部建设费用。财务决算报告主要包括竣工工程概况、竣工财务决算报表。

（2）在编制工程竣工决算书前，公司相关部门应对所有财产和物资进行清理。

（3）公司有关部门及人员负责对竣工决算进行审核，重点审查决算依据是否完备、相关文件资料是否齐全、决算编制是否正确。

（4）审计部门应对竣工决算进行审核。

5.3.16 工程项目验收入库

工程项目验收合格的，工程部门应当及时编制财产清单，办理资产移交入库手续（参照固定资产指引）。

5.3.17 工程项目核算与记录

公司财务部门按会计核算手册的规定，及时进行会计核算和记录。

5.4 项目后评价

5.4.1 工程项目竣工交付生产2～3年后，应由基建部门会同相关部门，对项目立项决策、设计、施工、竣工验收、生产运营的全过程进行系统评估，通过对项目决策过程进行监督，从已完成项目中总结经验教训，达到改善工程项目管理水平的目的。

5.4.2 评价的基本内容

（1）项目效益评价。

（2）项目影响评价：包括经济影响评价、环境影响评价、社会影响评价、项目过程评价、项目持续性评价。

5.4.3 评价报告：对项目评估后，应编写项目后评估报告，包括结果与问题、成功度评价、建议、经验教训等。

5.5 监督检查

5.5.1 监督检查主体

（1）公司监事会依据公司章程，对工程项目管理进行检查监督。

（2）公司审计部门依据公司授权和部门职能描述，对工程项目管理进行审计监督。

（3）公司财务部门依据公司授权，对工程项目管理进行财务监督。

（4）上级对下级日常工作进行监督检查。

5.5.2　监督检查内容

（1）是否存在不相容职务混岗的现象。

（2）重要业务的授权批准手续是否齐全，是否存在越权审批行为。

（3）责任制度是否健全，奖惩措施是否落实到位。

（4）概预算编制的依据是否真实，是否按规定对概预算进行审核。

（5）是否按规定办理各类款项支付、竣工决算，实施决算审计。

5.5.3　监督检查结果处理

（1）对于监督检查过程中发现的工程项目内部控制中的问题和薄弱环节，负责监督检查的部门应当告知有关部门，公司有关部门应当采取措施及时纠正和完善。

（2）公司监督检查部门应当按照内部管理权限，向上级有关部门报告工程项目内部控制监督情况和有关部门的整改情况。

3.8　担保之内部控制

一些企业包括上市公司陷入担保怪圈和旷日持久的诉讼拉锯战，导致发生重大经济损失的案件时有发生。鉴于担保业务的"双刃剑"特征，《企业内部控制应用指引第12号——担保业务》对担保业务提出了一系列有针对性的管控措施。

担保是指企业依据《中华人民共和国民法典》和担保合同或者协议，按照公平、自愿、互利的原则，向被担保人提供一定方式的担保并依法承担相应法律责任的行为，不包含担保公司的担保业务及按揭销售中涉及的担保等具有日常经营性质的担保行为。

建立健全担保内部控制制度是规范担保行为、降低担保风险的有效途径，而在各控制关键点建立一套相互牵制、相互稽查、相互监督的内部控制体系，则是企业内部控制制度的中心环节，其根本目的在于规范担保行为、防范担保风险、促进企业资金良性循环。

3.8.1　担保业务应关注的风险

（1）担保违反国家法律法规，可能遭受外部处罚、经济损失和信誉损失。

（2）担保业务未经适当审批或超越授权审批，可能因重大差错、舞弊、欺诈而导致损失。

（3）担保评估不适当，可能因诉讼、代偿等遭受损失。

（4）担保执行监控不当，可能导致企业经营效率低下或资产遭受损失。

3.8.2 担保业务的职责分工与授权批准

企业应当建立担保业务的岗位责任制，明确相关部门和岗位的职责权限，确保办理担保业务的不相容岗位相互分离、制约和监督。

3.8.2.1 担保业务不相容岗位

担保业务不相容岗位至少包括：

（1）担保业务的评估与审批。

（2）担保业务的审批与执行。

（3）担保业务的执行和核对。

（4）担保业务相关财产保管和担保业务记录。

3.8.2.2 建立担保授权制度和审核批准制度

企业应明确审批人对担保业务的授权批准方式、权限、程序、责任和相关控制措施。

3.8.2.3 制定担保政策

企业应当制定担保政策，明确担保的对象、范围、方式、条件、程序、限额和禁止担保的事项，定期检查担保政策的执行情况及效果。

3.8.2.4 制定担保业务流程

企业应当制定担保业务流程，明确担保业务的评估、审批、执行等。企业内设机构和分支机构不得对外提供担保。

3.8.2.5 建立担保业务责任追究制度

企业应当建立担保业务责任追究制度，对在担保中出现重大决策失误、未履行集体审批程序或不按规定执行担保业务的部门及人员，应当严格追究责任人的责任。

3.8.3 担保业务的一般流程

企业办理担保业务，一般包括受理申请、调查和评估、审批、签订担保合同、进行日常监控等流程，具体如图3-51所示。该图列出的担保流程适用于各类企业的一般担保业务。企业在开展担保业务时，可以参照此流程并结合自身情况予以扩充和细化。

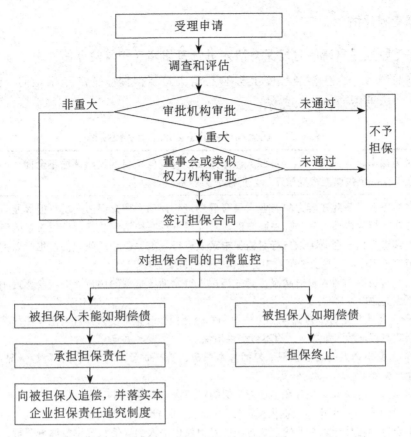

图3-51 担保业务的一般流程

3.8.4 担保业务的关键控制点和主要控制措施

3.8.4.1 受理申请

受理申请是企业办理担保业务的第一道关口，其主要风险与管控措施如表3-23所示。

表3-23 受理申请的主要风险与管控措施

主要风险	（1）企业担保政策和相关管理制度不健全，导致难以对担保申请人提出的担保申请进行初步评价和审核 （2）对担保申请人提出的担保申请审查把关不严，导致申请受理流于形式
主要管控措施	（1）依法制定和完善本企业的担保政策和相关管理制度，明确担保的对象、范围、方式、条件、程序、限额和禁止担保的事项 （2）严格按照担保政策和相关管理制度对担保申请人提出的担保申请进行审核。比如，审核担保申请人是否属于可以提供担保的对象。一般而言，对于与本企业存在密切业务关系的企业、与本企业有潜在重要业务关系的企业、本企业的子公司及具有控制关系的其他企业等，可以考虑提供担保，反之，则必须十分慎重。又如，对担保申请人整体实力、经营状况、信用水平进行了解。如果担保申请人实力较强、经营良好、恪守信用，可以考虑接受申请，反之则不应受理。再如，担保申请人的申请资料是否完备。如果资料完备、情况翔实，可予受理，反之则不予受理

3.8.4.2 调查和评估

企业在受理担保申请后对担保申请人进行资信调查和风险评估，是办理担保业务不可或缺的重要环节。它在相当程度上影响甚至决定着担保业务的未来走向。这一环节的主要风险与管控措施如表3-24所示。

表3-24 调查和评估的主要风险与管控措施

主要风险	对担保申请人的资信调查不深入、不透彻，对担保项目的风险评估不全面、不科学，导致企业担保决策失误或遭受欺诈，为担保业务埋下巨大隐患
主要管控措施	（1）委派具备胜任能力的专业人员开展调查和评估。调查评估人员与担保业务审批人员应当分离。担保申请人为企业关联方的，与关联方存在经济利益或近亲属关系的有关人员不得参与调查评估。企业可以自行对担保申请人进行资信调查和风险评估，也可以委托中介机构承担这一工作，同时应加强对中介机构工作情况的监控 （2）对担保申请人资信状况和有关情况进行全面、客观的调查评估。在调查和评估中，应当重点关注以下事项： ① 担保业务是否符合国家法律法规和本企业担保政策的要求，凡与国家法律法规和本企业担保政策相抵触的业务，一律不得提供担保 ② 担保申请人的资信状况，包括基本情况、资产质量、财务状况、经营情况、信用程度、行业前景等 ③ 担保申请人用于担保和第三方担保的资产状况及其权利归属 ④ 企业要求担保申请人提供反担保的，还应对与反担保有关的资产状况进行评估。企业应当综合运用各种行之有效的方式方法，对担保申请人的资信状况进行调查了解，力求真实准确。比如，在对担保申请人财务状况进行调查时，要深入分析其短期偿债能力、长期偿债能力、盈利能力、资产管理能力和可持续发展能力等核心指标，从而做到胸有成竹、防患未然。涉及对境外企业提供担保的，还应特别关注担保申请人所在国家和地区的政治、经济、法律等因素，并评估外汇政策、汇率变动等可能对担保业务造成的影响 （3）对担保项目经营前景和盈利能力进行合理预测。企业整体的资信状况和担保项目的预期运营情况，构成判断担保申请人偿债能力的两大重要方面，应当予以重视 （4）划定不予担保的"红线"，并结合调查评估情况作出判断。《企业内部控制应用指引第12号——担保》明确规定了以下五类不予担保的情形： ① 担保项目不符合国家法律法规和本企业担保政策的 ② 担保申请人已进入重组、托管、兼并或破产清算程序的 ③ 担保申请人财务状况恶化、资不抵债、管理混乱、经营风险较大的 ④ 担保申请人与其他企业存在较大经济纠纷，面临法律诉讼且可能承担较大赔偿责任的 ⑤ 担保申请人与本企业已经发生过担保纠纷且仍未妥善解决的，或不能及时足额交纳担保费用的 各企业应当将上述5类情形作为办理担保业务的"高压线"，严格遵守、不得突破；同时，可以结合企业自身的实际情况，进一步充实、完善有关管理要求，切实防范为"带病"企业提供担保 （5）形成书面评估报告，全面反映调查评估情况，为担保决策提供第一手资料。企业应当规范评估报告的形式和内容，妥善保管评估报告，并作为日后追究有关人员担保责任的重要依据

3.8.4.3 审批

审批环节在担保业务中具有承上启下的作用，既是对调查评估结果的判断和认定，也是担保业务能否进入实际执行阶段的必经之路。这一环节的主要风险与管控措施如表3-25所示。

表3-25　审批的主要风险与管控措施

主要风险	（1）授权审批制度不健全，导致对担保业务的审批不规范 （2）审批不严格或者越权审批，导致担保决策出现重大疏漏，可能引发严重后果 （3）审批过程存在舞弊行为，可能导致经办审批的相关人员涉案或企业利益受损
主要管控措施	（1）建立和完善担保授权审批制度，明确授权批准的方式、权限、程序、责任和相关控制措施，要求各层级人员在授权范围内进行审批，不得超越权限审批。企业内设机构不得以企业名义对外提供担保。企业应当加大对分公司对外提供担保的管控力度，严格限制分公司担保行为，避免因分公司违规担保为本企业带来不利后果 （2）建立和完善重大担保业务的集体决策审批制度。企业应当根据《公司法》等国家法律法规，结合企业章程和有关管理制度，明确重大担保业务的判断标准、审批权限和程序。上市公司的重大对外担保，应取得董事会全体成员2/3以上同意或者经股东大会批准，未经董事会或者类似权力机构批准，不得对外提供重大担保 （3）认真审查对担保申请人的调查评估报告，在充分掌握有关情况的基础上，权衡比较本企业净资产状况、担保限额与担保申请人提出的担保金额，确保将担保金额控制在企业设定的担保限额之内 （4）从严办理担保变更审批。被担保人要求变更担保事项的，企业应当重新履行调查评估程序，根据新的调查评估报告重新履行审批手续

3.8.4.4 签订担保合同

担保合同是审批机构同意办理担保业务的直接体现，也是约定担保双方权利、义务的基础载体。这一环节的主要风险与管控措施如表3-26所示。

表3-26　签订担保合同的主要风险与管控措施

主要风险	未经授权对外订立担保合同，或者担保合同内容存在重大疏漏和欺诈，可能导致企业诉讼失败、权利追索被动、经济利益和形象信誉受损
主要管控措施	（1）严格按照经审核批准的担保业务订立担保合同。合同订立经办人员应当在职责范围内，按照审批人员的批准意见制定合同条款 （2）认真审核合同条款，确保担保合同条款内容完整、表述严谨准确、相关手续齐备。在担保合同中应明确被担保人的权利、义务、违约责任等相关内容，并要求被担保人定期提供财务报告和有关资料，及时通报担保事项的实施情况。如果担保申请人同时向多方申请担保，企业应当在担保合同中明确约定本企业的担保份额和相应的责任 （3）实行担保合同会审联签制度。除担保业务经办部门之外，应鼓励和倡导企业法律部门、财会部门、内审部门等参与担保合同会审联签，以增强担保合同的合法性、规范性、完备性，有效避免权利义务约定、合同文本表述等方面的疏漏 （4）加强对有关身份证明和印章的管理。比如，在担保合同签订过程中，依照法律规定和企业内部管理制度，往往需要使用企业法定代表人的身份证明、个人印章和担保合同专用章等。因此，必须加强对身份证明和印章的管理，保证担保合同用章用印符合当事人真实意愿 （5）规范担保合同的记录、传递和保管，确保担保合同运转轨迹清晰完整、有案可查

3.8.4.5　日常监控

担保合同的签订，标志着企业的担保权利和担保责任进入法律意义上的实际履行阶段。切实加强对担保合同执行情况的日常监控，通过及时、准确、全面了解被担保人的经营状况、财务状况和担保项目运行情况，最大限度地实现企业的担保权益，降低企业的担保责任。这一环节的主要风险与管控措施如表3-27所示。

表3-27　日常监控的主要风险与管控措施

主要风险	重合同签订、轻后续管理，对担保合同履行情况疏于监控或监控不当，导致企业不能及时发现和妥善应对被担保人的异常情况，可能延误处置时机，加剧担保风险，加重经济损失
主要管控措施	（1）指定专人定期监测被担保人的经营情况和财务状况，对被担保人进行跟踪和监督，了解担保项目执行、资金使用、贷款归还、财务运行及风险等情况，促进担保合同有效履行。企业财会部门要及时（最好是按月或者按季）收集、分析被担保人担保期内的财务报告等相关资料，持续关注被担保人的财务状况、经营成果、现金流量以及担保合同的履行情况，积极配合担保经办部门防范担保业务风险 （2）及时报告被担保人的异常情况和重要信息。企业有关部门和人员在实施日常监控过程中发现被担保人经营困难、债务沉重，或者存在违反担保合同的其他情况，应当按照《企业内部控制应用指引第17号——内部信息传递》的要求，在第一时间向企业有关管理人员报告，以便及时采取有针对性的应对措施

3.8.4.6　会计控制

担保业务直接涉及担保财产、费用收取、财务分析、债务承担、会计处理和相关信息披露等，决定了会计控制在担保业务经办中具有举足轻重的作用。这一环节的主要风险与管控措施如表3-28所示。

表3-28　会计控制的主要风险与管控措施

主要风险	会计系统控制不力，可能导致担保业务记录残缺不全，日常监控难以奏效，或者担保会计处理和信息披露不符合有关监管要求，从而引发行政处罚
主要管控措施	（1）健全担保业务经办部门与财会部门的信息沟通机制，促进担保信息得到及时有效的沟通 （2）建立担保事项台账，详细记录担保对象、金额、期限、用于抵押和质押的物品或权利以及其他有关事项；同时，及时足额收取担保费用，维护企业担保权益 （3）严格按照国家统一的会计准则制度进行担保会计处理，发现被担保人出现财务状况恶化、资不抵债、破产清算等情形的，应当合理确认预计负债和损失。属于上市公司的，还应当区别不同情况依法予以公告 （4）切实加强对反担保财产的管理，妥善保管被担保人用于反担保的权利凭证，定期核实财产的存续状况和价值，发现问题及时处理，确保反担保财产安全完整 （5）夯实担保合同基础管理，妥善保管担保合同、与担保合同相关的主合同、反担保函或反担保合同，以及抵押、质押的权利凭证和有关原始资料，做到担保业务档案完整无缺。当担保合同到期时，企业要全面清查用于担保的财产、权利凭证，按照合同约定及时终止担保关系

3.8.4.7 代为清偿和权利追索

被担保人在担保期间如果顺利履行了对银行等债权人的偿债义务，且向担保企业及时足额支付了担保费用，担保合同一般应予以终止，担保双方解除担保权利与责任。但在实践中，由于各方面因素的影响，部分被担保人无法偿还到期债务，"连累"担保企业不得不按照担保合同约定承担清偿债务的责任。因此，在代为清偿后依法主张对被担保人的追偿权，成为担保企业降低担保损失的最后一道屏障。这一环节的主要风险与管控措施如表3-29所示。

表3-29　代为清偿和权利追索的主要风险与管控措施

主要风险	（1）违背担保合同约定不履行代为清偿义务，可能被银行等债权人诉诸法律，成为连带被告，影响企业形象和声誉 （2）承担代为清偿义务后向被担保人追索赔偿不力，可能造成较大经济损失
主要管控措施	（1）强化法治意识和责任观念，在被担保人确实无力偿付债务或履行相关合同义务时，自觉按照担保合同承担代偿义务，维护企业诚实守信的市场形象 （2）运用法律武器向被担保人追索赔偿。在此过程中，企业担保业务经办部门、财会部门、法律部门等应当通力合作，做到在司法程序中举证有力；同时，依法处置被担保人的反担保财产，尽力减少企业经济损失 （3）启动担保业务后评估工作，严格落实担保业务责任追究制度，对在担保中出现重大决策失误、未履行集体审批程序或不按规定管理担保业务的部门及人员，严格追究行政责任和经济责任，并深入开展总结分析，举一反三，不断完善担保业务内控制度，严控担保风险，促进企业稳健发展

🔍【实例10】 ▶▶▶

担保业务内部控制活动规范

关键点1：调查、评估与审批

分控节点	控制目标	标准控制活动	主责部门
担保业务政策的制定	依法制定或完善担保业务政策及相关管理制度，明确担保对象、范围、方式、条件、程序、限额和禁止担保等事项，规范申请受理、调查评估、审核批准、担保执行等环节的工作流程	（1）集团公司财务管理部门制定资金管理制度，明确担保原则、对象、条件、程序、管理与监控等事项 （2）未经集团公司财务管理部门同意，各成员公司不得为内外部单位或个人提供任何形式的担保	集团财务部
担保申请的调查和评估	确保对担保申请人进行资信调查和风险评估，避免担保决策失误	（1）目前集团公司主要为集团内部成员公司项目融资阶段发行债券或贷款提供担保	集团财务部

续表

分控节点	控制目标	标准控制活动	主责部门
担保申请的调查和评估	确保对担保申请人进行资信调查和风险评估，避免担保决策失误	（2）集团公司投资评审管理部门对成员公司投资项目提出评审意见，评估投资项目是否符合集团总体战略，项目风险、投资收益率和现金流是否符合投资最低要求。评审通过后，投资项目决策和项目融资方案应根据公司授权管理规定执行相应的审批程序 （3）成员公司在融资过程中如需集团公司的担保，应在资金管理系统中向集团财务管理部门提出书面担保申请。集团财务管理部门综合投资评审管理部门的评审意见、具体融资方案以及成员公司的偿债能力和现金流的预测情况，初步评估担保风险、担保必要性和可行性，确保担保总额未超出集团净资产总额，并形成集团总会审议的上会材料	集团财务部
担保申请的审批	确保担保事项在授权范围内进行审批，不得超越权限审批	集团公司对成员公司担保，应根据集团公司授权管理规定执行相应的审批程序	集团财务部
	明确重大担保业务的判断标准，重大担保业务报经董事会或类似权力机构批准	对于非全资控股成员公司申请的超出股权比例份额的担保，应根据公司授权管理规定执行相应的审批程序	集团财务部
担保事项变更	确保担保事项变更时，能够重新评估风险，并得到适当授权审批	如担保事项发生重大变更，集团财务管理部门应重新评估担保风险，按照公司授权管理规定执行相应的审批程序后，执行变更后的担保业务	集团财务部

关键点2：执行与监控

分控节点	控制目标	标准控制活动	主责部门
签订担保合同	担保合同签订时，经过相关部门授权及法务部门审阅	（1）担保业务决策审批时，集团公司分管领导被授权，负责审批担保合同及签署事宜 （2）担保合同中需明确被担保人的权利、义务、违约责任等相关内容，经公司法律部门审核关键条款后，由被授权的分管领导审批。集团公司财务管理部门负责签署审批通过的担保合同	集团财务部

续表

分控节点	控制目标	标准控制活动	主责部门
担保资料保管与台账维护	妥善保管担保业务原始资料，维护担保业务台账，确保台账信息的及时性与准确性	（1）集团公司财务管理部门和成员公司均设置担保备查簿，妥善保管担保业务资料，并及时更新担保备查簿信息 （2）成员公司每季度统计并向集团上报当期担保业务信息。财务管理部门汇总后形成季度债务情况分析报告，并提交总经理审阅	集团财务部
担保业务日常监控	定期监测被担保人的经营情况和财务状况，确保担保合同有效履行，担保风险被持续监控	集团公司财务管理部门依托财务公司及资金管理系统，监控被担保成员公司的现金流以及偿债情况，并在季度担保业务报告中简要分析被担保成员公司当期项目运行、债务结构等情况，确保担保风险被持续评估	集团财务部

关键点3：其他控制

分控节点	控制目标	标准控制活动	主责部门
会计处理	对于被担保人出现财务状况恶化、资不抵债、破产清算等情形，企业财务部门根据国家统一的会计准则制度，合理确认预计负债和损失	财务管理部门根据会计核算制度，在被担保人出现财务状况恶化、资不抵债、破产清算等情形，履行担保业务很可能导致经济利益流出公司时，合理确认预计负债和损失。确认预计负债的会计处理经过适当复核	财务共享中心
代为清偿和权利追索	按照担保合同履行代偿义务，并主张对被担保人的追索权	（1）集团公司财务管理部门督促下属成员公司建立担保代偿风险预警和报告制度，确保做好担保业务的跟踪检查，尽早识别代偿风险，以便采取针对性处理措施 （2）成员公司持续评估可能履行的代偿义务，拟订风险防范方案，并报集团公司财务管理部门备案	集团财务部
担保业务后评估	确保担保业务后评估及时进行，并建立责任追究机制	（1）公司建立担保业务责任追究制度，对在担保中出现重大决策失误、未履行集体审批程序或不按规定管理担保业务的部门及人员，进行责任追究 （2）公司在担保业务完成后，定期对担保业务进行后评价并形成书面报告，以分析担保业务的情况	集团财务部

3.9 业务外包之内部控制

业务外包是企业利用专业分工优势提高生产效率的经营行为。《企业内部控制应用指引第13号——业务外包》（以下简称业务外包控制指引）对业务外包行为进行了规范，以防范业务外包的风险。

业务外包控制指引所称的业务外包，是指企业利用专业化分工优势，将日常经营中的部分业务委托给本企业以外的专业服务机构或经济组织（以下简称承包方）完成的经营行为，通常包括研发、资信调查、可行性研究、委托加工、物业管理、客户服务、IT服务等。

3.9.1 业务外包应关注的风险

企业的业务外包至少应当关注下列风险。

（1）外包范围确定不合理、承包方选择不当，可能导致企业遭受损失。

（2）外包业务监控不严、服务质量低劣，可能导致企业难以发挥业务外包的优势。

（3）业务外包存在商业贿赂等舞弊行为，可能导致企业相关人员涉案。

3.9.2 业务外包的流程

业务外包的流程主要包括制定业务外包实施方案、审核批准、选择承包方、签订业务外包合同、组织实施业务外包活动、业务外包过程管理、验收、会计控制等环节，如图3-52所示。该图列出的业务外包流程适用于各类企业的一般业务外包。企业在实际开展业务外包时，可以参照此流程，并结合自身情况予以扩充和具体化。

3.9.3 业务外包的主要风险点及管控措施

（1）制定业务外包实施方案

制定业务外包实施方案是指企业根据年度生产经营计划和业务外包管理制度，并结合确定的业务外包范围，制定实施方案。该环节的主要风险与管控措施如表3-30所示。

（2）审核批准

审核批准是指企业按照规定的权限和程序审核批准业务外包实施方案。该环节的主要风险与管控措施如表3-31所示。

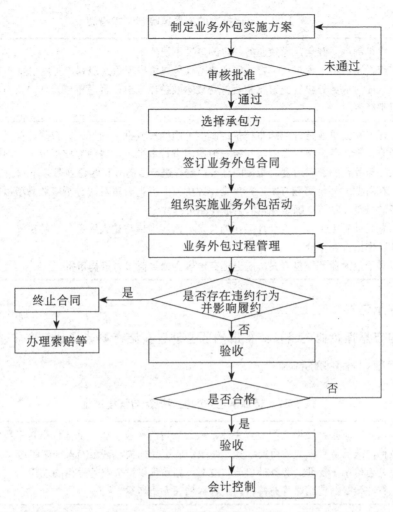

图 3-52 业务外包基本流程图

表 3-30 制定业务外包实施方案的主要风险与管控措施

主要风险	（1）企业缺乏业务外包管理制度，导致制定实施方案时无据可依 （2）业务外包管理制度未明确业务外包范围，可能导致有关部门在制定实施方案时，将不宜外包的核心业务进行外包 （3）实施方案不合理、不符合企业生产经营特点或内容不完整，可能导致业务外包失败
主要管控措施	（1）建立和完善业务外包管理制度，根据各类业务与核心主业的关联度、对外包业务的控制程度以及外部市场成熟度等标准，合理确定业务外包的范围；并根据是否对企业生产经营有重大影响，对外包业务实施分类管理，以突出管控重点；同时明确规定业务外包的方式、条件、程序和实施等相关内容 （2）严格按照业务外包管理制度规定的业务外包范围、方式、条件、程序等内容制定实施方案，避免将核心业务外包，同时确保方案的完整性 （3）根据企业年度预算以及生产经营计划，对实施方案的重要方面进行深入评估及复核，包括承包方选择方案、外包业务的成本效益及风险、外包合同期限、外包方式、员工培训计划等，以确保方案的可行性 （4）认真听取外部专业人员对业务外包的意见，并根据其合理化建议完善实施方案

表3-31 审核批准的主要风险与管控措施

主要风险	（1）审批制度不健全，导致业务外包的审批不规范 （2）审批不严格或者越权审批，导致业务外包决策出现重大疏漏，可能引发严重后果 （3）未能对业务外包实施方案是否符合成本效益原则进行合理审核及作出恰当判断，导致业务外包不经济
主要管控措施	（1）建立和完善业务外包的审核批准制度。明确授权批准的方式、权限、程序、责任和相关控制措施，规定各层级人员应当在授权范围内进行审批，不得超越权限审批。同时加大对分公司重大业务外包的管控力度，避免因分公司越权进行业务外包给企业带来不利后果 （2）在对业务外包实施方案进行审查和评价时，应当着重对比分析该业务项目在自营与外包情况下的风险和收益，确定外包的合理性和可行性 （3）总会计师或企业分管会计工作的负责人，应当参与重大业务外包的决策，对业务外包的经济效益作出合理评价 （4）对于重大业务外包方案，应当提交董事会或类似权力机构审批

（3）选择承包方

选择承包方是指企业应当按照批准的业务外包实施方案选择承包方。该环节的主要风险与管控措施如表3-32所示。

表3-32 选择承包方的主要风险与管控措施

主要风险	（1）承包方不是合法设立的法人主体，缺乏应有的专业资质，从业人员也不具备应有的专业技术资格，缺乏从事相关项目的经验，导致企业遭受损失，甚至陷入法律纠纷 （2）外包价格不合理，业务外包成本过高，导致难以发挥业务外包的优势 （3）存在接受商业贿赂等舞弊行为，导致相关人员涉案
主要管控措施	（1）充分调查候选承包方的合法性，即是否为依法成立、合法经营的专业服务机构或经济组织，是否具有相应的经营范围和固定的办公场所 （2）调查候选承包方的专业资质、技术实力及其从业人员的履历和专业技能 （3）考察候选承包方从事类似项目的成功案例、业界评价和口碑 （4）综合考虑企业内外部因素，对业务外包的人工成本、营销成本、业务收入、人力资源等指标进行测算分析，合理确定外包价格，严格控制业务外包成本 （5）引入竞争机制，按照有关法律法规，遵循公开、公平、公正的原则，采用招标等适当方式，择优选择承包方 （6）按照规定的程序和权限从候选承包方中作出选择，并建立严格的回避制度和监督处罚制度，避免相关人员在选择承包方过程中出现受贿和舞弊行为

（4）签订业务外包合同

确定承包方后，企业应当及时与选定的承包方签订业务外包合同，约定业务外包的内容和范围、双方权利和义务、服务和质量标准、保密事项、费用结算标准和违约责任等事项。该环节的主要风险与管控措施如表3-33所示。

表3-33　签订业务外包合同的主要风险与管控措施

主要风险	（1）合同条款未能对业务外包风险作出明确的约定，对承包方违约责任的界定不够清晰，导致企业陷入合同纠纷和诉讼 （2）合同约定的业务外包价格不合理或成本费用过高，导致企业遭受损失
主要管控措施	（1）在订立外包合同前，充分考虑业务外包方案中识别出的主要风险因素，并通过合同条款予以有效规避或降低 （2）在内容和范围方面，明确承包方提供的服务类型、数量、成本，以及明确界定服务环节、作业方式、作业时间、服务费用等细节 （3）在服务和质量标准方面，应当规定承包方最低的服务水平要求以及未能满足标准而实施的补救措施 （4）在权利和义务方面，企业有权督促承包方改进服务流程和方法，承包方有责任按照合同规定的方式和频率，将外包实施的进度和现状告知企业，并对存在的问题进行有效沟通 （5）在保密事项方面，对于涉及本企业机密的业务和事项，承包方有责任履行保密义务 （6）在费用结算标准方面，综合考虑内外部因素，合理确定外包价格，严格控制业务外包成本 （7）在违约责任方面，制定既具原则性又体现一定灵活性的合同条款，以适应环境、技术和企业自身业务的变化

（5）组织实施业务外包

组织实施业务外包是指企业严格按照业务外包制度、工作流程和相关要求，合理分配业务外包过程中的人、财、物等方面资源，建立与承包方的合作机制。该环节的主要风险与管控措施如表3-34所示。

表3-34　组织实施业务外包的主要风险与管控措施

主要风险	组织实施业务外包的工作不充分或未落实到位，影响下一环节业务外包过程管理的有效实施，导致难以实现业务外包的目标
主要管控措施	（1）按照业务外包制度、工作流程和相关要求，制定业务外包全过程的管控措施，包括落实与承包方之间的资产管理、信息资料管理、人力资源管理、安全保密管理等机制，确保承包方在履行外包业务合同时有章可循 （2）做好与承包方的对接工作，通过培训等方式确保承包方充分了解企业的工作流程和质量要求，从价值链的起点开始控制业务质量 （3）与承包方建立并保持畅通的沟通协调机制，以便及时发现并有效解决业务外包过程中存在的问题 （4）梳理有关工作流程，提出每个环节岗位职责分工、运营模式、管理机制、质量水平等方面的要求，并建立对应的即时监控机制，及时检查、收集和反馈业务外包实施过程的相关信息

（6）业务外包过程管理

根据业务外包合同的约定，承包方会采取在特定时点向企业一次性交付产品或在一定期间内持续提供服务的方式交付业务外包成果。由于承包方交付成果的方式不同，业务外包过程也有所不同，前者的业务外包过程是指承包方对产品的设计与制造过程，后者的业务外包过程是指承包方持续提供服务的整个过程。该环节的主要风险与管控措施如表3-35所示。

表3-35　业务外包过程管理的主要风险与管控措施

主要风险	（1）承包方在合同期内因市场变化等原因不能保持履约能力，无法继续按照合同约定履行义务，导致业务外包失败和本企业生产经营活动中断 （2）承包方未按照业务外包合同约定的质量要求持续提供合格的产品或服务，导致企业难以发挥业务外包优势，甚至遭受重大损失 （3）管控不力，导致商业秘密泄露
主要管控措施	（1）在承包方提供服务或制造产品的过程中，密切关注重大业务承包方的履约能力，采取承包方动态管理方式，对承包方开展日常绩效评价和定期考核 （2）对承包方的履约能力进行持续评估，包括承包方对该项目的投入是否能够支持其产品或服务质量达到企业预期目标，承包方自身的财务状况、生产能力、技术创新能力等是否满足该项目的要求 （3）建立即时监控机制，一旦发现偏离合同目标等情况，应及时要求承包方调整改进 （4）对重大业务外包的各种意外情况作出充分预计，并建立相应的应急机制，制定临时替代方案，避免业务外包失败造成企业生产经营活动中断 （5）有确凿证据表明承包方存在重大违约行为，并导致业务外包合同无法履行的，应当及时终止合同，并指定有关部门按照法律程序向承包方索赔 （6）切实加强对业务外包过程中形成的商业信息资料的管理

（7）验收

业务外包合同执行完毕后需要验收的，企业应当组织相关部门或人员，对完成的业务外包成果进行验收。该环节的主要风险与管控措施如表3-36所示。

表3-36　验收的主要风险与管控措施

主要风险	验收方式与业务外包成果交付方式不匹配、验收标准不明确、验收程序不规范，使验收工作流于形式，不能及时发现业务外包质量低劣等情况，导致企业遭受损失
主要管控措施	（1）根据承包方业务外包成果交付方式的特点，制定不同的验收方式。一般而言，可以对最终产品或服务进行一次性验收，也可以在整个外包过程中分阶段验收 （2）根据业务外包合同的约定，以及在日常绩效评价基础上对外包业务质量是否达到预期目标进行的基本评价，确定验收标准 （3）组织有关职能部门、财会部门、质量控制部门的相关人员，严格按照验收标准对承包方交付的产品或服务进行审查和全面测试，确保产品或服务符合需求，并出具验收证明 （4）验收过程中发现异常情况的，应当立即报告，查明原因，视问题的严重性与承包方协商采取恰当的补救措施，并依法索赔 （5）根据验收结果，对业务外包是否达到预期目标作出总体评价，并据此对业务外包管理制度和流程进行改进和优化

（8）会计控制

会计控制是指企业应当根据国家统一的会计准则制度，加强对外包业务的核算与监督，并做好外包费用结算工作。该环节的主要风险与管控措施如表3-37所示。

表3-37　会计控制的主要风险与管控措施

主要风险	（1）缺乏有效的业务外包会计系统控制，未能全面真实地记录和反映企业业务外包各环节的资金流和实物流等情况，可能导致企业资产流失或贬损 （2）业务外包相关会计处理不当，可能导致财务报告信息失真 （3）结算审核不严格、支付方式不恰当、金额控制不严，可能导致企业资金损失或信用受损
主要管控措施	（1）企业财会部门应当根据国家统一的会计准则制度，对业务外包过程中交由承包方使用的资产、涉及资产负债变动的事项以及外包合同诉讼等加强核算与监督 （2）根据企业会计准则制度的规定，结合外包业务特点和企业管理机制，建立并完善外包成本的会计核算方法，进行有关会计处理，并在财务报告中进行必要、充分的披露 （3）向承包方结算费用时，应当依据验收证明，严格按照合同约定的结算条件、方式和标准办理支付

 【实例11】 ▶▶▶

业务外包内部控制活动规范

关键点1：业务外包实施方案

分控节点	控制目标	标准控制活动	主责部门
业务外包管理制度	建立和完善业务外包管理制度，明确业务外包的范围、方式、条件、程序和实施等相关内容，明确相关部门和岗位的职责权限，强化业务外包全过程的监控，防范外包风险	公司制定业务外包管理制度，对业务外包的范围、方式、条件、程序和实施等相关内容进行规范，明确业务外包相关部门和岗位的职责权限，并实时对业务外包的全过程进行监控	信息管理部、科技管理部
业务外包实施方案的制定及审批	业务外包实施方案按照规定的权限和程序得到充分评估和适当审批，确保外包业务在制度规定的范围内，并具有可行性	（1）目前集团层面业务外包主要为： ①软件开发类外包，由信息技术管理部门统筹管理 ②研发类外包，由研发管理部门管理 （2）信息技术管理部门制定外包管理/实施方案，经领导审批通过后，确保外包业务在外包框架中。外包管理/实施方案合理、具有可行性，且符合信息系统开发或运维需求	信息管理部、科技管理部

关键点2：选择承包方

分控节点	控制目标	标准控制活动	主责部门
承包方资质审核	选择承包方前充分调查候选承包方，确保其经营合法，有专业资质和技术实力	信息技术管理部门负责充分调查候选承包方，要求其提供营业执照、资质认证文件、项目经验等，以确保其经营合法，有专业资质和技术实力	信息管理部、科技管理部

分控节点	控制目标	标准控制活动	主责部门
业务外包价格审核	综合考虑内外部因素进行必要的测算分析,确定合理的外包价格,确保外包符合成本效益原则	信息技术管理部门综合考虑年度预算、市场情况、各承包方服务方案和报价情况等,评估各承包方外包价格。承包方及业务外包价格经专业处审核,由相关授权人审批后确认	信息管理部、科技管理部
确定承包方	按照规定的权限和程序选择承包方,并经过适当审批或授权	(1)信息技术管理部门遵循公司采购制度的要求,采用招标方式进行外包框架合同采购,从技术、规模、开发运维能力等维度评标定标,经相关授权人审批后确定框架外包方,并签订中长期框架协议。为保持适度竞争,每个外包领域应视体量大小确定多个框架外包方 (2)对于年度内外包业务,信息技术管理部门根据上一年外包方服务评价、本年度询价结果等维度对框架内外包方综合打分,并根据分数排名,对不同外包方下发不同份额的外包订单	信息管理部、科技管理部

关键点3:业务外包实施控制

分控节点	控制目标	标准控制活动	主责部门
签订业务外包合同	业务外包合同经过适当审批,确保重要风险因素通过合同条款予以规避或降低	(1)信息技术管理部门与中标供应商签订外包框架协议,有效期一般为三年。框架协议中应约定提供服务类型、外包范围、服务评定考核办法、计价方式、结算方式等。外包框架合同需在系统中发起采购申请流程,触发审批流程,并经相关授权人审核批准后签署 (2)外包订单需在系统中发起采购订单申请流程,触发审批流程,并经相关授权人审核批准后签署	信息管理部、科技管理部
组织实施业务外包	明确合作机制和工作流程,确保承包方严格履行业务外包合同	信息技术管理部门的管理人员及项目经理应根据项目计划组织实施业务外包,对实施过程按一般系统开发或运维项目进行各阶段管控	信息管理部、科技管理部
持续评估与考核	对外包方开展日常绩效评价和定期考核,确保外包方提供的产品/服务符合合同约定的质量要求。当外包方有重大违约行为时,及时终止合同并索赔	(1)对于外包业务的进展情况,外包方应定期向外包业务项目组提交外包业务执行报告,对外包业务具体实施的情况进行详细说明。信息技术管理部门应检查外包业务的运作情况是否与外包方提交的外包业务执行报告一致,并出具项目实施进展报告。对于质量不符合项或违约情况,信息技术管理部门的技术人员应跟踪检查,并提交缺陷或不符合项跟踪表及外包方整改报告	信息管理部、科技管理部

分控节点	控制目标	标准控制活动	主责部门
持续评估与考核	对外包方开展日常绩效评价和定期考核，确保外包方提供的产品/服务符合合同约定的质量要求。当外包方有重大违约行为时，及时终止合同并索赔	（2）根据工作任务书中约定的评价考核指标，在项目周期结束后，由信息技术管理部门、项目经理及用户方对外包方进行评价	信息管理部、科技管理部
商业信息资料保密管理	建立商业信息资料保密管理机制，确保重要或敏感性商业信息资料不被泄露	信息技术管理部门制定信息安全要求，并与外包方签署保密协议，以控制外包业务运行过程中可能发生的信息泄露	信息管理部、科技管理部
业务外包验收	按照业务外包合同约定的方式进行验收，确保外包方提供的产品/服务符合合同约定的质量要求	外包方按规定完成设计、开发任务后，信息技术管理部门项目经理负责组织项目管理小组成员（必要时包括集团公司信息技术管理部门负责人）和用户，根据外包合同/外包订单的规定进行验收，并形成验收报告，由各方签字确认	信息管理部、科技管理部

关键点4：会计控制

分控节点	控制目标	标准控制活动	主责部门
外包费用结算	在验收合格的基础上进行外包费用结算，确保按照合同约定的结算条件、方式和标准办理支付，且支付得到适当审批	信息技术管理部门外包项目经理根据外包合同/外包订单约定，基于项目验收报告，在系统中发起合同支付申请流程，经相关授权人审核批准后，由财务管理部门拨付至外包方	信息管理部、科技管理部、财务共享中心
会计核算	建立并完善外包成本的会计核算方法，按会计法规进行会计处理，并在财务报告中进行必要、充分的披露	财务管理部门根据会计核算制度中相关规定对外包业务进行及时、准确的会计核算，如结算外包费用时，及时确认成本或费用	信息管理部、科技管理部、财务共享中心

3.10 财务报告之内部控制

为了防范和化解企业法律责任，确保财务报告信息真实可靠，提升企业治理和经营管理水平，促进资本市场和市场经济健康可持续发展，应当强化财务报告内部控制。《企业内部控制应用指引第14号——财务报告》的目的就是引导和规范企业加强财务报告内部控制，防范财务报告风险。

财务报告是指企业对外提供的反映企业某一特定日期财务状况和某一会计期间经营成果、现金流量等会计信息的文件。

财务报告是综合反映企业经营效果和效率的文件，是其他内部控制制度有效运行的综合体现。财务报表编制和披露的内控制度是会计信息准确、有用、及时、完整的重要保证，同时也是企业风险控制的重要依据。财务报告不真实、不完整，往往是企业的重要风险之源。

3.10.1　财务报告内部控制的目标

企业编制财务报告进行内部控制的主要目标为：

（1）保证企业资产的安全、完整及有效使用，使企业各项生产和经营活动有秩序、有效地进行，避免可能遭受的经济损失。

（2）保证会计信息及其他各种管理信息的真实性、可靠性和及时性，避免因虚假记载、误导性陈述、重大遗漏和未按规定及时披露而遭受损失。

（3）保证企业管理层制定的各项经营方针、管理制度和措施得到贯彻执行。

（4）尽量压缩和控制成本、费用，减少不必要的成本、费用，以求企业实现更大的盈利目标。

（5）预防和控制要尽早，应尽快查明各种错误和弊端，及时、准确地制定和采取纠正措施，避免因重大差错、舞弊、欺诈而导致损失。

3.10.2　财务报告应关注的风险

企业编制、对外提供和分析利用财务报告时，至少应当关注下列风险。

（1）财务报告的编制违反会计法律法规和国家统一的会计准则制度，可能导致企业承担法律责任、遭受损失和声誉受损。

（2）对外提供的财务报告审核不严或审计不当，出现虚假报告和重大遗漏，可能误导报告使用者，造成决策失误，干扰市场秩序。

（3）财务报告未被充分利用，信息资源浪费，不利于揭示经营管理中的问题，可能导致企业财务和经营风险失控。

3.10.3　财务报告流程

通常情况下，财务报告流程由财务报告编制流程、财务报告对外提供流程、财务报告分析利用流程三个阶段组成，如图3-53所示。在实际操作中，企业应当充分结合自身业务特点和管理要求，构建和优化财务报告内部控制流程。

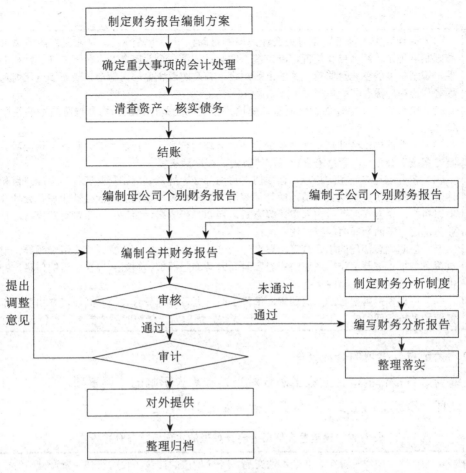

图3-53 财务报告流程

3.10.4 财务报告编制阶段的主要风险点及管控措施

（1）制定财务报告编制方案

企业财务部门应在编制财务报告前制定财务报告编制方案，并由财务部门负责人审核。财务报告编制方案应明确财务报告编制方法（包括会计政策和会计估计、合并方法、范围与原则等）、财务报告编制程序、职责分工（包括牵头部门与相关配合部门的分工与责任等）、编报时间安排等相关内容。该环节的主要风险与管控措施如表3-38所示。

表3-38 制定财务报告编制方案的主要风险与管控措施

主要风险	（1）会计政策未能有效更新，不符合有关法律法规 （2）重要会计政策、会计估计变更未经审批，导致会计政策使用不当 （3）会计政策未能有效贯彻执行 （4）各部门职责、分工不清，导致数据传递出现差错、遗漏，格式不一致等 （5）各步骤时间安排不明确，导致整体编制进度延后，违反相关报送要求

主要管控措施	（1）会计政策应符合国家有关会计法规和最新监管要求的规定。企业应按照国家最新会计准则制度规定，结合自身情况，制定统一的会计政策。企业应有专人负责关注会计相关法律法规、规章制度的变化及监管机构的最新规定，并及时对企业的内部会计规章制度和财务报告流程等作出相应更改 （2）会计政策和会计估计的调整，无论是强制的还是自愿的，均需按照规定的权限和程序审批 （3）企业的内部会计规章制度至少要经财务部门负责人审批后生效。财务报告流程、年报编制方案应当经企业分管财务会计工作的负责人核准后签发 （4）企业应建立完备的信息沟通渠道，将内部会计规章制度和财务流程、会计科目及相关文件及时有效地传达至相关人员，使其了解相关职责要求，掌握适当的会计知识、会计政策，并加以执行。企业还应通过内部审计等方式，定期进行测试，保证会计政策有效执行，且在不同业务部门、不同期间内保持一致 （5）应明确各部门的职责分工，总会计师或分管会计工作的负责人负责组织领导；财务部门负责财务报告编制工作；各部门应当及时向财务部门提供编制财务报告所需的信息，并对所提供信息的真实性和完整性负责 （6）应根据财务报告的报送要求，倒排工时，为各步骤设置关键时间点，并由财务部门负责督促和考核各部门的工作进度，及时进行提醒，同时对未能按时完成的部门进行相应处罚

（2）确定重大事项的会计处理

在编制财务报告前，企业应当确认对当期有重大影响的主要事项，并确定重大事项的会计处理。该环节的主要风险与管控措施如表3-39所示。

表3-39 确定重大事项的会计处理的主要风险与管控措施

主要风险	重大事项，如债务重组、非货币性交易、公允价值的计量、收购兼并、资产减值等，会计处理不合理，会导致会计信息扭曲，无法如实反映企业实际情况
主要管控措施	（1）企业应对重大事项予以关注，通常包括以前年度审计调整以及相关事项对当期的影响、会计准则制度的变化及对财务报告的影响、新增业务和其他新发生的事项及对财务报告的影响、年度内合并（汇总）报告范围的变化及对财务报告的影响等。企业应建立重大事项的处理流程，报适当管理层审批后，予以执行 （2）及时沟通需要进行专业判断的重大会计事项，并确定相应的会计处理。企业应要求下属各部门、各单位人员及时将重大事项信息报告至同级财务部门。财务部门应定期研究、分析并与相关部门沟通重大事项的会计处理，逐级报请总会计师或分管会计工作的负责人审批后下达至各相关单位。资产减值损失、公允价值计量等涉及重大判断和估计时，财务部门应定期与资产管理部门进行沟通

（3）清查资产、核实债务

企业应在编制财务报告前，组织财务和相关部门进行资产清查、减值测试和债权债务核实工作。该环节的主要风险与管控措施如表3-40所示。

（4）结账

企业在编制年度财务报告前，应在定期核对信息的基础上完成对账、调账、差错更正等业务，然后实施关账操作。该环节的主要风险与管控措施如表3-41所示。

表 3-40　清查资产、核实债务的主要风险与管控措施

主要风险	（1）资产、负债账实不符，虚增或虚减资产、负债 （2）资产计价方法随意变更 （3）提前、推迟甚至不确认资产、负债等
主要管控措施	（1）确定具体可行的资产清查、负债核实计划，安排合理的时间和工作进度，配备足够的人员，确定实物资产盘点的具体方法和过程，同时做好业务准备工作 （2）做好各项资产、负债的清查、核实工作 （3）对清查过程中发现的差异，应当分析原因，提出处理意见，取得合法证据，按照规定权限审批，同时将清查、核实的结果及其处理办法向企业的董事会或者相应机构报告，并根据国家统一的会计准则制度的规定进行相应的会计处理

表 3-41　结账的主要风险与管控措施

主要风险	（1）账务处理存在错误，导致账证、账账不符 （2）虚列或隐瞒收入，推迟或提前确认收入 （3）随意改变费用、成本的确认标准或计量方法，虚列、多列、不列或者少列费用、成本 （4）结账的时间、程序不符合相关规定 （5）关账后又随意打开已关闭的会计期间等
主要管控措施	（1）核对各会计账簿记录与会计凭证的内容、金额等是否一致，记账方向是否相符 （2）检查相关账务处理是否符合国家统一的会计准则制度和企业制定的核算方法 （3）调整有关账项，合理确定本期应计的收入和费用。例如，计提固定资产折旧、计提坏账准备等；各项待摊费用按规定摊配，并分别计入本期有关科目；属于本期的应计收益应计入本期收入等 （4）检查是否存在因会计差错、会计政策变更等原因需要调整前期或者本期相关项目。对于调整项目，需取得和保留审批文件，以保证调整有据可依 （5）不得为了赶编财务报告而提前结账，或把本期发生的经济业务延至下期登记；也不得先编财务报告后结账，应在当期所有交易或事项处理完毕并经财务部门负责人审核签字确认后，实施关账和结账操作 （6）如果在关账之后需要重新打开已关闭的会计期间，应填写相应的申请表，经总会计师或分管会计工作的负责人审批后进行

（5）编制个别财务报告

企业应当按照国家统一的会计准则制度规定的财务报告格式和内容，根据登记完整、核对无误的会计账簿记录和其他有关资料编制财务报告，做到内容完整、数字真实、计算准确，不得漏报或者任意取舍。该环节的主要风险与管控措施如表 3-42 所示。

表 3-42　编制个别财务报告的主要风险与管控措施

主要风险	（1）提供虚假财务报告，误导财务报告使用者，造成决策失误，干扰市场秩序 （2）报表数据不完整、不准确 （3）报表种类不完整，附注内容不完整等
主要管控措施	（1）企业财务报告列出的资产、负债、所有者权益金额应当真实可靠 （2）企业财务报告应当如实列出当期收入、费用和利润 （3）企业财务报告列出的各种现金流量由经营活动、投资活动和筹资活动产生，应当按照规定划清各类交易和事项的现金流量界限

主要管控措施	（4）按照岗位分工和规定的程序编制财务报告。一是财务部门制定本单位财务报告编制分工表，并由财务部门负责人审核，确保报告编制范围完整。二是财务报告编制岗位按照登记完整、核对无误的会计账簿记录和其他有关资料对相关信息进行汇总编制，确保财务报告项目与相关账户对应关系正确，计算公式无误。三是进行校验审核，包括期初数核对、财务报告内有关项目的对应关系审核、报表前后钩稽关系审核、期末数与试算平衡表和工作底稿核对、财务报告主表与附表之间的平衡及钩稽关系校验等 （5）按照国家统一的会计准则制度编制附注。检查担保、诉讼、未决事项、资产重组等重大或有事项是否在附注中得到反映和披露 （6）财务部门负责人审核报表内容的真实性、完整性，通过后予以上报

（6）编制合并财务报告

企业集团应当编制合并财务报告，分级收集合并范围内分公司及内部核算单位的财务报告并审核，进而合并全资及控股公司财务报告，如实反映企业集团的财务状况、经营成果和现金流量。该环节的主要风险与管控措施如表3-43所示。

表3-43　编制合并财务报告的主要风险与管控措施

主要风险	（1）合并范围不完整 （2）合并内部交易和事项不完整 （3）合并抵销分录不准确
主要管控措施	（1）编报单位财务部门应依据经同级法律事务部门确认的产权（股权）结构图，并考虑所有相关情况，以确保合并范围符合国家统一的会计准则制度的规定。财务部门负责人应审核确认合并范围是否完整 （2）财务部门应收集、审核下级单位财务报告，并汇总出本级次的财务报告，报汇总单位财务部门负责人审核 （3）财务部门应制定内部交易和事项核对表及填制要求，报财务部门负责人审批后下发至合并范围内各单位。财务部门应核对本单位及合并范围内各单位之间的内部交易事项和金额，如有差异，应及时查明原因并进行调整。同时应编制内部交易表及内部往来表，交财务部门负责人审核 （4）合并抵销分录应有相应的标准文件和证据进行支持，并由财务部门负责人审核 （5）对合并抵销分录实行交叉复核制度，具体编制人完成调整分录后即提交给相应复核人进行审核，审核通过后才可录入试算平衡表。通过交叉复核，可保证合并抵销分录的真实性、完整性

3.10.5　财务报告对外提供阶段的主要风险点及管控措施

（1）财务报告对外提供前的审核

财务报告对外提供前需按规定程序进行审核，主要包括财务部门负责人审核财务报告的准确性，并签名盖章；总会计师或分管会计工作的负责人审核财务报告的真实性、完整性、合法合规性，并签名盖章；企业负责人审核财务报告整体合法合规性，并签名盖章。

该环节的主要风险与管控措施如表3-44所示。

表3-44　财务报告对外提供前审核的主要风险与管控措施

主要风险	财务报告对外提供前未按规定程序进行审核，对内容的真实性、完整性以及格式的合规性等审核不充分
主要管控措施	（1）企业应严格按照规定的财务报告编制审批程序，由各级负责人逐级把关，对财务报告内容的真实性、完整性，格式的合规性等予以审核 （2）企业应保留审核记录，建立责任追究制度 （3）财务报告在对外提供前应当装订成册，加盖公章，由企业负责人、总会计师或分管会计工作的负责人、财务部门负责人签名并盖章

（2）财务报告对外提供前的审计

《公司法》等法律法规规定，企业编制的年度财务报告需依法经会计师事务所审计，审计报告应随同财务报告一并对外提供。相关企业在财务报告对外提供前，应按规定选择具有相关业务资格的会计师事务所进行审计。该环节的主要风险与管控措施如表3-45所示。

表3-45　财务报告对外提供前审计的主要风险与管控措施

主要风险	财务报告对外提供前未经审计，审计机构不符合相关法律法规的规定，审计机构与企业串通舞弊
主要管控措施	（1）企业应根据相关法律法规的规定，选择符合资质的会计师事务所对财务报告进行审计 （2）企业不得干扰审计人员的正常工作，应对审计意见予以落实 （3）注册会计师及其所在的事务所出具的审计报告，应随财务报告一并提供

（3）财务报告的对外提供

一般企业的财务报告经完整审核并签名盖章后即可对外提供。上市公司还需经董事会和监事会审批。应将财务报告与审计报告一同向投资者、债权人、政府监管部门等报送。该环节的主要风险与管控措施如表3-46所示。

表3-46　财务报告对外提供的主要风险与管控措施

主要风险	（1）对外提供财务报告未遵循相关法律法规的规定，导致企业承担相应的法律责任 （2）对外提供的财务报告的编制基础、编制依据、编制原则和方法不一致，影响各方对企业情况的判断和经济决策的作出 （3）未能及时对外报送财务报告，导致财务报告信息的使用价值降低，同时也违反了有关法律法规 （4）财务报告在对外提供前遭到泄露或使不应知晓的对象获悉，导致发生内幕交易，使投资者或企业蒙受损失
主要管控措施	（1）企业应根据相关法律法规的要求，在相关制度中明确负责财务报告对外提供的对象，并由企业负责人监督，例如，国有企业应当依法定期向监事会提供财务报告，至少每年一次向本企业的职工代表大会公布财务报告。上市公司的财务报告需经董事会、监事会审核通过后向全社会提供

主要管控措施	（2）企业应严格按照规定的财务报告编制审批程序，由财务部门负责人、总会计师或分管会计工作的负责人、企业负责人逐级把关，对财务报告内容的真实性、完整性，格式的合规性等予以审核，确保提供给投资者、债权人、政府监管部门、社会公众等各方面的财务报告的编制基础、编制依据、编制原则和方法完全一致 （3）企业应严格遵守相关法律法规和国家统一的会计准则制度对报送时间的要求，在财务报告编制、审核、报送流程中的每一个步骤设置时间点，对未能按时完成的相关人员进行处罚 （4）企业应设置严格的保密程序，对能够接触财务报告信息的人员进行权限设置，保证财务报告信息在对外提供前被控制在适当的范围，并对财务报告信息的访问情况予以记录，以便了解情况，及时发现可能的泄密行为并找到相应的责任人 （5）企业对外提供的财务报告应当及时整理归档，并按有关规定妥善保存

3.10.6　财务报告分析利用阶段的主要风险点及管控措施

（1）制定财务分析制度

企业财务部门应在对企业基本情况进行分析研究的基础上，提出财务报告分析制度草案，并经财务部门负责人、总会计师或分管会计工作的负责人、企业负责人检查、修改、审批。该环节的主要风险与管控措施如表3-47所示。

表3-47　制定财务分析制度的主要风险与管控措施

主要风险	制定的财务分析制度不符合企业实际情况，财务分析制度未充分利用企业现有资源，财务分析的流程、要求不明确，财务分析制度未经审批等
主要管控措施	（1）企业在对基本情况分析时，应当重点了解企业的发展背景，包括企业的发展史、企业组织机构、产品销售及财务资产变动情况等，熟悉企业业务流程，分析研究企业的资产及财务管理活动 （2）企业在制定财务报告分析制度时，应重点关注财务报告分析的时间、组织形式、参加的部门和人员；财务报告分析的内容、步骤、分析方法和指标体系；财务报告分析的编写要求等 （3）财务报告分析制度草案经财务部门负责人、总会计师或分管会计工作的负责人、企业负责人检查、修改、审批之后，根据制度设计的要求进行试行，企业应及时发现问题并总结上报 （4）财务部门根据试行情况进行修正，确定最终的财务报告分析制度文稿，并经财务部门负责人、总会计师或分管会计工作的负责人、企业负责人进行最终审批

（2）编写财务分析报告

财务部门应按照财务分析制度的规定定期编写财务分析报告，并通过定期召开财务分析会等形式对分析报告的内容予以完善，以充分利用财务报告反映的综合信息，全面分析企业的经营管理状况和存在的问题，不断提高经营管理水平。该环节的主要风险与管控措施如表3-48所示。

表3-48 编写财务分析报告的主要风险与管控措施

主要风险	（1）财务分析报告的目的不正确或者不明确，财务分析方法不正确 （2）财务分析报告的内容不完整，未对本期生产经营活动中发生的重大事项做专门分析 （3）财务分析局限于财务部门，未充分利用相关部门的资源，影响质量和可用性 （4）财务分析报告未经审核等
主要管控措施	（1）编写时要明确分析的目的，运用正确的财务分析方法，并充分、灵活地运用各项资料 （2）总会计师或分管会计工作的负责人应当在财务分析和工作中发挥主导作用，负责组织领导 （3）企业财务分析会议应吸收有关部门负责人参加，对各部门提出的意见，财务部门应充分沟通、分析，进而修改完善财务分析报告 （4）修订后的分析报告应及时报送企业负责人，企业负责人负责审批分析报告，并据此进行决策，对存在的问题及时采取措施

（3）整改落实

财务部门应将经企业负责人审批的报告及时报送各部门负责人，各部门负责人根据分析结果进行决策和整改落实。该环节的主要风险与管控措施如表3-49所示。

表3-49 整改落实的主要风险与管控措施

主要风险	（1）财务分析报告的内容传递不畅，未能及时使有关各部门获悉 （2）各部门对财务分析报告不够重视，未对其中的意见进行整改落实
主要管控措施	（1）定期的财务分析报告应构成内部报告的组成部分，并充分利用信息技术和现有内部报告体系，在各个层级上进行沟通 （2）根据分析报告的意见，明确各部门职责。责任部门应按要求落实改正，财务部门负责监督、跟踪责任部门的落实情况，并及时向有关负责人反馈落实情况

【实例12】▶▶▶

<h2 style="text-align:center">财务报告内部控制活动规范</h2>

关键点1：会计政策和会计估计

分控节点	控制目标	标准控制活动	主责部门
会计政策和会计估计的制定	会计政策和会计估计符合国家最新会计准则制度及自身经营情况	财务管理部门根据会计准则要求和本公司具体情况制定公司会计核算制度，确定各项会计政策、会计估计以及会计确认、计量和报告方法	财务共享中心
会计政策和会计估计的更新	会计政策和会计估计更新及时，并经过适当审批	会计政策在会计期间前后各期保持一致，当满足公司会计核算制度中的相应条件时，可变更会计政策。如需进行会计政策和会计估计变更，应根据公司授权管理规定执行相应的审批程序	财务共享中心

续表

分控节点	控制目标	标准控制活动	主责部门
会计科目及会计账套维护	会计科目体系符合国家最新会计准则制度及自身经营情况，会计账套设置符合企业核算需求，会计科目和账套的维护得到适当审批	（1）财务管理部门根据会计准则要求和公司具体核算情况，制定会计核算制度，规范会计科目体系和核算方法。财务管理部门负责以核算需求为基础建立会计账套 （2）会计科目增删改时，由共享单位需求人员发起会计科目主数据维护流程，经财务管理部门负责人审批后，由财务管理部门系统操作人员负责维护 （3）对会计账套进行维护时，由财务管理部门发起运维用户需求流程，经相关层级审批后，由信息技术管理部门人员在系统中维护	财务共享中心

关键点2：财务报告编制

分控节点	控制目标	标准控制活动	主责部门
日常账务处理	日常账务处理符合会计准则及核算办法，且经过适当审核	财务管理部门负责根据公司会计核算制度的规定进行日常业务操作。在系统中，会计凭证的制单角色与审核角色相互分离，会计凭证均经过财务管理部门审核人员的复核	财务共享中心
往来交易核对	定期进行往来交易核对，确保账实相符	业务财务人员月末及年末负责对往来方交易进行核对，同时将差异及时推送至业务处理流程，由财务管理部门核算处负责账务调整，以保证账实相符	财务共享中心
重大事项会计处理	重大事项（如债务重组、非货币性交易、公允价值计量、收购兼并、资产减值等）的会计处理经过适当审批	集团负责制定会计核算制度，规范债务重组、非货币性交易等重大事项的会计处理方式。财务管理部门负责进行重大事项的会计处理，且会计凭证经过财务管理部门审核人员的复核和稽核	财务共享中心
清产核资	编制年度财务报告前，进行必要的资产清查、减值测试和债权债务核实，确保财务报告数据的真实性、准确性和完整性	（1）每年年末，财务管理部门牵头各资产管理部门对实物资产进行全面盘点和清查。财务管理部门负责在资产清查时评估各项资产的公允价值，进行减值测试，并按会计核算制度和公司资产清查与资产减值准备财务核销管理办法的规定进行资产减值计提。同时，业务财务人员负责核对查实应收应付实际款项是否与财务账一致 （2）资产减值准备的计提及核销应根据公司授权管理规定执行相应的审批程序后进行	财务共享中心

分控节点	控制目标	标准控制活动	主责部门
期末结账与反结账	期末结账按规定程序进行，保证账账相符、账证一致，确保当期财务数据的完整性和准确性。结账与反结账均经过适当审批和授权	（1）财务管理部门每月定期下发结账通知至相关业务人员，确保当月业务收入和成本支出在关账前录入系统。财务管理部门应根据结账检查清单进行结账前核查，检查事项包括但不限于：各会计科目余额是否合理；凭证相关要素如原因代码等是否输入准确、完整；相关账务处理是否适当；检查调整账项（如计提各类准备、进行分摊和递延处理），确定本期应计的收入和费用是否合理 （2）财务管理部门人员在当期重要交易或事项处理完毕、结账检查确认无误后，实施结账操作 （3）月度结账后一般不进行反结账操作，年度反结账操作由财务管理部门人员填写纸质打开账期申请表，经财务管理部门领导审批后由总账人员执行	财务共享中心
个别财务报表编制	财务报表按照会计核算制度编制，确保数据的真实性、准确性、完整性和及时性	（1）财务管理部门负责制定财务报表编制分工表，并由财务管理部门负责人审核，确保编制报表单位无遗漏 （2）报表系统根据会计期间内账务处理记录自动提取数据编制个别财务报表，报表编制人员按照报表审核要点核查系统报表，确保财务报表项目与相关账户对应关系正确	财务共享中心
合并财务报表编制	合并范围完整、合规	合并报表编制人员依据最新的产权（股权）结构图，并考虑所有相关情况，以确保合并范围符合国家统一的会计准则规定	财务共享中心
	内部交易抵消准确，如实反映集团的财务状况、经营成果和现金流量	（1）财务管理部门报表编制人员收集各成员公司财务报表，在报表系统中编制合并财务报表。内部交易部分由系统自动匹配和抵消，对于内部交易存在差异或不匹配的情况，报表编制人员负责通知业务部门核实后手动抵消 （2）报表编制人员编制内部交易表及内部往来表，并据此编制合并抵消分录，复核人员对合并抵消分录进行复核	财务共享中心
	报表附注完整准确	报表编制人员按国家统一的会计准则制度、集团公司财务报告流程、国资委《关于做好年度中央企业财务决算管理及报表编制工作的通知》编制附注，对反映企业财务状况、经营成果、现金流量的报表中需要说明的事项，作出真实、完整、清晰的说明，并检查担保、诉讼、未决事项、资产重组等重大或有事项是否在附注中得到反映和披露	财务共享中心

关键点3：财务报告审核及披露

分控节点	控制目标	标准控制活动	主责部门
财务报告审核	财务报告经校验和审核，确保真实性、完整性及格式合规性	（1）财务报告审核人员对集团合并财务报表进行校验审核工作，审核内容包括但不限于：期初数核对、财务报告内有关项目的对应关系审核、报表前后钩稽关系审核、期末数与试算平衡表和工作底稿核对、财务报告主表与附表之间的平衡及钩稽关系校验等 （2）财务报告最终经总会计师和总经理审核确认	财务共享中心
财务报告审计	年度财务报告经符合资质的注册会计师审计，并出具审计意见和审计报告	（1）财务共享中心负责对有相应资质的会计师事务所提出聘任申请，经总经理、党组会、审计与风险管理委员会审核，董事会批准后，由其开展年度财务报告审计工作并出具审计报告 （2）财务共享中心每年末发布关于做好年度财务决算工作的通知，要求各单位就重大财务问题提前与会计师事务所进行沟通，但不得干预会计师事务所及注册会计师的审计判断，确保审计工作独立、客观、公正	财务共享中心
对外披露	依照法律法规和国家统一的会计准则制度的规定，及时对外提供财务报告	年度财务报告经总会计师和法人审核、签字及确认。报表编制人员在规定时间内向监管部门报送经审批签字的年度财务报告	财务共享中心

关键点4：财务分析

分控节点	控制目标	标准控制活动	主责部门
定期编制财务分析报告	财务分析报告定期编制，内容完整、准确，全面反映企业的经营管理状况和存在问题	（1）财务共享单位和财务管理部门财务分析人员充分沟通分析后，对生产经营活动中的重要资料、重大事项以及与上年同期数据相比有较大差异的情况作出重点说明，由财务分析人员汇总完善后形成财务情况说明书 （2）同时，财务管理部门每季度汇总各成员公司的报表数据和预算执行情况，形成季度预算执行报告，对财务指标执行和预算执行情况进行分析，并阐述年度经营指标完成的主要风险	财务共享中心、集团财务部
财务分析报告审批	财务分析报告经适当审批，并及时传递给相关管理层	（1）财务管理部门处长、总监负责审核财务情况说明书的准确性，判断是否需要对特殊事项进行补充说明或修订。修订后的分析报告应及时报送总会计师或相关授权人进行审批 （2）集团财务管理部门每季度汇总各成员公司的报表数据和预算执行情况，经财务管理部门负责人审批后，向集团公司总经理部汇报	财务共享中心、集团财务部

续表

分控节点	控制目标	标准控制活动	主责部门
问题反馈及跟进	财务分析报告中提出的问题或意见已及时整改落实并反馈	对于财务分析过程中发现的预算执行偏差，或报表科目的重大变动，财务部应分析原因，提出整改措施，并下达至相关成员公司。成员公司在下季度报送预算执行情况时负责反馈跟进情况	财务共享中心、集团财务部

关键点 5：会计档案管理

分控节点	控制目标	标准控制活动	主责部门
会计档案保管与移交	会计档案保管与移交工作机制完善，确保会计档案按照国家会计制度的要求妥善保管和留存	财务管理部门负责按照公司财务会计档案管理制度，每月初装订上月会计凭证、财务报告等各项会计档案并妥善保管。在会计档案形成年度终了后三年内移交公司档案管理部门，并编制会计档案移交清册，签署会计档案交接表	财务共享中心

3.11　全面预算之内部控制

全面预算是指企业对一定期间的各项生产经营活动、投资活动、财务活动等作出的预算安排。《企业内部控制应用指引第 15 号——全面预算》旨在引导和规范企业加强全面预算管理各环节的风险管控，促进全面预算管理在推动企业实现发展战略的过程中发挥积极作用。

预算控制是内部控制中一种较为广泛的控制措施。通过预算控制，可使企业的经营目标转化为各部门、各岗位以至个人的具体行为目标，作为各责任单位的约束条件，能够从根本上保证企业经营目标的实现。

全面预算是指企业对一定期间的各项生产经营活动、投资活动、财务活动等作出的预算安排。企业全面预算一般包括经营预算、资本预算和财务预算等。

3.11.1　全面预算管理应关注的风险

企业至少应当关注全面预算管理的下列风险。

（1）缺乏预算或者预算体系不健全，可能导致企业盲目经营。

（2）预算目标不合理、预算编制不科学，可能导致企业资源浪费或发展目标难以实现。

（3）预算缺乏刚性、执行不力、考核不严，可能导致预算管理流于形式。

3.11.2 全面预算岗位分工与授权批准

企业应当建立全面预算工作岗位责任制，明确相关部门和岗位的职责、权限，确保全面预算工作中的不相容岗位相互分离、制约和监督。

3.11.2.1 全面预算工作不相容岗位

全面预算工作不相容岗位一般包括：

（1）预算编制（含预算调整）与预算审批。

（2）预算审批与预算执行。

（3）预算执行与预算考核。

3.11.2.2 建立全面预算工作组织领导与运行体制

企业应当建立全面预算工作组织领导与运行体制，明确企业最高权力机构、决策机构、预算管理部门及各预算执行单位的职责权限、授权批准程序和工作协调机制。

企业全面预算管理组织体系的基本架构如图3-54所示。

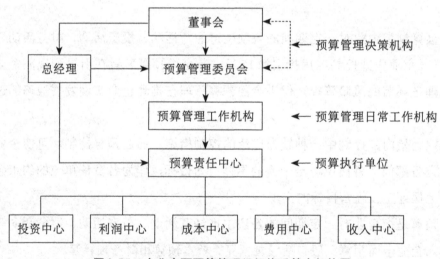

图3-54 企业全面预算管理组织体系基本架构图

3.11.2.3 明确授权批准制度与程序

在建立健全全面预算管理体系的基础上，企业应当进一步梳理、制定预算管理工作流程，按照不相容职务相互分离的原则，细化各部门、各岗位在预算管理体系中的职责、分工与权限，明确预算编制、执行、分析、调整、考核各环节的授权批准制度与程序。

在全面预算管理各环节中，预算管理部门主要起决策、组织、领导、协调、平衡的作用。企业可以根据自身的组织结构、业务特点和管理需要，责成内部生产、市场、投资、技术、人力资源等各预算归口管理部门，负责所归口管理预算的编制、执行监控、分析等工作，并配合预算管理部门做好企业总预算的综合平衡、执行监控、分析、考核等工作。

3.11.3 全面预算的基本业务流程

企业全面预算业务的基本流程一般包括预算编制、预算执行和预算考核三个阶段。其中，预算编制阶段包括预算编制、预算审批、预算下达等具体环节；预算执行阶段涉及预算指标分解和责任落实、预算执行控制、预算分析、预算调整等具体环节。这些业务环节相互关联、相互作用、相互衔接，周而复始地循环，从而实现对企业全面经济活动的控制。图3-55列出了企业全面预算的基本业务流程。

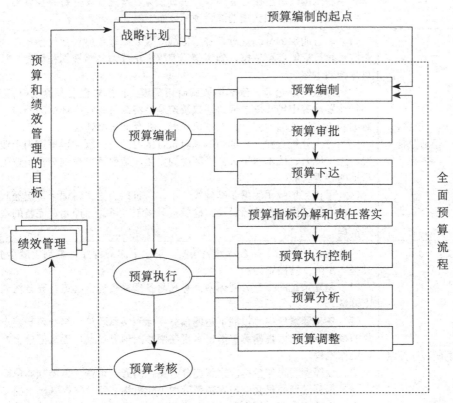

图3-55 企业全面预算基本业务流程图

3.11.4 预算流程的主要业务风险及控制措施

（1）预算编制

预算编制是企业实施全面预算管理的起点。该环节的主要风险与管控措施如表3-50所示。

表3-50 预算编制的主要风险与管控措施

主要风险	（1）预算编制以财务部门为主，业务部门参与度较低，可能导致预算编制不合理，预算管理责、权、利不匹配；预算编制范围和项目不全面，各个预算之间缺乏整合，可能导致全面预算难以形成 （2）预算编制所依据的相关信息不足，可能导致预算目标与战略规划、经营计划、市场环境、企业实际等相脱离；预算编制基础数据不足，可能导致预算编制准确率降低 （3）预算编制程序不规范，横向、纵向信息沟通不畅，可能导致预算目标缺乏准确性、合理性和可行性 （4）预算编制方法选择不当，或采用单一的方法，可能导致预算目标缺乏科学性和可行性 （5）预算目标及指标体系设计不完整、不合理、不科学，可能导致预算管理在实现发展战略和经营目标、促进绩效考评等方面的功能难以有效发挥 （6）编制预算的时间太早或太晚，可能导致预算准确性不高，或影响预算的执行	
主要管控措施	全面性控制	（1）明确企业各个部门、单位的预算编制责任，使企业各个部门、单位的业务活动全部纳入预算管理 （2）将企业经营、投资、财务等各项经济活动的各个方面、各个环节都纳入预算编制范围，形成由经营预算、投资预算、筹资预算、财务预算等一系列预算组成的相互衔接和钩稽的综合预算体系
	编制依据和基础控制	（1）制订明确的战略规划，并依据战略规划制订年度经营目标和计划，作为制定预算目标的首要依据，确保预算编制真正成为战略规划和年度经营计划的具体行动方案 （2）深入开展企业外部环境的调研和预测，包括对企业预算期内客户需求、同行业发展等市场环境的调研，以及宏观经济政策等社会环境的调研，确保预算编制以市场预测为依据，与市场环境、社会环境相适应 （3）深入分析企业上一期间的预算执行情况，充分预计预算期内企业资源状况、生产能力、技术水平等自身环境的变化，确保预算编制符合企业生产经营活动的客观实际 （4）重视和加强预算编制基础管理工作，包括历史资料记录、定额制定与管理、标准化工作、会计核算等，确保预算编制以可靠、翔实、完整的基础数据为依据
	编制程序控制	企业应当按照上下结合、分级编制、逐级汇总的程序，编制年度全面预算。其基本步骤及其控制为： （1）建立系统的指标分解体系，并在与各预算责任中心进行充分沟通的基础上分解、下达初步预算目标 （2）各预算责任中心按照下达的预算目标和预算政策，结合自身特点以及预测的执行条件，认真测算并提出本责任中心的预算草案，逐级汇总上报预算管理工作机构 （3）预算管理工作机构应进行充分协调、沟通，审查、平衡预算草案 （4）预算管理委员会应当对预算管理工作机构在综合平衡基础上提交的预算方案进行研究论证，从企业发展全局角度提出进一步调整、修改的建议，形成企业年度全面预算草案，并提交董事会 （5）董事会审核全面预算草案，确保全面预算与企业发展战略、年度生产经营计划相协调
	编制方法控制	企业应当遵循经济活动规律，充分考虑企业自身经济业务特点、基础数据管理水平、生产经营周期和管理需要，选择或综合运用固定预算、弹性预算、滚动预算等方法编制预算

续表

主要管控措施	预算目标及指标体系设计控制	（1）按照"财务指标为主体、非财务指标为补充"的原则设计预算指标体系 （2）将企业的战略规划、经营目标体现在预算指标体系中 （3）将企业产、供、销、投融资等各项活动的各个环节、各个方面内容都纳入预算指标体系 （4）将预算指标体系与绩效评价指标协调一致 （5）按照各责任中心在工作性质、权责范围、业务活动特点等方面的不同，设计不同或各有侧重的预算指标体系
	预算编制时间控制	企业可以根据自身规模大小、组织结构和产品结构的复杂性、预算编制工具和熟练程度、全面预算开展的深度和广度等因素，确定合适的全面预算编制时间，并在预算年度开始前完成全面预算草案的编制工作

（2）预算审批

预算审批的主要风险与管控措施如表3-51所示。

表3-51　预算审批的主要风险与管控措施

主要风险	全面预算未经适当审批或超越授权审批，可能导致预算权威性不够、执行不力，或可能因重大差错、舞弊而导致损失
主要管控措施	企业全面预算应当按照《公司法》等相关法律法规及企业章程的规定报经审议批准

（3）预算下达

预算下达的主要风险与管控措施如表3-52所示。

表3-52　预算下达的主要风险与管控措施

主要风险	全面预算下达不力，可能导致预算执行或考核无据可查
主要管控措施	企业全面预算经审议批准后应及时以文件形式下达执行

（4）预算指标分解和责任落实

预算指标分解和责任落实的主要风险与管控措施如表3-53所示。

表3-53　预算指标分解和责任落实的主要风险与管控措施

主要风险	（1）预算指标分解不够详细、具体，可能导致企业的某些岗位和环节缺乏预算执行和控制依据 （2）预算指标分解与业绩考核体系不匹配，可能导致预算执行不力 （3）预算责任体系缺失或不健全，可能导致预算责任无法落实，预算缺乏强制性与严肃性 （4）预算责任与执行单位或个人的控制能力不匹配，可能导致预算目标难以实现
主要管控措施	（1）企业全面预算一经批准下达，各预算执行单位应当认真组织实施，并将预算指标层层分解。横向将预算指标分解为若干相互关联的因素，同时寻找影响预算目标的关键因素并加以控制；纵向将各项预算指标层层分解落实到最终的岗位和个人，并明确责任部门和最终责任人；时间上将年度预算指标分解细化为季度、月度预算，并通过实施分期预算控制，实现年度预算目标

主要管控措施	（2）建立预算执行责任制度，对照已确定的责任指标，定期或不定期地对相关部门及人员的责任指标完成情况进行检查，并实施考评。可以通过签订预算目标责任书等形式明确各预算执行部门的预算责任 （3）分解预算指标和建立预算执行责任制应当遵循定量化、全局性、可控性原则，即：预算指标的分解要明确、具体，便于执行和考核；预算指标的分解要有利于企业经营总目标的实现；赋予责任部门和责任人的预算指标应当是通过该责任部门或责任人的努力可以达到的，责任部门或责任人以其责权范围为限，对预算指标负责

（5）预算执行控制

预算执行控制的主要风险与管控措施如表 3-54 所示。

表 3-54　预算执行控制的主要风险与管控措施

主要风险	（1）缺乏严格的预算执行授权审批制度，可能导致预算执行随意 （2）预算审批权限及程序混乱，可能导致越权审批、重复审批，从而降低预算执行效率和严肃性 （3）对预算执行过程缺乏有效监控，可能导致预算执行不力、预算目标难以实现 （4）缺乏健全有效的预算反馈和报告体系，可能导致预算执行情况不能及时反馈和沟通、预算差异得不到及时分析、预算监控难以发挥作用
主要管控措施	（1）加强资金收付业务的预算控制，及时组织资金收取，严格控制资金支付，调节资金收付平衡，防范支付风险 （2）严格资金支付业务的审批控制，及时制止不符合预算目标的经济行为，确保各项业务和活动都在授权范围内运行 （3）建立预算执行实时监控制度，及时发现和纠正预算执行中的偏差。确保企业办理采购与付款、销售与收款、成本费用、工程项目、对外投融资、研究与开发、信息系统、人力资源、安全环保、资产购置与维护等各项业务和事项，均符合预算要求；对于涉及生产过程和成本费用的，还应严格执行相关计划、定额、定率标准 （4）建立重大预算项目特别关注制度。对于工程项目、对外投融资等重大预算项目，企业应当密切监控其实施进度和完成情况。对于重大的关键性预算指标，也要密切跟踪、检查 （5）建立预算执行情况预警机制，科学选择预警指标，合理确定预警范围，及时发出预警信号，积极采取应对措施 （6）建立健全预算执行情况内部反馈和报告制度，确保预算执行信息传输及时、畅通、有效

（6）预算分析

预算分析的主要风险与管控措施如表 3-55 所示。

表 3-55　预算分析的主要风险与管控措施

主要风险	（1）预算分析不正确、不科学、不及时，可能削弱预算执行控制的效果，或导致预算考评不客观、不公平 （2）对预算差异的解决措施不得力，可能导致预算分析形同虚设
主要管控措施	（1）企业预算管理工作机构和各预算执行单位应当建立预算执行情况分析制度，定期召开预算执行分析会议，通报预算执行情况，研究预算执行中存在的问题，并认真分析原因，提出改进措施 （2）企业应当加强对预算分析流程和方法的控制，确保预算分析结果准确、合理 （3）企业应当采取恰当措施处理预算执行偏差

（7）预算调整

预算调整的主要风险与管控措施如表3-56所示。

表3-56 预算调整的主要风险与管控措施

主要风险	预算调整依据不充分、方案不合理、审批程序不严格，可能导致预算调整随意、频繁，使预算失去严肃性和"硬约束"	
主要管控措施	明确预算调整条件	由于市场环境、国家政策或不可抗力等客观因素，导致预算执行发生重大差异确需调整预算的，应当履行严格的审批程序。企业应当在有关预算管理制度中明确规定预算调整的条件
	强化预算调整原则	（1）预算调整应当符合企业发展战略、年度经营目标和现实状况，企业应重点关注预算执行中出现的重要的、非正常的、不符合常规的关键性差异 （2）预算调整方案应当客观、合理、可行，且在经济上能够实现最优化 （3）预算调整应当谨慎，对调整频率应予以严格控制，年度调整次数应尽量少
	规范预算调整程序，并严格审批	（1）调整预算一般由预算执行单位逐级向预算管理委员会提出书面申请 （2）预算管理工作机构应当对预算执行单位提交的预算调整报告进行审核分析，集中编制企业年度预算调整方案，并提交预算管理委员会 （3）预算管理委员会应当对年度预算调整方案进行审议，应根据预算调整事项性质或预算调整金额的不同，按授权进行审批，或提交原预算审批机构审议批准，然后下达执行 （4）企业预算管理委员会或董事会审批预算调整方案时，应当依据预算调整条件及预算调整原则，进行严格把关。对于不符合预算调整条件的，坚决予以否决；对于预算调整方案欠妥的，应当协调有关部门和单位研究改进，并责成预算管理工作机构修改后再履行审批程序

（8）预算考核

预算考核的主要风险与管控措施如表3-57所示。

表3-57 预算考核的主要风险与管控措施

主要风险	预算考核不严格、不合理、不到位，可能导致预算目标难以实现、预算管理流于形式。其中，预算考核会受到考核主体和对象的界定是否合理、考核指标是否科学、考核过程是否公开透明、考核结果是否客观公正、奖惩措施是否公平合理且能够落实等因素影响	
主要管控措施	建立健全预算执行考核制度	（1）建立严格的预算执行考核制度，对各预算执行单位和个人进行考核 （2）制定有关预算执行考核的制度或办法 （3）定期组织实施预算考核，预算考核的周期一般应当与年度预算细分周期相一致
	合理界定预算考核主体和考核对象	预算考核主体分为两个层次，即预算管理委员会和内部各级预算责任单位。预算考核对象为企业内部各级预算责任单位和相关个人。界定预算考核主体和考核对象应当遵循以下原则： （1）上级考核下级原则，即由上级预算责任单位对下级预算责任单位实施考核 （2）逐级考核原则，即由预算执行单位的直接上级对其进行考核，间接上级不能隔级考核间接下级 （3）预算执行与预算考核相互分离原则，即预算执行单位的预算考核应由其直接上级部门来进行，绝不能自己考核自己

续表

主要管控措施	科学设计预算考核指标体系	（1）预算考核指标要以各责任中心承担的预算指标为主，同时本着相关性原则，增加一些全局性预算指标和与其关系密切的相关责任中心的预算指标 （2）考核指标应以定量指标为主，同时根据实际情况辅以适当的定性指标 （3）考核指标应当具有可控性、可达到性和明晰性
	按照公平、公正原则实施预算考核	（1）考核程序、标准、结果要公开。企业应当将全面预算考核程序、考核标准、奖惩办法、考核结果等及时公开 （2）考核结果要客观公正。企业预算管理委员会及其工作机构定期组织对预算执行情况考核时，应当将各预算执行单位负责人签字上报的预算执行报告和已掌握的动态监控信息进行核对，以确认各执行单位预算完成情况。必要时，应实行预算执行情况内部审计制度 （3）奖惩措施要公平合理并得以及时落实。预算考核的结果应当与各执行单位以及员工的薪酬、职位等挂钩

 【实例13】▶▶▶

全面预算内部控制活动规范

关键点1：预算管理体制

分控节点	控制目标	标准控制活动	主责部门
全面预算管理制度	建立全面预算管理制度，明确预算管理工作流程、职责权限等，确保全面预算管理有据可依、有章可循	集团公司财务管理部门负责制定集团预算管理制度，规范全面预算体系架构、预算编制、预算批复和下达、预算执行控制、预算分析、预算调整、预算考核等内容	集团财务部
全面预算体系基本架构	设立全面预算决策机构、工作机构及责任单位，确保全面预算体制健全	（1）集团公司股东会为集团预算管理的最高权力机构，负责批准集团年度预算方案和预算调整方案 （2）集团公司财务管理部门统筹管理全面预算，负责预算管理制度的制定与调整，年度预算的初步审核、协调和汇总，以及年度预算的管理与监控 （3）集团公司根据职能部门设置责任中心，责任中心的负责人为职能部门或项目的负责人。每个责任中心应指定专人作为预算协调员，负责预算编制、预算执行、预算控制、预算分析等日常工作	集团财务部

关键点2：预算编制

分控节点	控制目标	标准控制活动	主责部门
年度预算编制及审议	预算编制程序及方法科学合理，年度预算与企业发展战略和生产经营计划相符，且经过审议	（1）集团公司财务管理部门负责制定集团预算管理制度，对预算编制流程、预算编制原则以及方式方法作出具体说明 （2）集团公司财务管理部门每年定期根据国资委预算编制要求和集团业务计划，制定并向预算单位下发预算编制大纲。预算单位应按大纲要求编制本单位预算，并上报集团财务管理部门。集团财务管理部门、集团总经理部专题办公会、成员公司就年度预算初稿进行沟通修改 （3）集团公司财务管理部门汇总经初步审核的集团年度预算报告后，报集团总经理部专题办公会审议，并给出修改或调整建议	集团财务部
年度预算决策审批	年度预算按照相关法律法规、企业章程和授权规定得到适当审批	集团预算方案应按照公司规定的权限和程序进行审批后执行	集团财务部
预算调整	年度预算调整按照相关法律法规、企业章程和授权规定得到适当审批	集团公司财务管理部门每年定期下发年度预算中期调整通知，符合中期调整条件的预算单位提出申请并上报预算调整方案，财务管理部门初步审核并汇总形成集团年度预算中期调整方案，预算调整方案应按照公司规定的权限和程序进行审批后执行	集团财务部

关键点3：预算执行

分控节点	控制目标	标准控制活动	主责部门
预算下达分解	确保预算指标被具体分解，预算执行责任明确	集团公司财务管理部门将预算指标下达至各成员公司财务管理部门，各成员公司财务管理部门将预算指标分解落实到各预算责任单位	集团财务部
预算执行控制	确保在经营活动和投融资活动中，严格执行和控制预算	集团公司财务管理部门制定集团预算管理执行规范，对预算执行从立项、承诺、支付、变更四个环节进行管控。没有预算不得进行立项，没有立项不得进行承诺（如合同），没有承诺不得进行支付，且承诺支付金额不得超过预算金额。集团依靠系统的刚性控制，在核定预算内控制目标	集团财务部

关键点4：预算反馈

分控节点	控制目标	标准控制活动	主责部门
预算执行情况反馈	建立预算执行情况监控和报告机制，确保预算执行信息传输畅通，并能及时发现和纠正预算执行中的偏差	（1）集团公司财务管理部门对各成员公司的预算执行进行监控 （2）各成员公司财务管理部门按月向集团财务管理部门报送预算执行情况报告。集团公司财务管理部门汇总后以财务管理信息月报和季度预算执行报告的形式，向集团公司总经理部汇报集团预算执行情况	集团财务部
预算分析制度与会议	建立预算执行情况分析制度，定期召开预算执行分析会议，确保预算执行情况得到科学及时的分析	集团公司财务管理部门负责组织召开月度经营分析会议，从经营成本等方面进行预算执行情况分析，并形成分析报告/会议纪要	集团财务部
预算执行偏差处理	对不同原因造成的预算执行偏差，采取恰当的措施处理	（1）集团公司财务管理部门对各成员公司的预算执行偏差进行监控 （2）各成员公司财务管理部门按月向集团财务管理部门报送预算执行情况报告，全面反映公司在生产经营、投资、资金等方面的实际执行情况，同时针对预算执行过程中存在的问题或异常情况，进行原因分析，并提出切实的改进措施	集团财务部

关键点5：预算考核

分控节点	控制目标	标准控制活动	主责部门
预算执行考核机制	建立严格的预算执行考核机制，遵循公开、公平、公正的考核原则，考核过程和结果均保留完整记录	集团公司财务管理部门负责制定集团预算管理制度，建立预算考核机制，采取定量与定性指标相结合的方式对预算管理及预算执行情况进行考核，分别从预算管理制度的建设及遵守情况，年度、季度及月度预算的编制情况，预算控制执行情况，预算执行报告的报送情况四个维度进行计分考核	集团财务部
执行预算考核	预算考核结果经审核和批准	预算单位在考核年度结束后一个半月内根据预算执行和管理情况编制自评报告。集团财务管理部门、战略管理部门、人力资源管理部门等组成预算考核工作小组，初步考核后形成考核结果，并按照公司规定的权限和程序进行审批	集团财务部

3.12 合同管理之内部控制

合同管理是企业用法律手段管理企业经济行为的重要形式。《企业内部控制应用指引第16号——合同管理》（以下简称合同管理控制指引）旨在帮助企业规范当事人双方的经营行为、维护自身合法权益、防控法律风险、实现内部控制目标。

企业与职工签订的劳动合同，不适用本章内容。企业应当建立合同管理制度，明确合同签署与履行过程中的主要风险点，并采取相应措施，实施有效控制。

3.12.1 合同管理应关注的风险

企业合同管理至少应当关注下列风险。

（1）未订立合同、合同内容存在重大疏漏，可能导致企业合法权益受到侵害。

（2）合同履行不力或监控不当，可能导致诉讼失败、经济利益受损。

（3）合同纠纷处理不当，可能损害企业信誉和形象。

3.12.2 合同管理的总体要求

企业需要建立一系列制度体系和保障机制（如表3-58所示），以促进合同管理的作用得到有效发挥。

表3-58 合同管理的总体要求

序号	制度或机制	具体要求
1	建立分级授权管理制度	企业应当根据经济业务性质、组织机构设置和管理层级安排，建立合同分级管理制度： （1）属于上级管理权限的合同，下级单位不得签署 （2）对于重大投资类、融资类、担保类、知识产权类、不动产类合同，上级部门应加强管理 （3）上级单位应当加强对下级单位合同订立、履行情况的监督检查 （4）下级单位认为确有需要签署涉及上级管理权限的合同时，应当提出申请，经上级合同管理机构批准后执行
2	实行统一归口管理	企业可以根据实际情况指定法律部门等作为合同归口管理部门，对合同实施统一的规范管理，具体负责制定合同管理制度、审核合同条款中权利义务的对等性、管理合同标准文本、管理合同专用章，定期检查和评价合同管理中的薄弱环节并采取相应控制措施、促进合同有效履行等
3	明确职责分工	（1）公司各业务部门作为合同的承办部门，负责在职责范围内承办相关合同，包括合同调查、谈判、订立、履行和终结等 （2）公司财会部门侧重于履行对合同的财务监督职责
4	健全考核与责任追究制度	企业应当健全合同管理考核与责任追究制度，开展合同后评估。对合同订立、履行过程中出现的违法违规行为，应当追究有关机构或人员的责任

3.12.3 合同管理的流程

合同管理从大的方面可以划分为合同订立阶段和合同履行阶段。合同订立阶段包括合同调查、合同谈判、合同文本制定、合同审核、合同签署等环节；合同履行阶段涉及合同履行、合同补充和变更、合同解除、合同结算、合同登记等环节。图3-56所示的合同管理流程具有一定通用性。

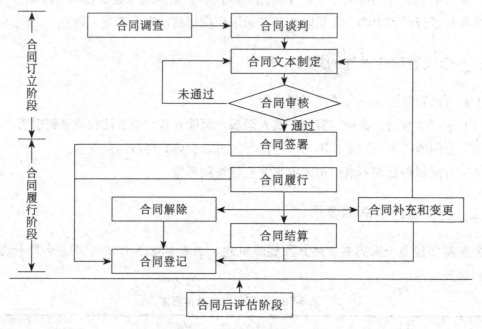

图3-56　合同管理流程

3.12.4 合同管理的主要风险点及管控措施

（1）合同调查

合同订立前，企业应当进行合同调查，充分了解合同对方的主体资格、信用状况等有关情况，确保对方当事人具备履约能力。该环节的主要风险与管控措施如表3-59所示。

表3-59　合同调查的主要风险与管控措施

主要风险	（1）忽视对被调查对象主体资格的审查，准合同对象不具有相应民事权利能力和民事行为能力或不具备特定资质，与不具备代理权或越权代理的主体签订合同，导致合同无效，或引发潜在风险 （2）在合同签订前错误判断被调查对象的信用状况，或在合同履行过程中没有持续关注对方的资信变化，致使企业蒙受损失 （3）对被调查对象的履约能力作出不当评价，将不具备履约能力的对象确定为准合同对象，或将具有履约能力的对象排除在准合同对象之外

续表

主要 管控 措施	（1）审查被调查对象的身份证件、法人登记证书、资质证明、授权委托书等证明原件；必要时，可通过发证机关查询证书的真实性和合法性。关注授权代理人的行为是否在被授权范围内，在充分搜集相关证据的基础上评价主体资格是否恰当 （2）获取被调查对象经审计的财务报告、以往交易记录等财务和非财务信息，分析其获利能力、偿债能力和营运能力，评估其财务风险和信用状况，并在合同履行过程中持续关注其资信变化，及时更新合同的商业信用档案 （3）对被调查对象进行现场调查，实地了解和全面评估其生产能力、技术水平、产品类别和质量等生产经营情况，分析其合同履约能力 （4）与被调查对象的主要供应商、客户、开户银行、主管税务机关和工商管理部门等沟通，了解其生产经营、商业信誉、履约能力等情况

（2）合同谈判

初步确定准合同对象后，企业内部的合同承办部门将在授权范围内与对方进行合同谈判，按照自愿、公平原则，磋商合同内容和条款，明确双方的权利、义务和违约责任。该环节的主要风险与管控措施如表3-60所示。

表3-60 合同谈判的主要风险与管控措施

主要 风险	（1）忽略合同重大问题或在重大问题上作出不当让步 （2）谈判经验不足，缺乏技术、法律和财务知识的支撑，导致企业利益损失 （3）泄露本企业谈判策略，导致企业在谈判中处于不利地位
主要 管控 措施	（1）收集谈判对手资料，充分熟悉谈判对手情况，做到知己知彼；研究国家相关法律法规、行业监管、产业政策、同类产品或服务价格等与谈判内容相关的信息，正确制定本企业谈判策略 （2）关注合同核心内容、条款和关键细节，具体包括合同标的的数量、质量或技术标准，合同价格的确定方式与支付方式，履约期限和方式，违约责任和争议的解决方法，合同变更或解除的条件等 （3）对于影响重大、涉及较高专业技术或法律关系复杂的合同，组织法律、技术、财会等专业人员参与谈判，充分发挥团队智慧，及时总结谈判过程中的得失，并研究确定下一步谈判策略 （4）必要时可聘请外部专家参与相关工作，同时也要充分了解外部专家的专业资质、胜任能力和职业道德情况 （5）加强保密工作，严格责任追究制度 （6）对谈判过程中的重要事项和谈判人员的主要意见，予以记录并妥善保存，以作为避免合同舞弊的重要手段和责任追究的依据

（3）合同文本制定

企业在合同谈判后，应根据协商谈判结果，制定合同文本。该环节的主要风险与管控措施如表3-61所示。

（4）合同审核

合同文本制定完成后，企业应进行严格的审核。该环节的主要风险与管控措施如表3-62所示。

表3-61　合同文本制定的主要风险与管控措施

主要风险	（1）选择不恰当的合同形式 （2）合同与国家法律法规、行业产业政策、企业总体战略目标或特定业务经营目标发生冲突 （3）合同内容和条款不完整、表述不准确，或存在重大疏漏和欺诈，导致企业合法利益受损 （4）有意拆分合同来规避合同管理规定 （5）对于合同文本应报经国家有关主管部门审查或备案的，未履行相应程序
主要管控措施	（1）企业对外发生经济行为，除即时结清方式外，应当订立书面合同 （2）严格审核合同需求与国家法律法规、产业政策、企业整体战略目标的关系，保证其协调一致；考察合同是否以生产经营计划、项目立项书等为依据，确保具体业务经营目标的完成 （3）合同文本一般由业务承办部门起草，法律部门审核；重大合同或法律关系复杂的特殊合同，应当由法律部门参与起草。国家或行业有合同示范文本的，可以优先选用，但对涉及权利义务关系的条款应当进行认真审查，并根据实际情况进行适当修改。各部门应当各司其职，保证合同内容和条款的完整准确 （4）通过统一归口管理和授权审批制度，严格管理合同，防止通过化整为零等方式故意规避招标或越权行为 （5）由签约对方起草的合同，企业应当认真审查，确保合同内容准确反映企业诉求和谈判达成的一致意见。要特别留意"其他约定事项"等需要补充填写的栏目，如不存在其他约定事项时，应注明"此处空白"或"无其他约定"，防止合同后续被篡改。 （6）合同文本应报经国家有关主管部门审查或备案的，应当履行相应程序

表3-62　合同审核的主要风险与管控措施

主要风险	（1）合同审核人员因专业素质或工作态度等原因，未能发现合同文本中的不当内容和条款 （2）审核人员通过审核虽然发现了问题，但未提出恰当的修改意见 （3）合同起草人员没有根据审核人员的意见修改合同，导致合同中的不当内容和条款未被纠正
主要管控措施	（1）审核人员应当对合同文本的合法性、经济性、可行性和严密性进行重点审核，包括合同的主体、内容和形式是否合法，合同内容是否符合企业的经济利益，对方当事人是否具有履约能力，合同权利和义务、违约责任和争议解决条款是否明确等 （2）建立会审制度，对影响重大或法律关系复杂的合同文本，组织财会部门、内部审计部门、法律部门、业务关联的相关部门进行审核，内部相关部门应当认真履行职责 （3）慎重对待审核意见，认真分析研究，对审核意见应准确无误地加以记录，必要时应对合同条款作出修改并再次提交审核

（5）合同签署

经审核同意的合同，企业应当与对方当事人正式签署，并加盖企业合同专用章。该环节的主要风险与管控措施如表3-63所示。

（6）合同履行

合同订立后，企业应当与合同对方当事人一起，遵循诚实信用原则，根据合同的性质、目的和交易习惯，履行通知、协助、保密等义务。该环节的主要风险与管控措施如表3-64所示。

表 3-63　合同签署的主要风险与管控措施

主要风险	超越权限签订合同，合同印章管理不当，签署后的合同被篡改，因手续不全导致合同无效等
主要管控措施	（1）按照规定的权限和程序与对方当事人签署合同。对外正式订立的合同，应当由企业法定代表人或由其授权的代理人签名或加盖有关印章。授权签署合同的，应当签署授权委托书 （2）严格执行合同专用章保管制度。合同经编号、审批及企业法定代表人或由其授权的代理人签署后，方可加盖合同专用章。印章用完后，保管人应当立即收回，并按要求妥善保管，以防止他人滥用。保管人应当记录合同专用章使用情况，以备检查。如果发生合同专用章遗失或被盗等情况，应当立即报告公司负责人，并采取妥善措施，如向公安机关报案、登报声明作废等，最大限度地消除可能带来的负面影响 （3）采取恰当措施，防止已签署的合同被篡改，如在合同各页码之间加盖骑缝章、使用防伪印记、使用不可编辑的电子文档格式等 （4）按照国家有关法律、行政法规规定，需办理批准、登记等手续之后方可生效的合同，企业应当及时按规定办理相关手续

表 3-64　合同履行的主要风险与管控措施

主要风险	（1）本企业或合同对方当事人没有恰当地履行合同中约定的义务 （2）合同生效后，对合同条款未明确约定的事项没有及时协议补充，导致合同无法正常履行 （3）在合同履行过程中，未能及时发现已经或可能导致企业利益受损的情况，或未能采取有效措施 （4）合同纠纷处理不当，导致企业遭受外部处罚、诉讼失败，从而损害企业利益、信誉和形象等
主要管控措施	（1）强化对合同履行情况及效果的检查、分析和验收，适当地履行本企业义务，敦促对方积极执行合同，确保合同得到全面有效的履行 （2）对对方的合同履行情况实施有效监控，一旦发现有违约可能或违约行为，应当及时提示风险，并立即采取相应措施将合同损失降到最低 （3）根据需要及时补充、变更甚至解除合同 ① 对于合同没有约定或约定不明确的内容，双方协商一致，对原有合同进行补充；无法达成补充协议的，按照国家相关法律法规、合同有关条款或者交易习惯确定 ② 对于显失公平、条款有误或存在欺诈行为的合同，以及因政策调整、市场变化等客观因素已经或可能导致企业利益受损的合同，按规定程序及时报告，并经双方协商一致，按照规定权限和程序办理合同变更或解除事宜 ③ 对方当事人提出中止、转让、解除合同，造成企业经济损失的，应向对方当事人书面提出索赔 （4）加强合同纠纷管理。在履行合同过程中发生纠纷的，应当依据国家相关法律法规，在规定时间内与对方当事人协商，并按规定权限和程序及时报告。合同纠纷经协商一致的，双方应当签订书面协议；合同纠纷经协商无法解决的，应根据合同约定，选择仲裁或诉讼方式解决。企业内部授权处理合同纠纷的，应当签署授权委托书。纠纷处理过程中，未经授权批准，相关经办人员不得向对方当事人作出实质性答复或承诺

（7）合同结算

合同结算是合同执行的重要环节，既是对合同签订的审查，也是对合同执行的监督，一般由财会部门负责办理。该环节的主要风险与管控措施如表3-65所示。

表3-65　合同结算的主要风险与管控措施

主要风险	（1）违反合同条款，未按规定期限、金额或方式付款 （2）疏于管理，未能及时催收到期合同款项 （3）在没有合同依据的情况下盲目付款等
主要管控措施	（1）财会部门应当在审核合同条款后办理结算业务。应按照合同规定付款，及时催收到期欠款 （2）未按合同条款履约或应签订书面合同而未签订的，财会部门有权拒绝付款，并及时向企业有关负责人报告

（8）合同登记

合同登记管理制度体现了合同的全过程封闭管理，合同的签署、履行、结算、补充或变更、解除等都需要进行登记。该环节的主要风险与管控措施如表3-66所示。

表3-66　合同登记的主要风险与管控措施

主要风险	合同档案不全、合同秘密泄露、合同滥用等
主要管控措施	（1）合同管理部门应当加强合同登记管理，充分利用信息化手段，定期对合同进行统计、分类和归档，并详细登记合同的订立、履行和变更、终结等情况。合同终结的，应及时办理销号和归档手续，确保实行合同全过程封闭管理 （2）建立合同文本统一分类和连续编号制度，以防止或及早发现合同文本的遗失 （3）加强合同信息安全保密工作，未经批准，任何人不得以任何形式泄露合同订立与履行过程中涉及的国家或商业秘密 （4）规范合同管理人员职责，明确合同流转、借阅、归还的职责权限和审批程序等要求

3.12.5　合同管理的后评估控制

合同作为企业承担独立民事责任、履行权利义务的重要依据，是企业管理活动的重要痕迹，也是企业风险管理的主要载体。为此，合同管理内部控制指引强调，企业应当建立合同管理的后评估制度。企业应当至少于每年年末对合同履行的总体情况和重大合同履行的具体情况进行分析评估。对于分析评估中发现的不足，应当及时加以改进。

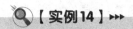【实例14】▶▶▶

合同管理内部控制活动规范

关键点1：合同订立与审批

分控节点	控制目标	标准控制活动	主责部门
合同调查	合同订立前，对合同对方主体资格、信用状况和履约能力进行调查和资格审查，确保合同对方具备履约能力	（1）合同签订前，商务部门负责审查合同对方的身份证件、法人登记证书、资质证明、授权委托书等证明原件，确保合同对方主体资格恰当 （2）对于破产、改制、兼并重组、资产调整、产权转让、对外投资、利益调配、机构调整、融资、担保、重要设备和技术引进、重大工程建设等重大合同，或金额超过一定额度的重大合同，合同对方应提供财务资料。公司财务共享中心负责评估其财务风险和信用状况；商务部门应实地调查合同对方的生产经营情况和履约能力，并填写评估调查表，提交部门负责人审核，确保对方当事人具备履约能力	资本运营部、法律事务部
合同谈判	合同谈判文本经过严格审核，参与谈判的人员经验丰富，谈判过程及内容保密	（1）对于一般业务合同，由合同归口管理部门经办人根据标准合同或合同对方的投标书进行合同谈判；对于非标准合同、影响重大的合同、金额超过一定额度的合同、涉及较高专业技术或法务关系复杂的合同，合同归口管理部门组织法务、技术、财会等专业人员参与谈判，必要时聘请外部专家参与相关工作 （2）法务部门全程参与重大项目法律工作，协助重大项目谈判。公司设置合同法律审核环节，业务承办部门需向法务部门反馈经济合同、项目协议文本；法务部门对协议合同进行法律审核，并出具合同法律审核意见 （3）合同谈判需要关注合同核心内容、条款和关键细节，具体包括合同标的的数量、质量或技术标准，合同价格的确定方式与支付方式，履约期限和方式，违约责任和争议的解决方法，合同变更或解除条件等。谈判过程中的重要事项和谈判人员的主要意见，应形成谈判会议纪要并经相关人员签字确认	资本运营部、法律事务部
合同文本制定	合同文本内容完整、表述准确，合同主体、内容、形式合规	（1）法务部门负责根据公司的实际经营需要制定各类合同范本。合同范本经制定或修改后，相关部门就各自的职责范围对合同范本的内容进行审核，同时批注修改意见（如有），并形成会签意见。现行版本的合同范本由相关业务部门保管或储存在业务办公系统中，并且及时删除旧版的合同范本 （2）对于非标准条款的合同文本（如项目协议、补充协议、对合同范本进行的定制修改、采用政府或对方要求的其他合同范本等），法务部门应对合同文本发表审核意见，业务归口部门负责组织该合同文本的相关谈判，将相关合同谈判结果落实到合同文本中。对于重大合同或法务关系复杂的特殊合同的相关谈判，应经过相关部门的联合讨论或按规定授权提请决策	法律事务部

续表

分控节点	控制目标	标准控制活动	主责部门
合同文本制定	合同文本内容完整、表述准确，合同主体、内容、形式合规	（3）对于由签约对方起草的合同，业务部门负责在合同中反映公司诉求的落实情况和谈判的一致意见，法务部门负责对该合同进行法律审核，并提出相关法律风险建议。对于"其他约定事项"等需要补充填写的栏目，如不存在其他约定事项时，应注明"此处空白"或"无其他约定"，以防止合同后续被篡改	法律事务部
合同文本审核	合同主体、合同文本内容及重要条款、合同形式等经过恰当审核	（1）所有合同文本草拟后，需提交至法务部门审核。重大合同或法务关系复杂的特殊合同，还需由合同归口部门组织财务管理部门、业务相关专业部门进行审核 （2）审核时重点关注合同主体、内容和形式是否合法，合同内容是否符合公司经济利益，对方当事人是否具有履约能力，合同权利和义务、违约责任和争议解决条款是否明确等，必要时应对合同条款作出修改。合同最终应按照公司规定的权限和程序进行审批	法律事务部
合同签订	合同签订经过恰当的授权审批，签订程序符合公司规定	对外正式签订合同前，需根据对应的合同类型，按照公司规定的权限和程序进行审批。对于授权签署合同的，授权人需签署授权委托书	资本运营部
	合同用章经过恰当授权审批，用章登记完整	合同专用章由合同归口管理部门管理，印章使用时，印章申请人需填写公章用印申请单或者通过工作管理系统提出申请。集团相关授权人审批后，提交印章管理部门。印章管理部门需检查合同审批的完整性，审核无误后，加盖公司公章或合同专用章。印章管理员需对印章使用时间、申请人、授权人、用途等情况，在印章使用登记表中进行登记备查	资本运营部

关键点2：合同执行与付款

分控节点	控制目标	标准控制活动	主责部门
合同履行	合同履行情况得到有效监控及反馈	（1）集团公司合同归口管理部门应对合同履行情况实施有效监控，加强对合同履行情况及效果的检查、分析和验收，确保合同得到全面有效履行 （2）合同生效后，公司就质量、价款、履行地点等内容与合同对方没有约定或者约定不明确的，可以协议补充；不能达成补充协议的，应按照国家相关法律法规、合同有关条款或者交易习惯确定	资本运营部
合同变更或解除	合同变更或解除事项报告及时，并按规定权限和程序处理	（1）如存在合同变更/解除事项，应由合同主办部门提出书面申请并附上原合同，详细说明合同变更/解除的原因。合同变更应在年度预算额度内进行，超出年度预算额度的合同变更，应按照预算管理规定在信息系统中提出预算变更申请 （2）合同变更/解除应按照公司规定的权限和程序进行审批后执行	资本运营部

分控节点	控制目标	标准控制活动	主责部门
合同纠纷管理	合同纠纷事项报告及时，并按规定权限和程序处理	（1）发生合同纠纷时，合同经办人应和对方协商，及时生成合同纠纷报告，列明纠纷的原因，并向公司分管领导报告，同时知会公司法务部门。法务部门了解有关纠纷情况后，及时提出初步处理方案和应急措施，并报公司分管领导审批执行。合同纠纷发生后，公司法律人员根据纠纷的性质和程度，可协商解决，也可按合同提请仲裁或诉讼 （2）涉及合同索赔的纠纷，索赔金额应在年度预算额度内执行。超出年度预算额度的合同索赔，应按照预算管理规定在信息系统中提出预算变更申请，预算变更应按照公司规定的权限和程序进行审批	资本运营部、法律事务部
合同结算	合同结算符合合同条款约定，且经过恰当审核和授权审批	（1）合同经办人员负责收集、提供合同结算所需文档资料，并提交付款申请至归口部门和商务部门审核，审核时需关注支付条款、保函、验收单、合同等信息。资料审核无误后，经办人员提出合同结算申请，合同结算应按照公司规定的权限和程序进行审批；审批通过后，财务共享中心根据合同和合同结算文档等材料，按合同规定的支付时间、支付条件、支付方式和支付金额等向合同对方付款 （2）未按合同条款履约或应签订书面合同而未签订的，财务共享中心有权拒绝付款，并及时向公司有关负责人报告	财务共享中心

关键点3：合同保密与档案管理

分控节点	控制目标	标准控制活动	主责部门
合同信息保密	合同信息得到保密	合同谈判应严格遵守集团的保密制度，参与合同谈判的人员应排除与该合同存在利益关系的相关人员，并向其告知商务谈判的保密规定，提高员工的保密意识	资本运营部、法律事务部
合同登记及归档	合同的签署、履行、结算、补充或变更、解除等信息登记及时、准确，合同分类合理，归档及时、完整	合同生效后，由各合同业务归口部门按照公司确定的规范对合同进行编号归类，在合同管理台账中对合同签订时间、签约对象、合同期限、收付款时间、跟进人员等进行登记；并按合同的种类、部门、年限和重要程度等，将合同原件、合同审批表和其他相关资料进行分类归档，保管于档案室，同时对每一个档案编制档案文件清单	办公室
	合同借阅经过恰当授权审批和登记	（1）合同借阅部门需填写合同借阅审批表，列明借阅原因、借阅时间、借阅内容、借阅人，并按授权管理规定进行审批。合同借出部门需及时登记合同借阅信息，并监控借阅合同是否及时归还 （2）涉及集团档案室的合同借阅，合同借阅申请表需依次经部门负责人、办公室负责人审批。合同借出部门需及时登记合同借阅信息，并监控借阅合同是否及时归还	办公室

学习笔记

请对本章的学习做一个小结，将你认为的重点事项和不懂事项分别列出来，以便于自己进一步学习与提升。

本章重点事项
1. _____
2. _____
3. _____
4. _____
5. _____
6. _____
7. _____

本章不懂事项
1. _____
2. _____
3. _____
4. _____
5. _____
6. _____
7. _____

个人心得
1. _____
2. _____
3. _____
4. _____
5. _____
6. _____
7. _____

第4章
信息层面的内控设计

 学习目标：

1.了解信息层面的内控——内部信息传递和信息系统。

2.了解内部信息传递应关注的风险、内部信息传递的总体要求、内部信息传递的流程，掌握内部信息传递的主要风险点及管控措施、反舞弊措施。

3.了解信息系统内控应关注的风险、信息系统内控的岗位分工与授权审批，掌握信息系统开发、运行与维护的内部控制措施和要点。

4.1 内部信息传递

内部信息传递是企业内部各管理层级之间通过内部报告形式传递生产经营管理信息的过程。《企业内部控制应用指引第17号——内部信息传递》（以下简称内部信息传递指引）突出强调了内部报告的形成、使用和评估，提出了内部信息传递应当关注的主要风险以及相应的管控措施。

信息在企业内部进行有目的的传递，对贯彻落实企业发展战略、执行企业全面预算、识别企业生产经营活动中的内外部风险具有重要作用。企业应当制定内部报告制度。所谓内部报告，是指企业内部层级之间传递内部经营管理信息的形式。

4.1.1 内部信息传递应关注的风险

企业内部信息传递至少应当关注下列风险。

（1）内部报告系统不健全，内容不完整，可能对整个生产经营管理造成负面影响。

（2）内部信息传递不及时、不通畅，可能导致决策失误、相关政策措施难以落实。

（3）内部信息传递中泄露商业秘密，可能削弱企业核心竞争力。

4.1.2 内部信息传递的总体要求

企业内部信息有业务第一线人员根据市场或业务工作整理的信息，也有管理人员根据相关内部信息对所负责部门形成的指示或情况通报。尽管信息的来源、内容、提供者、传递方式和渠道等各不相同，但收集和传递相关信息一般应遵循图4-1所示的三大原则。

4.1.3 内部信息传递的流程

企业应当加强内部报告管理，全面梳理内部信息传递过程中的薄弱环节，建立科学的内部信息传递机制，明确内部信息传递的具体要求，关注内部报告的有效性、及时性和安全性，促进内部报告的有效利用，充分发挥内部报告的作用。

图4-2所示的内部信息传递流程具有普适性。企业在实际操作中，应当充分结合自身业务特点和管理要求，构建和优化内部信息传递流程。

4.1.4 内部信息传递的主要风险点及管控措施

（1）建立内部报告指标体系

企业应当根据自身的发展战略、风险控制和业绩考核特点，系统、科学地规范不同

真实准确性　虚假或不准确的信息将严重误导信息使用者,甚至导致其决策失误,造成巨大的经济损失。内部报告的信息应当与所要表达的现象和状况保持一致,若不能真实反映所计量的经济事项,就不具有可靠性

及时有效性　如果信息未能及时提供,或者及时提供的信息不具有相关性,或者提供的相关信息未被有效利用,都可能导致企业决策延误,经营风险增加,甚至可能使企业较高层次的管理陷入困境,不利于对实际情况进行及时有效的控制和矫正,同时也将大大降低内部报告的决策相关性。只有那些切合具体任务和实际工作,并且符合信息使用单位需求的信息,才是具有使用价值的

遵守保密原则　企业内部的运营情况、技术水平、财务状况以及重大事项等通常涉及商业秘密,内幕信息知情者(包括董事会成员、监事、高级管理人员及其他涉及信息披露部门的涉密人员)都负有保密义务。这些内部信息一旦泄露,极有可能导致企业的商业秘密被竞争对手获知,使企业处于被动境地,甚至造成重大损失

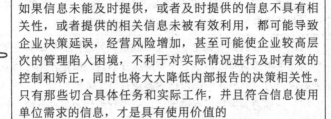

图4-1　内部信息传递的三大原则

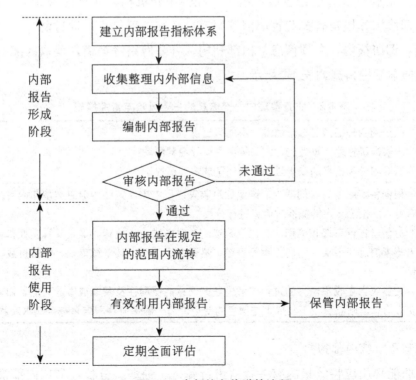

图4-2　内部信息传递的流程

级次内部报告的指标体系，合理设置关键信息指标和辅助信息指标。在设计内部报告指标体系时，企业应当根据内部各信息用户的需求选择信息指标，以满足其经营决策、业绩考核、企业价值与风险评估的需要。该环节的主要风险与管控措施如表4-1所示。

表4-1　建立内部报告指标体系的主要风险与管控措施

主要风险	指标体系的设计未能结合企业的发展战略，指标体系级次混乱，与全面预算管理要求相脱节，并且在设定后未能根据环境和业务变化有所调整
主要管控措施	（1）企业应认真研究企业的发展战略、风险控制要求和业绩考核标准，根据各管理层级对信息的需求和详略程度，建立一套级次分明的内部报告指标体系。企业明确的战略目标和具体的战略规划为内部报告控制目标的确定提供了依据 （2）企业内部报告指标确定后，应进行细化，层层分解，使企业各责任中心及各相关职能部门都有自己明确的目标，以便于控制风险并进行业绩考核 （3）内部报告需要依据全面预算的标准进行反馈，应将预算控制的过程和结果向企业内部管理层报告，以有效控制预算执行情况、明确相关责任、科学考核业绩，并根据新的环境和业务，调整决策部署，更好地规划和控制企业的资产和收益，实现资源的最有效配置和管理的协同效应

（2）收集整理内外部信息

企业应当完善内外部重要信息的收集机制和传递机制，使重要信息能够及时获得并向上级呈报。企业可以通过行业协会组织、社会中介机构、业务往来单位、市场调查、来信来访、网络媒体以及有关监管部门等渠道，获取外部信息；通过财务会计资料、经营管理资料、调研报告、专项信息、内部刊物、办公网络等渠道，获取内部信息。该环节的主要风险与管控措施如表4-2所示。

表4-2　收集整理内外部信息的主要风险与管控措施

主要风险	（1）收集的内外部信息过于散乱，不能突出重点 （2）内容准确性差，据此进行的决策容易误导经营活动 （3）获取内外部信息的成本过高，违反了成本效益原则
主要管控措施	（1）根据特定服务对象的需求，确定信息收集过程中重点关注的信息类型和内容；根据信息需求者要求，按照一定的标准对信息进行分类汇总 （2）对信息进行审核和鉴别，对已经筛选的资料做进一步检查，确定其真实性和合理性。企业应当检查信息在事实与时间上有无差错，是否合乎逻辑，其来源单位、资料份数、指标等是否完整 （3）企业应当在收集信息的过程中考虑获取信息的便利性及获取成本的高低。如果需要较大代价获取信息，则应当权衡其成本与信息的使用价值，确保所获取信息符合成本效益原则

（3）编制及审核内部报告

企业各职能部门应将收集的有关资料进行筛选、抽取、分析，形成内部报告，并按权限进行审核。该环节的主要风险与管控措施如表4-3所示。

表4-3　编制及审核内部报告的主要风险与管控措施

主要风险	内部报告未能根据各内部使用单位的需求进行编制，内容不完整，编制不及时，未经审核即向有关部门传递
主要管控措施	（1）企业内部报告的编制单位应紧紧围绕内部报告使用者的信息需求，以内部报告指标体系为基础，编制内容全面、简洁明了、通俗易懂的内部报告，以便于企业各管理层级和全体员工掌握相关信息，正确履行职责 （2）企业应合理设计内部报告编制程序，提高编制效率，保证内部报告能在第一时间提供给相关管理部门。对于重大突发事件，应以速度优先，尽可能快地编制出内部报告，向董事会报告 （3）企业应当建立内部报告审核制度，设定审核权限，确保内部报告信息的质量。企业必须对岗位与职责分工进行控制，内部报告的起草与审核岗位应分离，内部报告在传递前必须经签发部门负责人审核。对于重要信息，企业应当委派专门人员对其传递过程进行复核，确保信息正确地传递给使用者

（4）构建内部报告流转体系及渠道

企业应当制定严密的内部报告传递流程，充分利用信息技术，强化内部报告信息的集成和共享，将内部报告纳入企业统一信息平台，构建科学的内部报告网络体系。企业内部各管理层级均应当指定专人负责内部报告工作。企业应当拓宽内部报告渠道，通过奖励等多种有效方式，广泛收集合理化建议。该环节的主要风险与管控措施如表4-4所示。

表4-4　构建内部报告流转体系及渠道的主要风险与管控措施

主要风险	缺乏内部报告传递流程，内部报告未按传递流程进行传递流转，内部报告流转不及时
主要管控措施	（1）企业应当制定内部报告传递制度。企业可根据信息的重要性、内容等特征，确定不同的流转环节 （2）企业应严格按设定的传递流程进行信息流转。企业各管理层应对内部报告的流转做好记录，对于未按照流转制度进行操作的事件，应当调查原因，并作出相应处理 （3）企业应及时更新信息系统，确保内部报告有效传递。对于重要且紧急的信息，可以越级向董事会、监事会或经理层直接报告，以便于相关负责人迅速作出决策

（5）内部报告的有效利用及保密

企业应当有效利用内部报告进行风险评估，准确识别和系统分析企业生产经营活动中的内外部风险，确定风险应对策略，实现对风险的有效控制。企业对内部报告反映出的问题应当及时解决。企业应当制定严格的内部报告保密制度，明确保密内容、保密措施、密级程度和传递范围，防止泄露商业秘密。该环节的主要风险与管控措施如表4-5所示。

（6）内部报告的保管

企业应制定内部报告的保管制度，明确保管人员、保管场所、保管要求，从而对内部报告加以管理。该环节的主要风险与管控措施如表4-6所示。

表4-5　内部报告有效利用及保密的主要风险与管控措施

主要风险	企业管理层在决策时并没有使用内部报告提供的信息，内部报告未能用于风险识别和控制，商业秘密通过企业内部报告被泄露
主要管控措施	（1）企业在预算控制、生产经营管理决策和业绩考核时应充分使用内部报告提供的信息 （2）企业管理层应通过内部报告提供的信息对企业生产经营管理中存在的风险进行评估，准确识别和系统分析企业生产经营活动中的内外部风险；涉及突出问题和重大风险的，应当启动应急预案 （3）企业应从内部信息传递的时间、空间、节点、流程等方面建立控制制度，通过职责分离、授权接触、监督和检查等手段防止商业秘密泄露

表4-6　内部报告保管的主要风险与管控措施

主要风险	企业缺少内部报告的保管制度，内部报告的存放杂乱无序，重要资料的保管期限过短，保密措施不严
主要管控措施	（1）企业应当建立内部报告保管制度，各部门应当指定专人按类别保管相应的内部报告 （2）为了便于内部报告的查阅、对比分析，改善内部报告的格式，提高内部报告的有用性，企业应按类别保管内部报告。对于影响较大的、金额较高的内部报告，一般要严格保管，如企业重大重组方案、企业债券发行方案等 （3）企业对不同类别的报告，应按其影响程度规定保管年限，只有超过保管年限的内部报告方可予以销毁。影响重大的内部报告，应当永久保管，如公司章程及相应的修改、公司股东登记表等。有条件的企业应当建立电子内部报告保管库，分性质，按照类别、时间、保管年限、影响程度及保密要求等分门别类地储存电子内部报告 （4）企业应当制定严格的内部报告保密制度，明确保密内容、保密措施、密级程度和传递范围，防止泄露商业秘密。有关公司商业秘密的重要文件要由企业较高级别的管理人员负责，至少由两人共同管理，放置在专用保险箱内。查阅保密文件时，必须经该高层管理人员同意，由两人分别开启相应的锁具，方可打开

（7）内部报告评估

内部报告评估对企业具有重要影响，内部信息传递指引强调，企业应当建立内部报告评价制度。该环节的主要风险与管控措施如表4-7所示。

表4-7　内部报告评估的主要风险与管控措施

主要风险	企业缺乏完善的内部报告评价体系；对各信息传递环节和传递方式控制不严；针对传递不及时、信息不准确的内部报告，缺乏相应的惩戒机制
主要管控措施	（1）企业应建立并完善内部报告的评估制度，严格按照评估制度对内部报告进行合理评估，考核内部报告在企业生产经营活动中所起的真实作用 （2）为保证信息传递及时准确，企业必须执行奖惩机制。对经常不能及时或准确传递信息的相关人员，应当进行批评和教育，并与绩效考核体系挂钩

4.1.5　反舞弊

4.1.5.1　舞弊存在的领域

舞弊是指以故意的行为获得不公平或者非法的收益，主要表现在以下方面。

（1）虚假财务报告。

（2）资产的不适当处置。

（3）不恰当的收入和支出。

（4）故意的不当关联方交易。

（5）税务欺诈。

（6）贪污以及收受贿赂和回扣。

4.1.5.2　反舞弊

有效的反舞弊机制是企业防范、发现和处理舞弊行为、优化内部环境的重要制度安排。有效的信息沟通是反舞弊程序和控制成功的关键。如果信息交流机制不畅通，就会产生信息不对称的问题，舞弊行为产生的机会也就会增大。

企业应当建立反舞弊机制，坚持惩防并举、重在预防的原则，明确反舞弊工作的重点领域、关键环节和有关机构在反舞弊工作中的职责权限，规范舞弊案件的举报、调查、处理、报告和补救程序。该环节的主要风险与管控措施如表4-8所示。

表4-8　反舞弊的主要风险与管控措施

主要风险	忽视了对员工道德准则体系的培训，内部审计监察不严，内部人员未经授权或者采取其他不法方式侵占、挪用企业资产，在财务会计报告和信息披露等方面存在虚假记录、误导性陈述或者重大遗漏等，董事、监事、经理及其他高管人员滥用职权，相关机构或人员串通舞弊，企业对举报人的保护力度小，信访事务处理不及时，缺乏相应的舞弊风险评估机制
主要管控措施	（1）企业应当重视和加强反舞弊机制建设，对员工进行道德准则培训，通过设立员工信箱、投诉热线等方式，鼓励员工及企业利益相关方举报和投诉企业内部的违法违规、舞弊和其他有损企业形象的行为 （2）企业应通过审计委员会对信访、内部审计、监察、接受举报等过程中收集的信息进行复查，监督管理层对财务报告施加不当影响的行为、管理层进行的重大不寻常交易以及企业各管理层级的批准、授权、认证等，防止企业侵占资产、挪用资金、制作虚假财务报告、滥用职权等现象的发生 （3）企业应当建立反舞弊情况通报制度。企业应定期召开反舞弊情况通报会，由审计部门通报反舞弊工作情况，分析反舞弊形势，评价现有的反舞弊控制措施和程序 （4）企业应当建立举报人保护制度，设立举报责任主体、举报程序，明确举报投诉处理程序，并做好投诉记录的保存。切实落实举报人保护制度是举报投诉制度有效运行的关键。企业应结合实际情况，明确举报人应向谁举报、以何种方式进行举报、举报内容的界定等；确定举报责任主体接到投诉报告后进行调查的程序、办理时限、办结要求及将调查结论提交董事会处理的程序等

【实例1】▶▶▶

内部信息传递内部控制活动规范

关键点1：内部报告体系

分控节点	控制目标	标准控制活动	主责部门
内部信息传递机制建立	内部信息传递机制明确、有效	（1）集团应制定集团信息报告工作制度、集团保密管理制度等制度规范以及相关工作流程，对内部信息传递的内容、保密要求与密级分类、传递方式、传递范围以及各管理层级的职责权限等进行明确规范 （2）集团内部报告归口管理部门负责内部报告收发、文件管理及归档等工作。集团各部门应根据内部报告相关管理规范，执行内部信息传递的相关工作 （3）集团应制定集团督办工作管理制度，对工作完成质量和完成期限进行规范，并明确重要工作的跟踪、检查和督办要求。督办工作应纳入各部门的组织绩效考核，督办任务的下达、执行、信息反馈及审批等过程，遵从集团保密制度的要求	办公室、企业管理部
内部报告体系建立	内部报告指标体系建立合理、完善、有效	集团公司根据发展战略、风险控制和业绩考核要求，建立计划、预算、考核一体化体系以及关键业绩指标体系；并根据总体系，建立合理的分层计划体系，对不同级次的内部报告传递内容、传递方式、传递范围以及各管理层级的职责权限进行规范	战略规划部

关键点2：信息收集管理

分控节点	控制目标	标准控制活动	主责部门
内外部信息收集与处理	信息获取合理、真实，类型和内容符合特定服务对象需求	（1）收集、分析和整理对集团有重要价值的文件和资料时，各部门应根据集团文件收发管理制度规定的信息标准，将信息进行分类，并通过邮件、文件系统等形式传递至对应的管理层级。对于密级信息的收发，应根据集团保密管理制度的规范及相关授权规定对保密信息进行传递 （2）集团应鼓励员工多提合理化建议，员工可直接向战略管理部门申报合理化建议，考评工作小组负责对合理化建议实施效果进行评审。根据评审结果，对于合理化建议实施有一定效果的，集团应对提出合理化建议的员工进行奖励	办公室

关键点 3：内部报告管理

分控节点	控制目标	标准控制活动	主责部门
内部报告编制及审核	内部报告根据需求编制，内容完整，编制及时且经过恰当审核	（1）集团公司负责制定集团信息报告工作制度，对信息报告的编报原则、内容范围、报送渠道、报送程序以及内部报告考核等进行规范 （2）各单位通过专题报告、工作信息、值班报告等各种信息渠道及时上报重要信息。内部报告归口管理部门负责根据各单位上报的重要信息组织编发信息要报，为集团管理层决策提供基础和依据 （3）集团公司各部门负责相关内部报告的编制，公文的文种应根据行文目的、发文单位的职权与主送单位的行文关系确定。部门分管领导负责对内部报告的内容和质量进行审核，内部报告归口管理部门负责内部报告的收集及上报工作	办公室
内部报告使用	内部报告传递规范、及时，内部报告信息得到充分利用	（1）集团内部报告通过文件系统平台统一管理，利用信息技术强化内部报告信息集成和共享，将内部报告纳入公司统一信息平台，构建科学的内部报告网络体系。信息技术管理部门需及时更新信息系统，确保内部报告有效传递；信息技术管理部门需在实际工作中尝试精简信息系统的处理程序，使信息在公司内部更快地传递 （2）内部报告应按照职责分工和权限指引中规定的报告关系传递信息，但为保证信息传递的及时性，重要信息应及时传递给董事会、监事会和经理层；集团各管理层对内部报告的流转需做好记录，对于未按照流转制度进行操作的事件，应调查原因，并作出相应处理 （3）集团各级管理人员应充分利用内部报告进行有效决策，包括确定风险应对策略，管理和指导企业的日常生产经营活动，及时反映全面预算执行情况，协调企业内部相关部门和各单位的运营进度，严格进行绩效考核和责任追究等，确保公司实现发展战略和经营目标	办公室
	内部报告有效地利用于风险管理工作，内部报告反映的问题和风险得到及时有效的应对	（1）集团建立了全面风险管理体系，并与集团其他管理体系充分整合，在现有组织职能、制度程序和信息系统中，体现相关风险管理要素；建立灾害性风险和突发事件的危险处理机制，减少、避免与控制重大损失，使风险管理工作贯穿于经营管理的各方面和业务流程的各环节；建立有效的内外部沟通和协商机制，利用内部报告进行风险评估 （2）集团建立了风险监控快报制度，确保集团风险信息与状态得到及时有效的收集及监控分析，风险监控快报及时有效地为管理层提供决策支持 （3）集团公司各部门负责本单位业务范围内的全面风险管理工作，对本单位的相关风险进行监控和分析，定期向集团公司风险管理主管部门提交风险日常监控指标状态和风险预警信息，并定期编制风险监控月度报告，经部门经理审批后提交至集团公司战略管理部门	战略规划部

续表

分控节点	控制目标	标准控制活动	主责部门
内部报告使用	内部报告有效地利用于风险管理工作，内部报告反映的问题和风险得到及时有效的应对	（4）集团公司战略管理部门作为全面风险管理的归口部门，负责全面风险管理工作的指导、监督、组织、协调和跟进，同时组织协调集团全面风险管理日常工作，并汇总各部门的风险监控快报进行综合分析，编制集团风险监控月报，提交至集团总经理部审批。战略管理部门根据审批意见和要求组织安排相关单位落实 （5）集团建立了突发事件应急预案体系，包括总体应急预案、专项应急预案、行动方案和操作手册等，对突发事件的内部报告程序和应急预案程序进行规范 （6）集团和成员公司的审计部门负责履行独立的审计监督评价职能，定期或不定期对风险管理的有效性进行监测和评审，记录监测和评审结果，并根据实际需要向内部和外部进行报告	战略规划部

关键点4：内部信息传递

分控节点	控制目标	标准控制活动	主责部门
收文管理	公文签收及时、准确，符合保密规范，且经过恰当审核	（1）集团负责制定文件收文流程，对收文部门、编写、范围、时效、审核等进行规范。集团通过文件系统对收文进行管理，分级分办 （2）内部报告归口管理部门负责统一管理文件的接收、扫描、登录和分发 （3）集团内部收文的信息质量由各部门处长负责审核和验证，文件审核通过后，通过文件系统传递至内部报告归口管理部门审核分发 （4）对于密级文件的收发，应根据集团保密管理制度规范及相关授权规定进行传递	办公室
发文管理	公文分发及时、准确，符合保密规范，且经过恰当授权审批	（1）集团负责制定文件发文流程，对发文部门、编写、范围、时效、审核等进行规范。集团通过文件系统对发文进行管理，分级分办 （2）发文部门负责对发文质量进行审核，核稿时应对发文内容、数据进行详细核实，确保发文信息准确、真实 （3）内部报告归口管理部门负责集团文件分发工作，统一进行第一次分发；各部门可根据工作需要进行部门内二次分发，所有分发信息均应在文件系统进行记录 （4）对于密级文件，应根据集团保密管理制度规范及相关授权规定进行传递	办公室

关键点5：信息保密管理

分控节点	控制目标	标准控制活动	主责部门
内部信息保密	内部信息使用、传递、归档符合保密规范	（1）集团负责制定保密管理制度，明确规范保密内容、保密措施、密级程度和传递范围 （2）集团保密委员会负责管理和监督公司信息保密工作 （3）公司对密级文件的利用应进行分类管理，根据密级程度，设置不同的利用申请审批流程和使用跟踪控制措施 （4）密级文件的查阅应由申请人填写密级文件利用申请表，并提交归口部门审批 （5）保密归口管理部门负责对密级文件利用进行登记，并与使用人员签署保密协议，明确保密的内容和范围、双方的权利与义务、协议期限等内容	办公室

关键点6：内部报告保管

分控节点	控制目标	标准控制活动	主责部门
文件归档管理	内部报告归档及记录及时、完整	（1）集团负责制定集团档案管理制度，对文件归档范围、时间、收集、整理、归档、保管及鉴定等要求进行明确。集团各部门通过编制归档计划，进一步明确归档文件范围、责任人及时间，确保归档文件真实、完整、有效 （2）对于密级文件的归档及保管，保管部门应定期检查保管场所的防护措施及管理情况，并对保管情况进行登记和反馈	办公室
档案借阅管理	内部报告借阅得到恰当授权和登记	（1）集团负责制定文档查阅利用流程，对查阅利用集团文档的流程和审批权限进行明确 （2）文档查阅申请人应在文件系统中填写集团文档利用申请表，申请单位领导、编制单位领导分别对查阅人查阅需求的合理性、必要性和使用方式进行审查，审查通过后由责任单位负责人、文档归口管理部门负责人审批。对于密级文件的查阅，还应与使用人员签署保密协议，明确保密的内容和范围、双方的权利与义务、协议期限等内容 （3）文档管理员负责对借阅文档进行催还、清退。清退时，应检查文档的完整性，对逾期未归还的，进行催还或办理续借手续。文档管理员按文档销毁有关要求及时销毁已清退的文档复制件	办公室

关键点7：内部报告评估

分控节点	控制目标	标准控制活动	主责部门
内部报告评估	内部报告评估全面、及时、有效	集团负责建立内部报告的评估制度，定期对内部报告的形成和使用进行全面评估。内部报告的评估应关注内部报告的及时性、安全性和有效性	办公室

关键点8：反舞弊

分控节点	控制目标	标准控制活动	主责部门
反舞弊控制环境	反舞弊控制环境已建立且有效	（1）董事会及审核委员会和监事会是反舞弊领导机构，负责监督管理层建立反舞弊文化环境，建立健全内部控制体系；监督内部控制的执行，指导舞弊调查等 （2）集团公司各部门和下属公司是反舞弊的主体，根据惩防体系建设总体要求，组织开展教育、监督、惩处等工作，建立健全并严格执行与本部门或本单位相关的内部控制及舞弊风险管理程序，举报舞弊行为并配合舞弊调查等 （3）集团公司监察部门和审计部门是集团公司纪检监察工作的职能部门，承担集团纪检监察、廉洁从业和效能监察等管理工作，负责组织协调管理层各部门及所属单位开展反舞弊工作 （4）集团公司审计部门定期或不定期开展反舞弊审计工作，对于审计过程中发现的舞弊事件，统一移交监察部处理。集团公司各职能部门在履行管控责任过程中发现的舞弊事件，应移交至监察部处理 （5）集团监察部门负责接收舞弊举报及处理舞弊事件，经查证属实的廉政违纪案件，监察部门应将调查结果及处理意见上报相关管理层审议 （6）集团公司人力资源管理部门在员工入职培训时应向所有员工宣传违规违纪行为的后果	监察部、审计部
舞弊的举报途径	舞弊举报渠道已建立且向员工明确	（1）集团负责制定集团纪检监察信访举报制度，对纪检监察举报工作的管理原则、范围、处理程序等进行规范 （2）集团设立统一的廉政举报邮箱和检举热线，集团各公司应在本公司网页或采用其他方式公布集团统一举报电话和举报邮箱，并对检举人的个人信息实施隐私保护 （3）举报事项查证属实且为公司挽回或减少损失的，对举报人可酌情予以奖励；有重大贡献的，应给予重赏	监察部

续表

分控节点	控制目标	标准控制活动	主责部门
舞弊风险评估与预防	舞弊风险评估完整，防控措施及时、有效	（1）集团公司各部门及下属公司对各自负责领域内的舞弊风险进行评估，识别舞弊易发环节，并在相关制度中设计预防控制措施 （2）集团各单位纪检监察机构应根据工作实际，定期开展调查研究，分析确定本单位廉洁从业风险点，建立有效的风险控制机制 （3）集团负责制定员工违规违纪处理制度，对违规违纪管理原则、职责与分工、处理办法等进行规范 （4）集团公司高管人员与各部门负责人（重点是负责人、财、物、项目、资本运作管理的部门负责人）及下属公司负责人为公司反舞弊工作的重点对象。公司反舞弊工作应重点关注以下舞弊行为：未经授权或者采取其他不法方式侵占、挪用、贪污公司资产，牟取不当利益的行为；财务会计报告和信息披露方面的虚假记载、隐瞒或误导性陈述、重大遗漏、错报等行为；董事、监事、经理及其他高级管理人员滥用职权的行为；与相关机构或个人串通舞弊的行为	监察部
舞弊举报信息处理	舞弊举报信息得到及时处理	集团负责制定集团纪检监察案件检查与审理工作规定，对纪检监察信访举报及违规违纪情况的处理程序进行相关规范，包括案件检查与审理管理原则、职责与分工、立案、调查、审理、发布及执行处理决定、申诉、结案与销案等	监察部

4.2　信息系统

信息系统是指企业利用计算机和通信技术，对内部控制进行集成、转化和提升所形成的信息化管理平台。《企业内部控制应用指引第 18 号——信息系统》对信息系统的开发、变更、运行与维护控制提出了应当关注的主要风险以及相应的管控措施。

信息系统内部控制的目标是促进企业有效实施内部控制，提高企业现代化管理水平，减少人为操纵因素；同时，增强信息系统的安全性、可靠性和合理性，以及相关信息的保密性、完整性和可用性，为建立有效的信息与沟通机制提供支持保障。信息系统内部控制的主要对象是信息系统，由计算机硬件、软件、人员、信息流和运行规程等要素组成。

4.2.1　信息系统内控应关注的风险

现代企业的运营越来越依赖信息系统，比如航空公司的网上订票系统、银行的资金实时结算系统、携程旅行网的客户服务系统等。没有信息系统的支撑，业务开展将举步维艰、难以为继，企业经营就很可能陷入瘫痪状态。还有一些新兴产业和新兴企业，其商业模式也完全依赖信息系统，比如各种网络公司（新浪、网易、百度）、各种电子商务公司（比如阿里巴巴、卓越公司），没有信息系统，这些企业很可能失去生存之基。

同时，企业信息系统内部控制以及利用信息系统实施内部控制也面临诸多风险，至少应当关注下列方面。

（1）缺乏信息系统建设整体规划或规划不当，可能导致重复建设，或形成信息"孤岛"，影响企业发展目标的实现。

（2）开发不合理或不符合内部控制要求，可能导致企业无法利用信息系统实施有效控制。

（3）授权管理不当，可能导致非法操作和舞弊。

（4）安全维护措施不当，可能导致信息泄露或毁损，系统无法正常运行。

4.2.2　信息系统内控的岗位分工与授权审批

4.2.2.1　建立计算机信息系统岗位责任制

企业应当建立计算机信息系统岗位责任制。计算机信息系统岗位一般包括表4-9所列的内容。

表4-9　计算机信息系统岗位及其职责

序号	岗位	职责
1	系统分析	分析用户的信息需求，并据此制定设计或修改程序的方案
2	编程	编写计算机程序，执行系统分析岗位的设计或修改方案
3	测试	设计测试方案，对计算机程序是否满足设计或修改方案进行测试。由编程岗位对程序加以修改并最终满足方案
4	程序管理	负责保障并监控应用程序的正常运行
5	数据库管理	对信息系统中的数据进行存储、处理、管理，并维护数据资源
6	数据控制	负责维护计算机路径代码的注册，确保原始数据经过正确授权；监控信息系统工作流程；协调输入和输出；将输入的错误数据反馈到输入部门，并跟踪监控其纠正过程；将输出信息分发给经过授权的用户
7	终端操作	终端用户负责记录交易内容，授权处理数据，并利用系统输出的结果

4.2.2.2 不相容岗位

（1）系统开发和变更过程中不相容岗位（或职责）一般包括开发（或变更）立项、审批、编程、测试。

（2）系统访问过程中不相容岗位（或职责）一般包括申请、审批、操作、监控，即这几个职位是不能够由同一人兼任的。

4.2.2.3 授权批准与管理

（1）企业计算机信息系统战略规划、重要信息系统政策等重大事项经董事会（或者企业章程规定的经理、厂长办公会等类似的决策、治理机构）审批通过后，方可实施。

（2）信息系统战略规划应当与企业业务目标保持一致。信息系统使用部门应该参与信息系统战略规划、重要信息系统政策等的制定。

（3）企业可以指定专门部门（或岗位，下称归口管理部门）对计算机信息系统实施归口管理，负责信息系统开发、变更、运行、维护等工作。

4.2.3 信息系统开发的内部控制

4.2.3.1 制订信息系统开发的战略规划

信息系统开发的战略规划是信息化建设的起点，战略规划是以企业发展战略为依据制订的企业信息化建设的全局性、长期性规划。该环节的主要风险与管控措施如表4-10所示。

表4-10 制订信息系统开发战略规划的主要风险与管控措施

主要风险	（1）缺乏战略规划或规划不合理，可能造成信息"孤岛"或重复建设，导致企业经营管理效率低下 （2）没有将信息化与企业业务需求结合，降低了信息系统的应用价值
主要管控措施	（1）企业必须制订信息系统开发的战略规划和中长期发展计划，并在每年制订经营计划的同时制订年度信息系统建设计划，促进经营管理活动与信息系统协调统一 （2）企业在制定信息化战略过程中，要充分调动信息系统归口管理部门与业务部门的积极性，使各部门广泛参与，充分沟通，提高战略规划的科学性、前瞻性和适应性 （3）信息系统战略规划要与企业的组织架构、业务范围、地域分布、技术能力等相匹配，避免相互脱节

4.2.3.2 选择适当的信息系统开发方式

信息系统的开发建设是信息系统生命周期中技术难度最大的环节。开发建设主要有自行开发、外购调试、业务外包等方式。各种开发方式有各自的优缺点和适用条件，如表4-11所示。企业应根据自身实际情况合理选择。

表4-11　信息系统三种开发方式的优缺点和适用条件

开发方式		优点	缺点	适用条件
自行开发	自行开发是企业依托自身力量完成整个开发过程	开发人员熟悉企业情况，可以较好地满足本企业的需求，尤其是具有特殊性的业务需求。通过自行开发，还可以培养锻炼自己的开发队伍，便于后期的运行和维护	开发周期较长，技术水平和规范程度较难保证，成功率相对较低	企业自身技术力量雄厚，而且市场上没有能够满足企业需求的成熟的商品化软件和解决方案。比如，百度的搜索引擎系统就偏重自行开发
外购调试	企业购买成熟的商品化软件，通过参数配置和二次开发满足企业需求	开发建设周期短；成功率较高；成熟的商品化软件质量稳定，可靠性高；专业的软件提供商实践经验丰富	难以满足企业的特殊需求；系统的后期升级进度受制于商品化软件供应商产品更新换代的速度；企业自主权不强，较为被动	企业的特殊需求较少，市场上已有成熟的商品化软件和系统实施方案。比如，大部分企业的财务管理系统、ERP系统、人力资源管理系统等多采用外购调试方式
业务外包	企业将信息系统开发项目外包出去，由专业公司或科研机构负责开发、安装实施，企业可直接使用	企业可以充分利用专业公司的专业优势，量体裁衣，构建全面、高效且满足企业需求的个性化系统；企业不必培养、维持庞大的开发队伍，节约了人力资源成本	沟通成本高，系统开发方难以深刻理解企业需求，可能导致开发出的信息系统与企业的期望有较大偏差；同时，由于外包信息系统与系统开发方的专业技能、职业道德和敬业精神存在密切关系，所以要求企业必须加大对外包项目的监督力度	市场上没有能够满足企业需求的成熟的商品化软件和解决方案，企业自身技术力量薄弱，或出于成本效益原则考虑，不愿意维持庞大的开发队伍

4.2.3.3　自行开发方式的关键控制点和主要控制措施

　　虽然信息系统的开发有自行开发、外购调试、业务外包等多种方式，但基本流程大体相似，通常包含项目计划、需求分析、系统设计、编程和测试、上线等环节。自行开发方式的关键控制点和主要控制措施如表4-12所示。

表4-12　自行开发方式的关键控制点和主要控制措施

关键控制点	主要风险	主要控制措施
项目计划	信息系统建设缺乏项目计划或者计划不当，导致项目进度滞后、费用超支、质量低下	（1）企业应当根据信息系统建设整体规划提出分阶段项目的建设方案，明确建设目标、人员配备、职责分工、经费保障和进度安排等相关内容，按照规定的权限和程序审批后实施

续表

关键控制点	主要风险	主要控制措施
项目计划	信息系统建设缺乏项目计划或者计划不当，导致项目进度滞后、费用超支、质量低下	（2）企业可以采用标准的项目管理软件（如Office Project）制订项目计划，并加以跟踪。同时在关键环节进行阶段性评审，以保证过程可控 （3）项目关键环节文档的编制应参照《计算机软件产品开发文件编制指南》（GB 8567—88）等相关国家标准和行业标准，以提高项目计划的编制水平
需求分析	（1）需求本身不合理，信息系统提出的功能、性能、安全性等方面要求不符合业务处理和控制需要 （2）技术上不可行，经济上成本效益倒挂，或与国家有关法规制度存在冲突 （3）需求文档表述不准确、不完整，未能真实全面地表达企业需求，存在表述缺失、表述不一致甚至表述错误等问题	（1）信息系统归口管理部门应当组织企业内部各有关部门提出开发需求，加强系统分析人员和有关部门管理人员、业务人员的交流，经综合分析后形成合理的需求 （2）编制表述清晰、表达准确的需求文档。需求文档是业务人员和技术人员共同理解信息系统的桥梁，必须准确表述系统建设的目标、功能和要求。企业应当采用标准建模语言（如Unified Modeling Language, UML）综合运用多种建模工具和表现手段，参照《计算机软件产品开发文件编制指南》等相关标准，提高系统需求说明书的编写质量 （3）企业应当建立健全需求评审和需求变更控制流程。依据需求文档进行设计（含需求变更设计）前，应当评审其可行性，并由需求提出人和编制人签字确认，经业务部门与信息系统归口管理部门负责人审批
系统设计	（1）设计方案不能完全满足用户需求，不能实现需求文档规定的目标 （2）设计方案未能有效控制建设开发成本，不能保证建设质量和进度 （3）设计方案不全面，导致后续变更频繁	（1）系统设计部门应当就总体设计方案与业务部门进行沟通和讨论，说明方案对用户需求的覆盖情况；存在备选方案的，应当详细说明各方案在成本、建设时间和用户需求响应上的差异；信息系统归口管理部门和业务部门应当对选定的设计方案予以书面确认 （2）企业应参照《计算机软件产品开发文件编制指南》等相关国家标准和行业标准，提高系统设计说明书的编写质量 （3）企业应建立设计评审制度和设计变更控制流程 （4）在系统设计时应当充分考虑信息系统建成后的控制环境，将生产经营管理业务流程、关键控制点和处理规程嵌入系统程序，实现手工环境下难以实现的控制功能，例如，对于某一财务软件，当输入支出凭证时，可以让计算机自动检查银行存款余额，防止透支 （5）应充分考虑信息系统环境下的新的控制风险，比如，要通过信息系统中的权限管理功能控制用户的操作权限，避免将不相容职务的处理权限授予同一用户 （6）应当针对不同的数据输入方式，强化对进入系统数据的检查和校验功能，比如凭证的自动平衡校对 （7）系统设计时应当考虑在信息系统中设置操作日志功能，确保操作的可审计性。对异常的或者违背内部控制要求的交易和数据，应当设计由系统自动报告并设置的跟踪处理机制

续表

关键控制点	主要风险	主要控制措施
系统设计	（4）设计方案没有考虑信息系统建成后对企业内部控制的影响，导致系统运行后衍生新的风险	（8）预留必要的后台操作通道，对于必需的后台操作，应当加强管理，建立规范的操作流程，确保足够的日志记录，保证对后台操作的可监控性
编程和测试	（1）编程结果与设计不符 （2）各程序员编程风格差异大，程序可读性差，导致后期维护困难，维护成本高 （3）缺乏有效的程序版本控制，导致重复修改或修改不一致等问题 （4）测试不充分。单个模块正常运行但多个模块集成运行时出错，开发环境下测试正常而生产环境下运行出错，开发人员自测正常而业务部门用户使用时出错，导致系统上线后可能出现严重问题	（1）项目组应建立并执行严格的代码复查评审制度 （2）项目组应建立并执行统一的编程规范，在标识符命名、程序注释等方面统一风格 （3）应使用版本控制软件系统（如Concurrent Version System，CVS），保证所有开发人员基于相同的组件环境开展项目工作，并协调开发人员对程序进行修改 （4）应区分单元测试、组装测试（集成测试）、系统测试、验收测试等不同测试类型，建立严格的测试工作流程，提高最终用户在测试工作中的参与程度，改进测试用例的编写质量，加强测试分析，尽量采用自动测试工具提高测试工作的质量和效率。具备条件的企业，应当组织独立于开发建设项目组的专业机构对开发完成的信息系统进行验收测试，确保在功能、性能、控制要求和安全性等方面符合开发需求
上线	（1）缺乏完整可行的上线计划，导致系统上线混乱无序 （2）人员培训不足，不能正确使用系统，导致业务处理错误；或者未能充分利用系统功能，导致开发成本浪费 （3）初始数据准备设置不合格，导致新旧系统数据不一致、业务处理错误	（1）企业应当制订信息系统上线计划，并经归口管理部门和用户部门审核批准。上线计划一般包括人员培训、数据准备、进度安排、应急预案等内容 （2）系统上线涉及新旧系统切换的，企业应当在上线计划中明确应急预案，保证新系统失效时能够顺利切换回旧系统 （3）系统上线涉及数据迁移的，企业应当制订详细的数据迁移计划，并对迁移结果进行测试。用户部门应当参与数据迁移过程，并对迁移前后的数据予以书面确认

4.2.3.4 其他开发方式（业务外包、外购调试）的关键控制点和主要控制措施

在业务外包、外购调试方式下，企业对系统设计、编程、测试环节的参与程度明显低于自行开发方式，因此可以适当简化相应的风险控制措施，但同时因开发方式的差异也会产生一些新的风险，需要采取有针对性的控制措施。

（1）业务外包方式的关键控制点和主要控制措施如表4-13所示。

（2）外购调试方式的关键控制点和主要控制措施

在外购调试方式下，一方面，企业面临与委托开发方式类似的问题，企业要选择软件产品的供应商和服务供应商、签订合约、跟踪服务质量，因此，企业可采用与委托开发方式类似的控制措施；另一方面，外购调试方式也有其特殊之处，企业需要有针对性地强化某些控制措施。

表4-13 业务外包方式的关键控制点和主要控制措施

关键控制点	主要风险	主要控制措施
选择外包服务商	由于企业与外包服务商之间本质上是一种委托与代理关系，合作双方的信息不对称容易诱发道德风险，外包服务商可能会实施损害企业利益的自利行为，如偷工减料、放松管理、信息泄露等	（1）企业在选择外包服务商时要充分考虑服务商的市场信誉、资质条件、财务状况、服务能力、对本企业业务的熟悉程度、既往承包服务成功案例等因素，对外包服务商进行严格筛选 （2）企业可以借助外包业界基准判断外包服务商的综合实力 （3）企业要严格执行外包服务审批及管控流程，对于信息系统外包业务，原则上应采用公开招标等形式选择外包服务商，并实行集体决策审批
签订外包合同	由于合同条款不准确、不完善，可能导致企业的正当权益无法得到有效保障	（1）企业在与外包服务商签约之前，应针对外包可能出现的各种风险损失，恰当制定合同条款，对涉及的工作目标、合作范畴、责任划分、所有权归属、付款方式、违约赔偿及合约期限等问题作出详细说明，并由法律部门或法律顾问审查把关 （2）开发过程中涉及商业秘密、敏感数据的，企业应当与外包服务商签订详细的"保密协定"，以保证数据安全 （3）在合同中约定付款事宜时，应当选择分期付款方式，尾款应当在系统运行一段时间并经评估验收后再支付 （4）应在合同条款中明确要求外包服务商保持专业技术服务团队的稳定性
持续跟踪评价外包服务商的服务过程	企业缺乏外包服务跟踪评价机制或跟踪评价不到位，可能导致外包服务质量水平不能满足企业信息系统开发需求	（1）企业应当规范外包服务评价工作流程，明确相关部门的职责权限，建立外包服务质量考核评价指标体系，定期对外包服务商进行考评，并公布服务周期的评估结果，实现对外包服务水平的跟踪评价 （2）必要时，可以引入监理机制，降低外包服务风险

外购调试方式的关键控制点和主要控制措施如表4-14所示。

表4-14 外购调试方式的关键控制点和主要控制措施

关键控制点	主要风险	主要控制措施
软件产品选型和供应商选择	（1）软件产品选型不当，产品在功能、性能、易用性等方面无法满足企业需求 （2）软件供应商选择不当，产品的支持服务能力不足，产品的后续升级缺乏保障	（1）企业应明确自身需求，对比分析市场上的成熟软件产品，合理选择软件产品的模块组合和版本 （2）企业在软件产品选型时应广泛听取行业专家的意见 （3）企业在选择软件产品和服务供应商时，不仅要评价其现有产品的功能、性能，还要考察其服务支持能力和后续产品的升级能力
服务提供商选择	服务提供商选择不当，削弱了外购软件产品的功能，导致无法有效满足用户需求	在选择服务提供商时，不仅要考核其对软件产品的熟悉、理解程度，也要考核其是否深刻理解企业所处行业的特点、是否理解企业的个性化需求、是否有过相同或相似的成功案例

4.2.4 信息系统运行与维护的内部控制

信息系统的运行与维护主要包含四方面的内容：日常运行维护、系统变更、安全管理和系统终结。

（1）日常运行维护的主要风险与控制措施

日常运行维护的目标是保证系统正常运转，主要工作内容包括系统的日常操作、系统的日常巡检和维修、系统运行状态监控、异常事件的报告和处理等。该环节的主要风险与管控措施如表4-15所示。

表4-15　日常运行维护的主要风险与管控措施

主要风险	（1）没有建立信息系统日常运行管理规范，计算机软硬件的内在隐患易于爆发，可能导致企业信息系统出错 （2）没有执行例行检查，导致一些人为恶意攻击长期隐藏在系统中，可能造成严重损失 （3）企业信息系统数据未能定期备份，可能导致损坏后无法恢复，从而造成重大损失
主要管控措施	（1）企业应制定信息系统使用操作程序、信息管理制度以及各模块子系统的具体操作规范，及时跟踪、发现和解决系统运行中存在的问题，确保信息系统按照规定的程序、制度和操作规范持续、稳定运行 （2）切实做好系统运行记录，尤其是发生系统运行不正常或无法运行的情况，应将异常现象、发生时间和可能的原因作出详细记录 （3）企业要重视系统运行的日常维护，硬件的日常维护主要包括各种设备的保养与安全管理、故障的诊断与排除、易耗品的更换与安装等，这些工作应由专人负责 （4）配备专业人员负责处理信息系统运行中的突发事件，必要时应与系统开发人员或软硬件供应商共同解决

（2）系统变更的主要风险与管控措施

系统变更主要包括硬件的升级与扩容、软件的修改与升级等。系统变更是为了更好地满足企业需求，但同时应加强对变更申请、变更成本与进度的控制。该环节的主要风险与管控措施如表4-16所示。

表4-16　系统变更的主要风险与管控措施

主要风险	（1）企业没有建立严格的变更申请、审批、执行、测试流程，导致系统随意变更 （2）系统变更后的效果达不到预期目标
主要管控措施	（1）企业应当建立标准流程来实施和记录系统变更，保证变更过程得到适当的授权与管理层的批准，并对变更进行测试 （2）系统变更程序（如软件升级）需要遵循与新系统开发项目同样的验证和测试程序，必要时还应当进行额外测试 （3）企业应加强对紧急变更的控制管理 （4）企业应加强对变更移植生产环境的控制管理，包括系统访问授权控制、数据转换控制、用户培训等

（3）安全管理的主要风险与管控措施

安全管理的目标是保障信息系统安全。信息系统安全是指信息系统包含的所有硬件、软件和数据受到保护，不因偶然和恶意的原因而遭到破坏、更改和泄露，信息系统能够连续正常运行。该环节的主要风险与管控措施如表4-17所示。

表4-17　安全管理的主要风险与管控措施

主要风险	（1）硬件设备分布范围广，设备种类繁多，安全管理难度大，可能导致设备生命周期短 （2）业务部门信息安全意识薄弱，对系统和信息安全缺乏有效的监管手段。少数员工可能恶意或非恶意滥用系统资源，造成系统运行效率降低 （3）对系统程序缺陷或漏洞的安全防护不够，导致遭受黑客攻击，造成信息泄露 （4）对各种计算机病毒防范不力，导致系统运行不稳定甚至瘫痪 （5）缺乏对信息系统操作人员的严密监控，可能导致舞弊或利用计算机犯罪
主要管控措施	（1）企业应在健全设备管理制度的基础上，建立专门的电子设备管控制度，对于关键信息设备（例如银行的核心数据库服务器），未经授权，不得接触 （2）企业应成立专门的信息系统安全管理机构，由企业主要领导负总责，对企业的信息安全作出总体规划和全方位严格管理，具体实施工作可由企业的信息主管部门负责 （3）企业应当按照国家相关法律法规以及信息安全技术标准，制定信息系统安全实施细则 （4）企业应当有效利用IT技术手段，对硬件配置调整、软件参数修改严加控制 （5）企业委托专业机构进行系统运行与维护管理的，应当严格审查其资质条件、市场声誉和信用状况等，并与其签订正式的服务合同和保密协议 （6）企业应当采取安装安全软件等措施防范信息系统受到病毒等恶意软件的感染和破坏 （7）企业应当建立系统数据定期备份制度，明确备份范围、频度、方法、责任人、存放地点、有效性检查等内容 （8）企业应当建立信息系统开发、运行与维护等环节的岗位责任制度和不相容职务分离制度，防范利用计算机进行舞弊和犯罪 （9）企业应积极开展信息系统风险评估工作，定期对信息系统进行安全评估，及时发现系统安全问题并加以整改

（4）系统终结的主要风险与管控措施

系统终结是信息系统生命周期的最后一个阶段，在该阶段，信息系统将停止运行。停止运行的原因通常有企业破产或被兼并、原有信息系统被新的信息系统代替。该环节的主要风险与管控措施如表4-18所示。

表4-18　系统终结的主要风险与管控措施

主要风险	（1）因经营条件发生剧变，数据可能被泄露 （2）信息档案的保管期限不够长
主要管控措施	（1）要做好善后工作，不管因何种情况导致系统停止运行，都应将废弃系统中有价值或者涉密的信息进行销毁、转移 （2）严格按照国家有关法规制度和电子档案的管理规定（比如审计准则对审计证据保管年限的要求），妥善保管相关信息档案

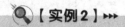【实例2】▶▶▶

信息系统内部控制活动规范

关键点1：信息系统战略规划

分控节点	控制目标	标准控制活动	主责部门
组织架构	确保专门机构对信息系统建设实施归口管理，明确职责权限和工作机制	集团负责制定信息化职能管理制度，从管理原则、组织与职责、职能管理要求、职能运作与报告等方面明确集团信息系统管理部门与板块公司/成员公司信息系统管理部门在信息化管理中的职责边界以及集团信息化组织治理结构	信息管理部
信息系统战略规划	信息系统整体战略规划完整、合理，并得到适当审批	集团公司信息系统管理部门每年末负责编制集团下一年信息战略规划，明确计划项目及经费预算等内容，并按照公司规定的权限和程序进行审批	信息管理部
信息系统年度计划	每年制订信息系统年度规划，并经过正式审批	集团公司信息系统管理部门每年末负责收集汇总各部门或成员公司对信息化的需求，并形成信息系统年度工作计划，经集团战略管理部门审核后，按照公司规定的权限和程序进行审批	信息管理部

关键点2：信息系统开发

分控节点	控制目标	标准控制活动	主责部门
需求分析	需求文档合理且经过恰当的授权审批	项目经理和用户代表共同参与需求规格说明书的评审，决定是否对需求进行修改；评审通过后，形成正式的需求规格说明书和评审报告，由用户代表进行签字确认	信息管理部
信息系统开发项目的立项与审批	信息系统开发项目得到适当审议和有效审批	需求分析、技术路线评审和预算审批通过后，系统开发项目经理在工作管理系统中进行采购立项，按照公司规定的权限和程序进行审批后进入供应商选择程序	信息管理部
信息系统开发合作方的选择	结合企业实际需求，确保选择适当的信息系统开发合作方或外包方	参照业务外包流程"选择承包方"的相关控制	信息管理部
系统设计	总体设计方案满足用户需求，得到信息系统归口管理部门和业务部门的书面确认	（1）项目经理负责编制系统设计方案，关注用户需求和公司经营管理业务流程，系统设计方案由项目经理牵头组织评审，经评审专家组审批 （2）系统开发过程中设计方案变更时，由用户代表提出申请，经评审专家组审批	信息管理部

续表

分控节点	控制目标	标准控制活动	主责部门
系统开发编程	建立严格的代码复查评审制度、统一的编程规范及版本控制软件系统，确保编程结果与设计一致，程序版本控制有效	（1）项目经理根据应用系统安全技术指引，在符合信息安全策略的情况下，开展软件实现与交付工作 （2）项目经理结合需求规格和设计说明书建立安全编码指引，在代码设计完成后组织代码走查，并形成代码走查报告	信息管理部
验收测试	建立严格的测试工作流程，确保在功能、性能、控制要求和安全性等方面符合开发需求	（1）测试组负责人负责制订测试计划，经项目经理审批后由项目测试人员制定测试策略、建立系统测试环境，并设计测试用例 （2）项目经理审批通过后，测试人员开始执行需求测试、单元测试、集成测试、系统测试、性能测试以及用户接收测试。用户接收测试报告由用户代表签字，测试组根据测试结果编写测试报告并提交项目经理评审	信息管理部
系统上线	信息系统上线计划明确了系统切换应急预案和数据迁移计划，并经过适当审核批准	（1）项目经理负责制订交付与验收计划，计划应包括投产发布失效的回退流程及发布后的验证步骤，计划应按照公司规定的权限和程序进行审批。投产人员根据审批通过后的交付与验收计划进行软件上线投产操作，投产结果应形成投产发布报告 （2）如果涉及数据转移需求，用户应向项目组提出数据转移申请，项目组根据数据转移申请制定相应方案，包括转移后的数据校验方案。校验结果应形成报告并书面确认	信息管理部
环境分离	实行开发、测试、生产环境相分离，保证系统开发的独立性	软件开发需求由用户提出，软件设计由项目经理负责，软件测试由信息系统管理部门协同测试组执行，软件上线由投产人员负责。项目组应搭建不同IP地址的开发、测试和生产环境，以实现开发、测试、生产环境相分离	信息管理部
新系统上线用户培训	针对新上线的系统进行用户培训，使业务能够顺利开展	项目经理在新系统上线前负责组织用户培训，并将培训手册下发给相关使用部门	信息管理部
开发项目后评价	对开发项目执行后评价工作，及时发现项目开发过程中的控制薄弱点并改进	项目经理负责结项准备，编制项目总结报告；项目主管负责审批项目总结报告，并召集项目经理及各个项目成员参加项目总结会议，就项目情况进行总结并形成项目总结会议纪要	信息管理部

续表

分控节点	控制目标	标准控制活动	主责部门
外购方式下软件选型和供应商选择	确保外购软件符合自身需求	信息系统管理部门根据审批通过的采购立项、需求说明书和技术规范书，组织项目主管和项目经理参与软件选型和供应商选择。应综合考虑产品性能、业务需求和后续产品升级能力等因素进行专项评审，确定外购软件及供应商，并按照集团商务流程完成采购决策及合同报批	信息管理部

关键点3：信息系统变更流程

分控节点	控制目标	标准控制活动	主责部门
系统变更的申请与审批	通过建立标准流程来实施和记录系统变更，保证变更申请得到适当的授权与管理层的批准	（1）信息系统管理部门负责审核业务归口部门提交的系统变更申请单，并交送运维部门评估变更的可行性，信息系统管理部门根据运维部门评估的结果对允许执行的变更进行签字确认，运维部门根据经确认的申请单执行变更处理 （2）对于紧急变更，信息系统管理部门核实其确实为紧急变更并审批通过后，由业务部门负责人联系运维部门，以最快变更为原则执行变更处理	信息管理部
系统变更测试	保证变更已通过测试，且测试结果经过确认	运维部门联合业务归口部门开展投产前的验证测试，业务归口部门就测试中发现的问题和故障及时反馈给运维部门	信息管理部
验收与上线审批	保证系统变更经过用户验收确认，上线前经过适当的审批	信息系统管理部门负责制订验收计划和上线计划，并根据部门领导审批后的验收计划和上线计划执行验收，集团信息系统管理部门组织系统上线	信息管理部
程序变更上线用户培训	针对变更后的系统进行用户培训，使业务能够顺利开展	变更申请人按需制订培训计划，并按规定权限审批。在变更程序上线和正式使用前，由项目组对用户进行培训	信息管理部

关键点4：信息系统日常运行与维护

分控节点	控制目标	标准控制活动	主责部门
信息系统日常运行管理规范的建立	信息系统日常运行管理规范完善	集团信息系统管理部门负责编制集团IT服务运维流程，对信息系统的日常运行管理和主要职责进行明确说明，对运维流程作出详细规范	信息管理部

续表

分控节点	控制目标	标准控制活动	主责部门
问题管理	系统故障问题和事件得到及时响应、解决和记录	（1）信息系统服务台对所有用户、工程师或系统报告的IT事件进行了解并保留记录，记录至少包括用户ID、联系方式、事件症状等信息 （2）服务台根据预先定义的事件类型进行分类并确定优先级。IT支持人员及时响应与处理事件，制定解决方案并实施，同时形成完整记录，包括事件现象与分析、解决方案、变通方案等 （3）如重大事件未得到及时解决，则根据事件报告制度逐级进行通报；在规定时间内没有恢复，则按照相关规定启动应急预案，并配合现场应急措施	信息管理部
计划任务和批处理	信息系统计划任务和批处理得到有效监控、管理和执行	（1）集团IT运行管理组每周召开运行会议，汇报运行情况，并就运维管理事件、运维关注问题等进行分析讨论，协助处理信息系统运行中出现的疑难问题 （2）信息系统管理部门负责根据业务需求及现有系统情况设置批处理或实时接口参数，系统每日自动进行批处理，并自动发送提醒邮件至系统负责人处，系统负责人对批处理因故未完成或数据传输错误的情况进行跟进处理	信息管理部
数据备份及监控	建立系统数据定期备份制度，明确备份范围、频度、方法、责任人、存放地点、有效性检查等内容	（1）信息系统管理部门根据应用系统安全技术指引制定数据备份安全管理程序，对数据备份程序、职责分工以及数据备份介质管理进行明确规定 （2）信息系统管理部门以固定频率对数据库进行全面备份。备份成功后，系统自动发送提醒邮件至备份系统负责人邮箱。如备份出现问题，由备份系统负责人跟进	信息管理部
数据备份恢复测试	定期对备份数据进行恢复测试，确保备份数据的完整、可用和准确	（1）信息系统管理部门定期对备份数据进行抽样恢复测试，信息系统所属部门负责协助信息系统管理部门对备份数据恢复测试结果进行检验 （2）恢复测试前，由信息系统管理部门制订备份恢复测试计划，按照公司规定的权限和程序进行审批 （3）备份恢复测试结果应记录在数据备份恢复测试报告单中，由备份负责人提交审阅	信息管理部

续表

分控节点	控制目标	标准控制活动	主责部门
用户权限维护	信息系统用户权限赋予或删除经过适当授权	对用户权限进行增删改变更时，由申请人提交权限变更申请表，经申请人所在部门领导审批；信息系统管理部门系统管理员负责根据已审批的权限变更申请，开通、变更或取消应用系统中的相应权限	信息管理部
用户权限定期审阅	信息系统归口管理部门定期审阅用户权限，以避免权限冗余或不恰当	信息系统管理部门的信息安全机构定期对用户访问权限进行检查清理并形成检查记录表，将发现的调岗后未及时变更或冗余账户和权限等问题记录在检查表中，并及时解决	信息管理部
密码管理	对密码的长度、复杂度、有效时间进行规范	信息系统管理部门根据应用系统安全技术指引对公开信息、受限信息、秘密信息等三类级别的信息设置不同的密码复杂度、长度和秘钥管理要求	信息管理部
物理安全	加强服务器等关键信息设备的管理，建立良好的物理环境，指定专人负责检查，及时处理异常情况。未经授权，任何人不得接触关键信息设备	（1）信息系统管理部门负责按照机房安全管理程序设置门禁、单独配电柜和专用配电线路、UPS设备、空调、通风设备等，以保障物理安全。机房设备由信息系统管理部门负责维护 （2）集团信息技术人员以外的人员进出机房，要事先填写机房出入申请表，经信息系统管理部门负责人审批后，由机房管理人员全程陪同。人员、物品进出机房，应在进出登记表上详细记录	信息管理部
业务连续性计划	制订业务连续性计划，确保突发状况出现时有应对方案支持系统继续运行，企业正常经营不受影响	（1）信息系统管理部门负责制定集团数据中心机房应急行动方案，明确停电、水灾、高温事件下的应急流程 （2）信息系统管理部门定期对关键系统进行应急演练，并形成应急演练报告	信息管理部

关键点5：信息系统安全管理

分控节点	控制目标	标准控制活动	主责部门
信息安全政策建立	建立信息安全政策、标准和细则，制定明确的信息安全管理机制，保障信息安全体系的实施和运行	集团信息系统管理部门负责制定集团信息安全管理规定，信息安全目标、方针和策略，信息安全组织管理规定等制度，对信息安全管理原则、管理职责与分工、管理体系及要求进行详细规范	信息管理部
信息安全培训	定期对信息系统使用人员进行培训，提升其信息安全保护意识	集团公司信息系统管理部门定期组织信息系统运维人员及信息系统用户参加信息安全培训，并对培训结果进行考核	信息管理部

分控节点	控制目标	标准控制活动	主责部门
防病毒	通过安装安全软件等措施，防范信息系统受到病毒等恶意软件的感染和破坏	（1）信息系统管理部门按照计算机病毒防治管理程序要求，定期检测、清除计算机信息系统中的病毒，并将检测、清除内容记录在系统日志中 （2）公司所有的办公电脑及数据库服务器均安装防病毒软件，并自动更新病毒库及每日全盘扫描。如出现需手动清除的病毒，应由信息系统管理部门监控中心进行监控并处理	信息管理部
网络安全	综合利用防火墙、路由器等网络设备，漏洞扫描、入侵检测等软件技术，以及远程访问安全策略等手段，加强网络安全管理，防范来自网络的攻击和非法侵入	（1）信息系统管理部门按照网络安全管理程序的规定，从网络拓扑、网络配置、网络互联、终端接入、网络监控、网络审计、网络设备以及网络保密等方面对网络安全进行管理，通过利用防火墙、网闸、路由器、VLAN等设备保障网络安全 （2）信息系统管理部门制定网络拓扑图，并使用防火墙，加强网络安全管理。防火墙策略新增或改变时，由网络工程师提交申请，按照公司规定的权限进行审批 （3）用户需使用VPN时，应提交申请，信息系统管理部门审批后发送账号、密码	信息管理部
数据安全	数据库开启审计日志，并进行定期日志审阅，确保没有发生越权操作	（1）信息系统管理部门制定应用系统安全技术指引，要求账户管理和用户操作应产生相应日志；安全管理岗位定期对操作日志进行审阅，将异常情况记录在审计日志检查结果文件中。如发现异常情况，由安全管理岗位负责跟进并汇报问题情况 （2）系统管理员对后台数据修改操作时，需按照公司规定的权限和程序进行审批	信息管理部
信息加密	对通过网络传输的涉密或关键数据采取加密措施，确保信息传递的保密性、准确性和完整性	信息系统管理部门按照集团信息安全管理规定的要求，对涉密信息采取加密保护。制作人员和监督人员应根据加密标准进行密钥制作，并记录制作过程	信息管理部
保密协议签订	按照公司章程与外部人员签订保密协议	信息系统管理部门应按照集团信息网络与设备保密管理规定的要求，在相关合同、协议或约定书中书面明确集团外部人员使用集团信息网络和设备的范围、访问权限和安全责任，由接口部门承担相关监督和保密管理责任	信息管理部

学习笔记

请对本章的学习做一个小结，将你认为的重点事项和不懂事项分别列出来，以便于自己进一步学习与提升。

本章重点事项
1. _____
2. _____
3. _____
4. _____
5. _____
6. _____
7. _____

本章不懂事项
1. _____
2. _____
3. _____
4. _____
5. _____
6. _____
7. _____

个人心得
1. _____
2. _____
3. _____
4. _____
5. _____
6. _____
7. _____

第5章
内部控制与业务流程重组

 学习目标：

1.了解业务流程中的潜在风险，掌握营运风险、财务风险、授权风险、信息技术风险等的定义、特征、表现。

2.了解业务流程结构设计的步骤——建立流程结构图、具体流程的梳理、绘制流程图、审核反馈与重大分歧解决，掌握各个步骤的操作要领、方法、细节。

5.1 内部控制和业务流程重组概述

业务流程是企业运营的重要部分，关系到企业战略的制定与改变，营运风险、财务风险、授权风险、信息技术风险和廉洁风险都是业务流程中的潜在风险。企业管理通过流程运作实现经营战略，经营战略和战略目标的调整需要业务流程的配合，因此，企业应该梳理业务流程，并据此建立内部控制。

5.1.1 业务流程中的潜在风险

流程风险是企业风险的一部分，而内部控制则是企业风险管理的基本保证。内部控制体系为达到控制企业风险、实现经营目标这一目的，首先必须分析流程中的各种潜在风险。内部控制体系能够合理防范流程风险。在现代企业制度下，以保护资产和查错为内容的内部控制显然不能满足需要，内部控制体系必须适应企业经营理念，紧跟流程变革和业务创新，强化制度的自我修正功能，才能促进企业贯彻经营方针以及提高经营效率。

企业流程风险主要包括图5-1所示的五个方面。

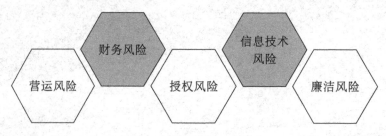

图5-1 企业流程五大风险

（1）营运风险

营运风险不易控制，因为它更多地涉及人为因素，不确定性较大。例如，客户满意度问题，一旦客户服务做得不到位，容易造成营业额下降；人力资源问题，岗位人员资格及能力是否达到要求；产品开发问题，新产品无法被市场接受，将对企业营运产生很大影响，等等。营运风险还包括企业效率、能力、运作水平、业务中断、商品定价合理性等其他风险，涉及企业内外部多种因素。

（2）财务风险

财务风险是指资金运动过程中的风险，货币汇率波动、利率波动都会影响企业的业绩；资金变现能力差、现金回笼速度慢可能使企业陷入财务危机；企业资金在两国市场上运作，很可能因两个市场结算时间不同给企业的现金流带来影响；一项高投资项目结束后是否还有获得相同回报的投资机会，以及客户信用，都会对企业流程顺利运作产生影响。

（3）授权风险

授权风险涉及管理职权分配，如管理职权的范围及限制；也涉及管理者能力的展现，包括领导能力、对工作的热情度以及与员工的内部合作关系。

（4）信息技术风险

信息技术风险是业务流程中使用IT技术所引发的风险，企业信息使用权限的设置不够安全，会造成机密泄露；企业中两个实体使用的系统不同，又会造成企业数据不具整合性，给管理造成困难。信息风险也是流程重组中必须重视的风险。

（5）廉洁风险

廉洁风险是现代企业越来越突出的问题，世界几家大企业相继爆出丑闻后，引起了社会的广泛关注。廉洁风险有四个方面的内容，如图5-2所示。

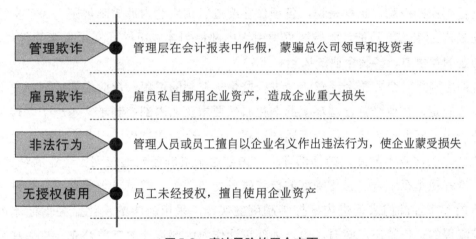

图5-2 廉洁风险的四个方面

廉洁风险在企业流程重组中不容忽视。应对严重流程风险的第一道防线就是严格的内控机制和风险管理。健全、有效的内部控制制度是企业稳健运营和发展的基础，能够规避绝大多数流程风险。

5.1.2 业务流程重组与内部控制的关系

业务流程重组涉及分工、流程设计和信息技术三个方面，而内部控制始终贯穿这三个方面，使业务流程重组和内部控制紧密地联系起来，从而有利于增强企业的核心竞争力和抵御风险的能力。

（1）分工方面控制

在分工方面，为使业务流程合理运作，流程启动必须有专人审批；为了维护企业资产的安全完整，必须安排专人保管资产；为保证财务信息的真实性，必须安排专人对信息实施某种程度的控制。这种分工的目的是有效实现牵制，保护资产安全，保证企业健康发展。

《会计法》指出，各单位应当建立健全本单位的内部会计监督制度，单位内部会计监督制度要符合下列要求：记账人员与经济业务事项和会计事项的审批人员、经办人员、财务保管人员的职责权限应明确，并相互分离，相互制约；重大对外投资、资产处置、资金调度和其他重要经济业务事项的决策和执行的相互监督、相互制约程序应明确，财产清查的范围、期限和组织程序应明确；对会计资料定期进行内部审计的办法和程序应明确。可见，内部控制能够实现合理分工，保证流程有效运作。

（2）流程设计方面控制

业务流程重组是对工作先后顺序的重新安排。事实上，工作的不断重复形成了一个业务循环，内部控制制度一般根据业务循环进行设置，对各个业务循环节点之间资源的转移进行相应的控制，也就是说，各项作业要遵循相应的内部控制规则。保证资源的安全完整是内部控制的目的，业务流程中引入内部控制才能更好地实现资源的优化配置，增强企业的竞争力，控制企业的风险。

内部控制是对企业整个经营活动进行监督与控制的过程。企业内部控制制度不是一种机械的规定，企业经营管理环境的变化必然要求企业内部控制越来越趋于完善。内部控制是一个不断发现问题、解决问题的过程，是一个动态过程，因此必须强化内部控制的灵活性，以适应不断变化的外部环境。内部控制机制还要适应现代企业的经营理念，与业务流程重组相配合，强化制度的自我修正功能。企业需设立一个独立、垂直、具有权威的内部审计部门来促进内部控制制度的实施，采用科学的量化监控指标体系来追踪监控流程的运作状况，同时，引入外部审计作为内部审计的有益补充，来提高监控水平，进一步完善监督机制。

（3）信息技术方面控制

在信息技术方面，IT技术的应用对企业流程以及内部控制的影响是革命性的。它使企业内部控制结构的组织方式转为扁平化、网络化和民主化，同时转变为以流程为导向，这与以往的以职能为导向完全不同。

内部控制的重要构成要素是信息和沟通，技术环境下的信息传递往往要通过网络，信息若仅从源头获得，那么就能有效保证信息在传递过程中不至于出现手动环境下的改动现象。内部控制运用IT信息技术，将所涉及的各个业务循环以工作流的方式进行认定，使业务循环运作的效率大大提高；然后将整个业务循环以工作流的形式分解成各项活动，把工作流各个子节点的活动以一定的形式记录下来，并进行事后监督，以维持企业运作的合法性。IT技术的应用有利于流程重组的合理运作。

综上所述，内部控制在分工、流程设计和信息技术等方面的巨大作用，使其与业务流程重组工作的关系更为密切。在进行业务重组时，企业必须考虑内部控制制度；而内部控制制度的设计也应该从业务流程出发，分析业务流程中的各种潜在风险，制定相应措施，共同防范企业风险。

5.2 业务流程结构设计

5.2.1 建立流程结构图

建立流程结构图的目的是描述各级流程和之间的相互关系。没有建立流程结构图的流程管理是不系统的。建立流程结构图时，企业必须理顺各个流程之间的逻辑关系。图5-3是某企业流程管理总览，以供参考。

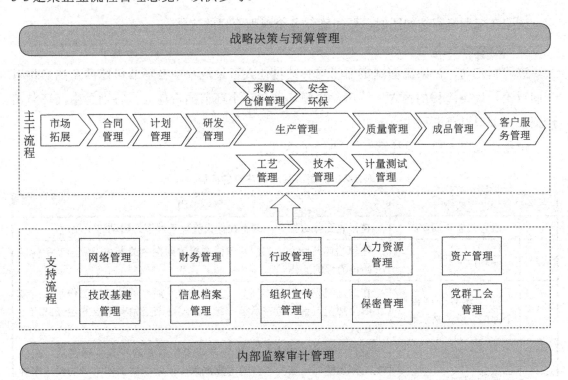

图5-3 某企业流程管理总览

建立流程结构图的步骤如表5-1所示。

表5-1 建立流程结构图的步骤

序号	步骤	具体说明
1	流程收集和人员访谈	通过现有流程的收集，并与相关人员讨论，确定涉及的流程节点；同时讨论业务发展中主要的改进领域和改进方向，确定需要改进和完善的流程

续表

序号	步骤	具体说明
2	流程结构图设计初稿	根据收到的资料和人员访谈，设计初步的企业流程结构图，明晰各流程之间的内在逻辑关系，并交给企业管理层审阅
3	流程结构图讨论与完善	召集相关部门负责人，讲解流程结构图设计的思路和原因，听取反馈意见，并进行必要的修改和改善
4	流程结构图审定	将修改完善的流程图交企业管理层审定
5	流程结构图任务分配	根据审定的流程结构图，将其中所涉及的流程分给相应部门，由相应部门完成初稿

5.2.2 具体流程的梳理

企业在梳理流程结构图时，要先确保各个流程要素的完整。

（1）流程梳理要点

流程制定前，由该流程制定部门或关键责任人召集流程中各环节可能涉及的操作者一同讨论，确定流程的输入、输出、中间环节和每个环节的责任人，特别是中间环节工作交接的接口以及流程如何改进。

企业在梳理流程时要注意表5-2所示的问题。

表5-2　梳理流程时要注意的问题

序号	问题	具体说明
1	流程是怎样启动的	在接收到什么指令，或者在什么流程条件下，启动这个流程
2	流程由谁开始	在起始环节，哪个部门及职位在接收到指令或者在流程启动条件下开始该流程的运作
3	这些环节分别由哪个部门、职位来承担	在确定流程中的工作环节（工作步骤）后，再确定该工作步骤应该由哪个部门或者职位来承担。每个中间环节必须有相应的责任部门和责任人
4	流程中一共有多少个中间环节，各自是什么	流程中的中间环节是根据完成该工作需要的步骤来确定的。在确定工作步骤时，首先不应考虑完成人，而是根据工作本身的要求来确定。判断某个工作环节或步骤是否有必要时，主要看该环节或步骤为整个工作是否带来增值，如果增值很小或者不增值，就需要考虑是否取消该工作环节或步骤。如果是连续的相同责任人，工作步骤可以尽量合并
5	流程中必须设置哪些审核环节，由谁来审核	流程中的审核环节原则上要尽量少，避免设置过多的重复性审核环节。审核人一定要是那些能够承担审核工作的人，避免将问题上交
6	流程中哪些环节是自动生成的	明确哪些工作属于重复性的、周期性的、机械性的事务，尽量将它们通过系统工具自动生成，而不是花大量人力去完成

续表

序号	问题	具体说明
7	流程在哪些环节会出现多种路径，怎样形成闭环	在流程运行过程中，可能会出现多种不同条件下的路径选择，在流程设计时必须充分考虑，并确保每种选择路径都形成自己的最终结果。在不同路径选择时，要充分考虑该流程与其他流程的交汇和协调
8	流程中哪些环节容易形成断点，如何预防	流程断点就是流程中没有规定的情况出现时导致流程无法运行的情况，以及流程缺少必要的中间环节导致流程出现不连续的情况。在流程标示过程中，要组织流程操作者进行讨论，明确界定流程中必不可少的中间环节和工作交接口，确保流程完整，没有断点
9	流程最终输出的结果是什么，由谁来实现	设计流程最终输出结果时，必须考虑该流程的设计目的，确保流程输出结果能够圆满解决流程中的问题

（2）流程确定表

企业在具体流程的梳理过程中，可以设计规范化的流程确定表，如表5-3所示。

表5-3　流程确定表示例

部门/区域：		日期：
制定人员：		审核：
简述过程，过程的活动或作业是什么（过程的顺序） 过程： 主要活动： （1） （2） （3） （4）	流程图	
■过程的输入要求和内容（什么时候开始，涉及的资源、信息、材料等） （1） （2） （3）		
过程的支持性活动是什么		
■使用什么方式（材料、设备） （1） （2） （3）	■如何做（方法/程序/技术） （1） （2） （3）	
■由谁进行（能力/技能/培训） （1） （2） （3）	■使用的关键准则是什么（测量/评估） （1） （2） （3）	
■过程的输出要求是什么（信息、产品、可交付的产品等），什么时候完成或结束，改进时机 （1） （2） （3）		

5.2.3 绘制流程图

流程图是一种工具，可用来了解、分析和归档企业的流程和活动，帮助企业确定改善流程设计。

图5-4所示的流程图，显示了将特定输入转化为所需输出结果的一系列步骤。

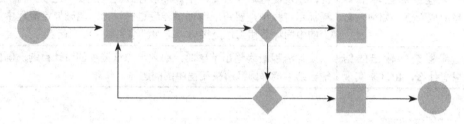

图5-4 流程图示例

5.2.3.1 绘制流程图所需考虑的要素信息

流程图必须有明确定义的开端和结束，有输入也必须有输出，并且在所在的组织/部门中"流动"。所以，绘制流程图应充分考虑表5-4所示的要素信息。

表5-4 绘制流程图所需考虑的要素信息

序号	要素	描述
1	客户	每一行为输出的接受者（内部和外部）
2	输入	每一行为的主要输入来源
3	输出	每一行为的关键交付成果（阶段/结束成果）
4	行为/活动	流程中的关键行为
5	责任/结构	流程中的关键责任
6	时间/成本	每一行为所需的时间/成本

5.2.3.2 流程的标识符号及说明

流程的标识符号及说明如表5-5所示。

5.2.3.3 流程图的绘制方法

（1）普通流程图

普通流程图在流程制作中被广泛应用，如图5-5所示。

普通流程图容易理解，但存在不确定性，无法清楚界定流程界限等，特别是流程图中的输入、输出不能模型化，可能因此失去关于流程的细节信息。

表5-5　流程的标识符号及说明

标识符号	名称	说明
	开始框	表示流程的开始
	结束框	表示流程的结束
	处理框	表示对事件和结果的处理过程
	判断框	根据给定的条件，决定执行两条路径中的某一条路径，并用于审核、选择
→	工作路径	表示流程执行的路径，箭头代表方向
	换页连接	不同页的连接
	多文档	工作中需要提交的多种文档
	文档	工作中需要提交的文档
- - - →	自动工作路径	工作中自动形成的工作路径，比如由机器自动完成

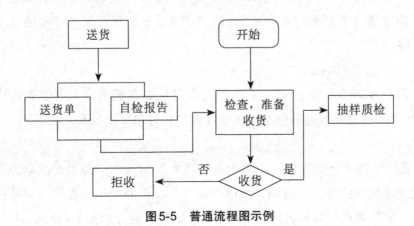

图5-5　普通流程图示例

（2）跨职能流程图

跨职能流程图主要显示进程中各步骤之间的关系以及执行它们的职能单位。企业可以用跨职能流程图显示一个进程在各部门之间的流程，或者显示一个进程是如何影响企业中不同职能单位的。跨职能流程图示例如图5-6所示。

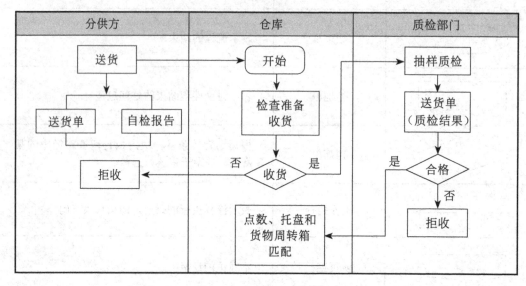

图5-6　跨职能流程图示例

跨职能流程图基本能够清楚地显示出流程的运作情况，对于从来没有接触过该业务的人员来说，通过流程图能够基本了解业务是如何展开的。

（3）事件驱动过程链法（EPC）

EPC（Event-Driven Process Chain ）是事件驱动过程链的缩写。事件驱动过程链为描述一个主要业务场景、具体业务处理过程提供了国际化的规范化表达方法。EPC图能够通过简单的图形符将事件（业务状态的改变）、方法（业务目标作用在一个信息对象上的任务）、参与者（人、组织）、数据（业务目标输出的数据）和流程路径（另外一个子流程）等描绘成一个完整的业务场景。图5-7就是根据事件驱动过程链法设计的货物接收处理流程。

（4）角色活动图（RAD）

RAD（Role Activity Diagram）是由美国学者Holt等提出的，用以表述协同工作中存在的问题。图5-8就是根据角色活动图设计的物料订单审批流程。

（5）IDEF0系列法

IDEF0是以结构化分析和设计技术为基础所发展出来的一种系统菜单表达工具。它借助图形化及结构化的方式，清楚、严谨地将一个流程当中的功能以及功能彼此之间的限制、关系、相关信息与对象表达出来。IDEF0的基本组件如图5-9所示。

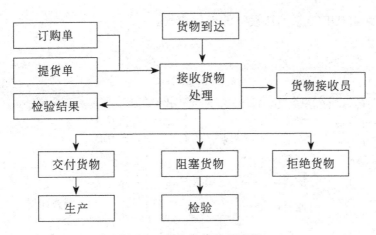

图5-7 货物接收处理流程

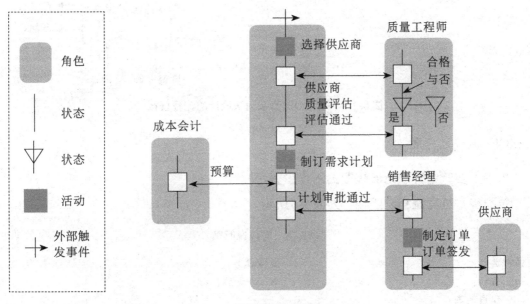

图5-8 物料订单审批流程

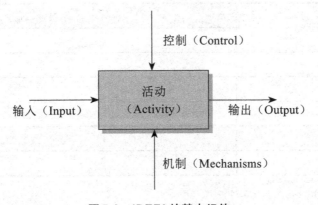

图5-9 IDEF0的基本组件

图5-10为利用IDEF0系列法设计的流程模板。

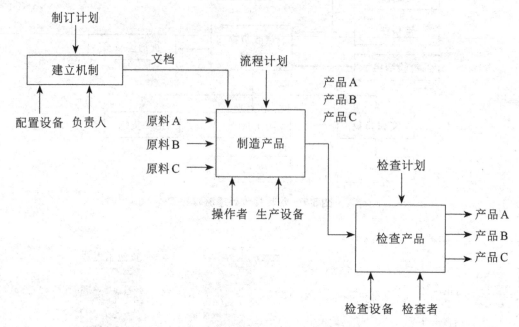

图5-10　利用IDEF0系列法设计的流程模板

5.2.3.4　制作流程图

以下主要介绍跨职能流程图的制作步骤。

第一步，填写流程说明稿，如表5-6所示。

表5-6　流程说明稿

流程名称：　　　　　　　　　　　　　　流程编号：

一、目的：

二、使用范围：

三、流程说明：

序号	执行人	具体内容
1		
2		
3		
4		
5		
6		

四、相关表单（略）

五、相关制度（略）

第二步，确定流程涉及的各个部门和岗位，并排列在空白流程图中。这一步是将流程说明稿中的执行人，按先后顺序从左到右排列。

确定流程涉及的各个部门和岗位的示例，如表5-7所示。

表5-7　流程涉及的各个部门和岗位

分公司/客户	销售部	财务部	物流部

第三步，画出动作和表单。

第四步，按照先后次序连线，并标上序号。

第五步，进行版面调整，在不清楚的地方加入标注。版面整体步骤的走向以从左到右为宜；每列中的动作尽量对齐，严格按照符号的宽度要求使用各种符号，尽量保证连接符不交叉。

5.2.4　审核反馈与重大分歧解决

流程制作完成后，要交给流程操作涉及的部门或责任人，由其就流程运行中存在的问题提出反馈意见。如果存在重大分歧，由流程制定者组织讨论确定；对于无法达成共识的问题，支撑部门的业务流程和操作流程由部门领导确定，企业核心业务流程由管理层确定。

战略规划管理流程

1.总公司战略规划编制流程

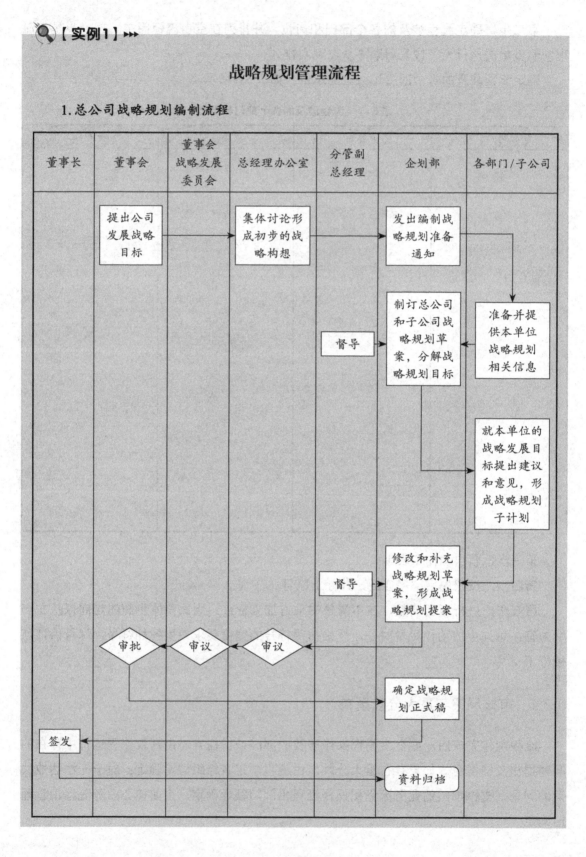

2.子公司战略规划编制流程

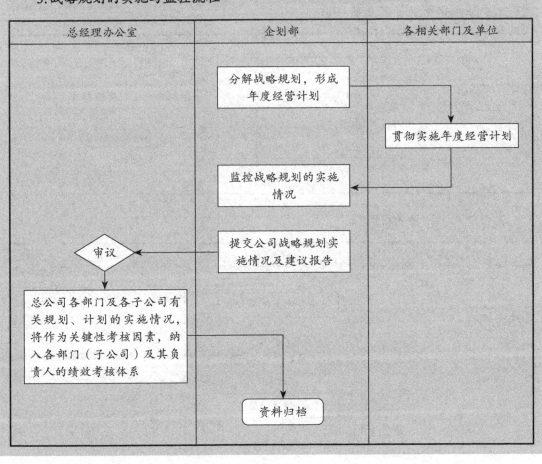

3.战略规划的实施与监控流程

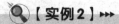

企业文化管理流程

1.企业文化理念管理流程

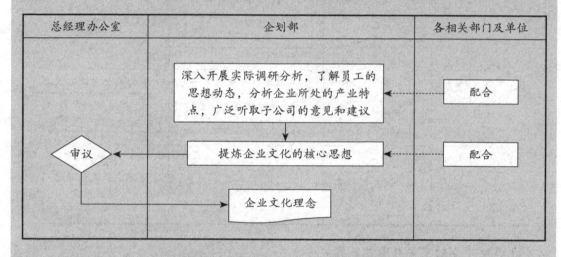

2.企业文化制度管理流程

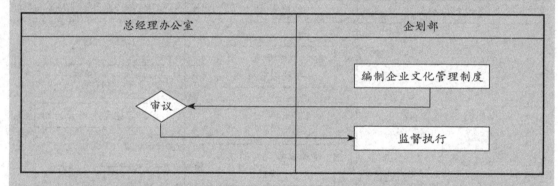

3.企业文化器物管理流程

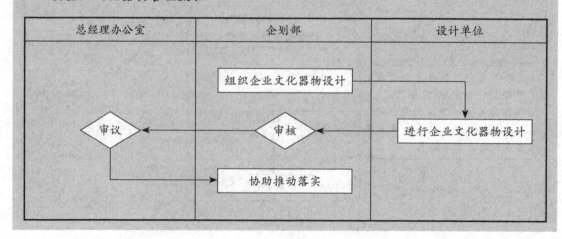

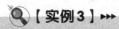【实例3】▶▶▶

人力资源管理流程

1.人力资源规划流程

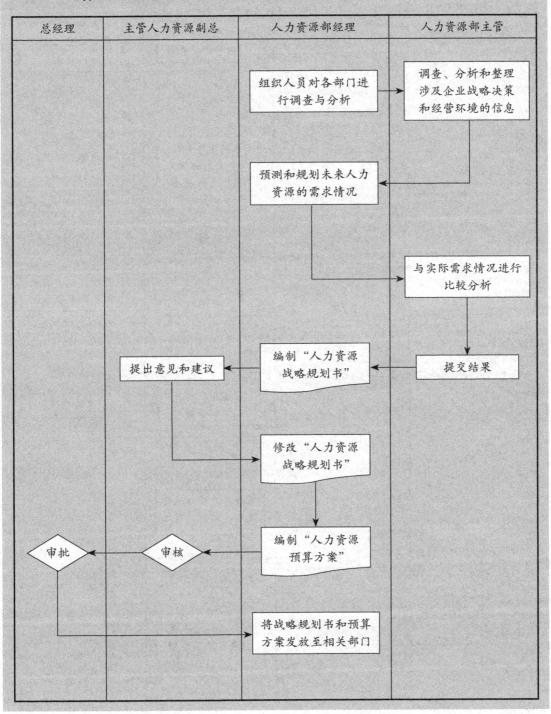

2.人力资源需求分析流程

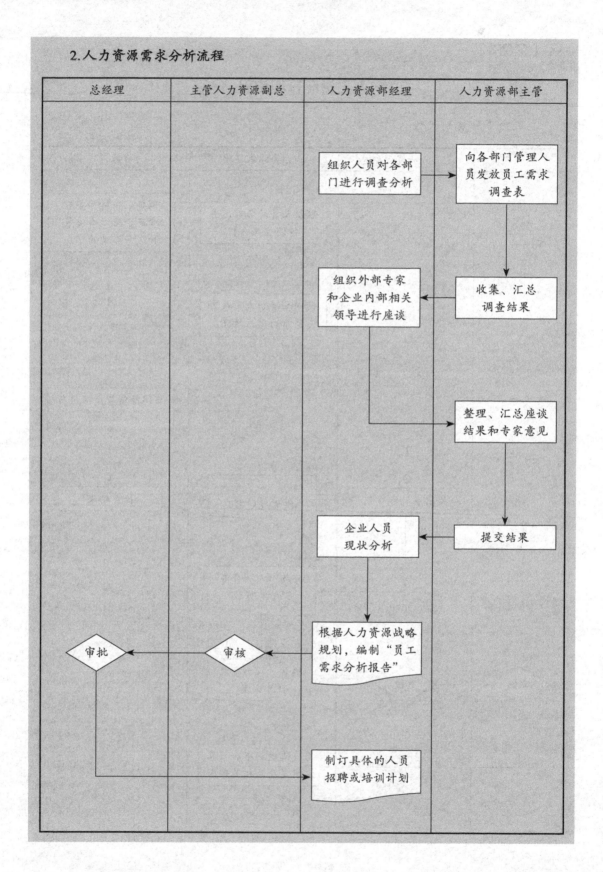

3. 招聘管理流程

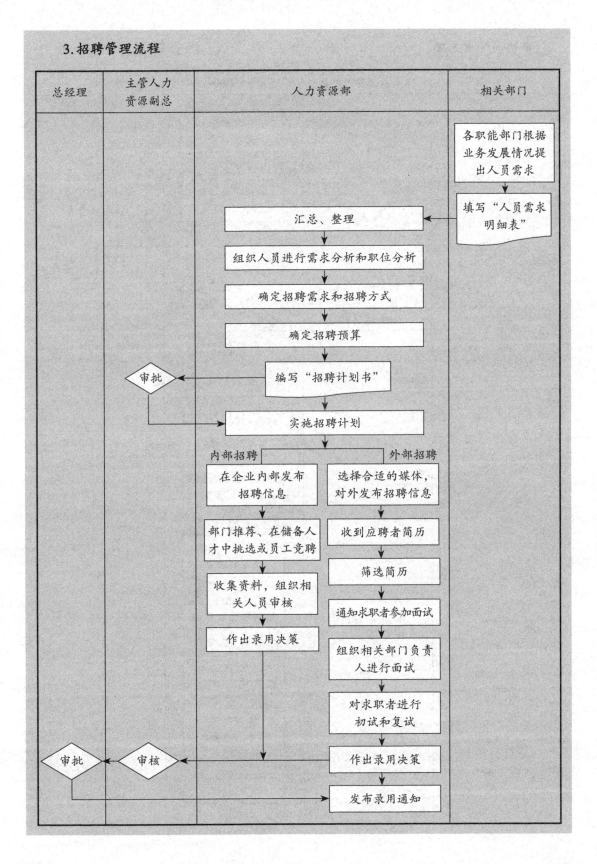

4.培训管理流程

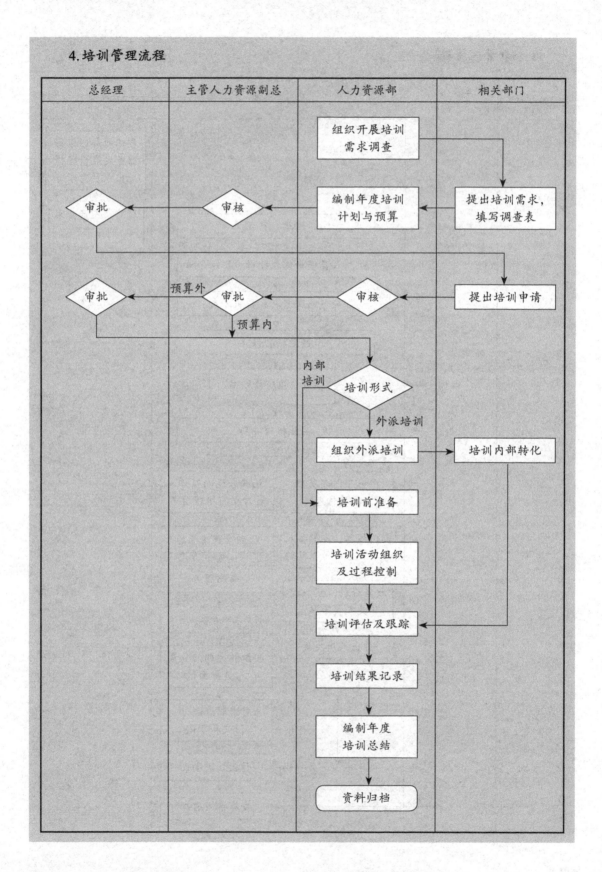

【实例4】▶▶▶

货币资金管理业务流程

1.现金业务流程

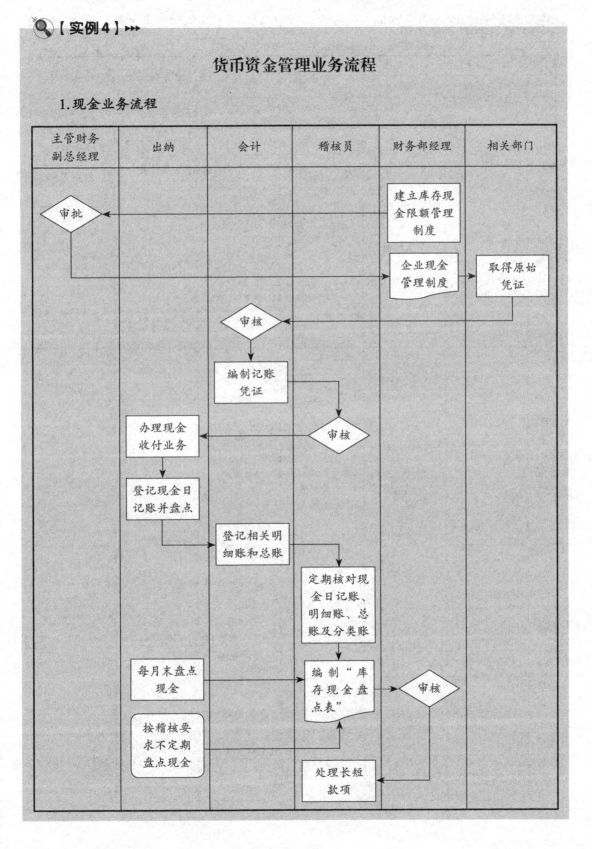

2.银行业务流程

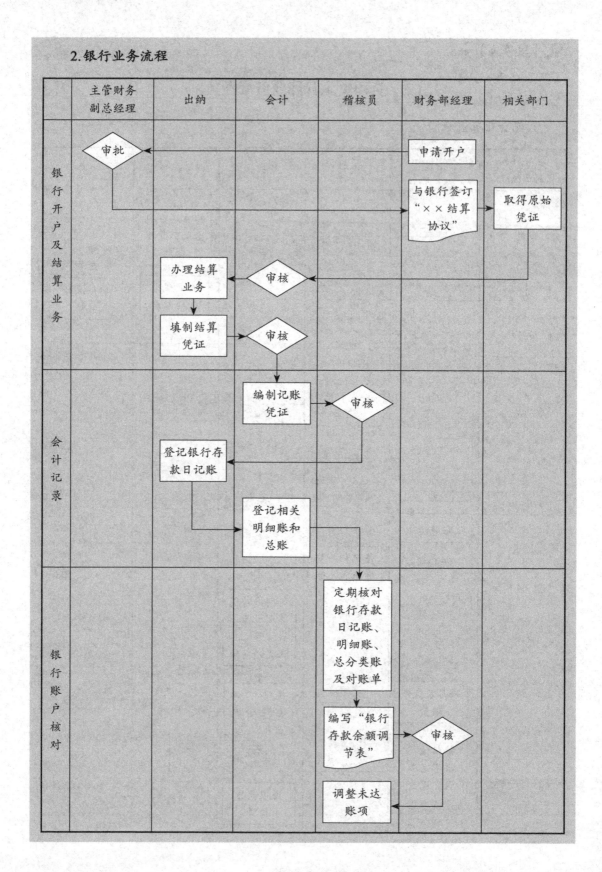

3.报销流程

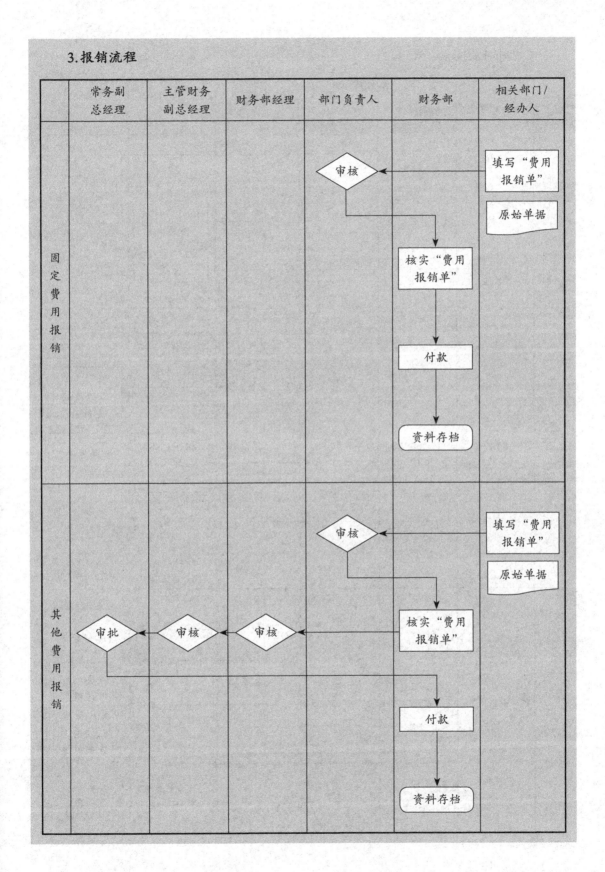

4.对外付款流程

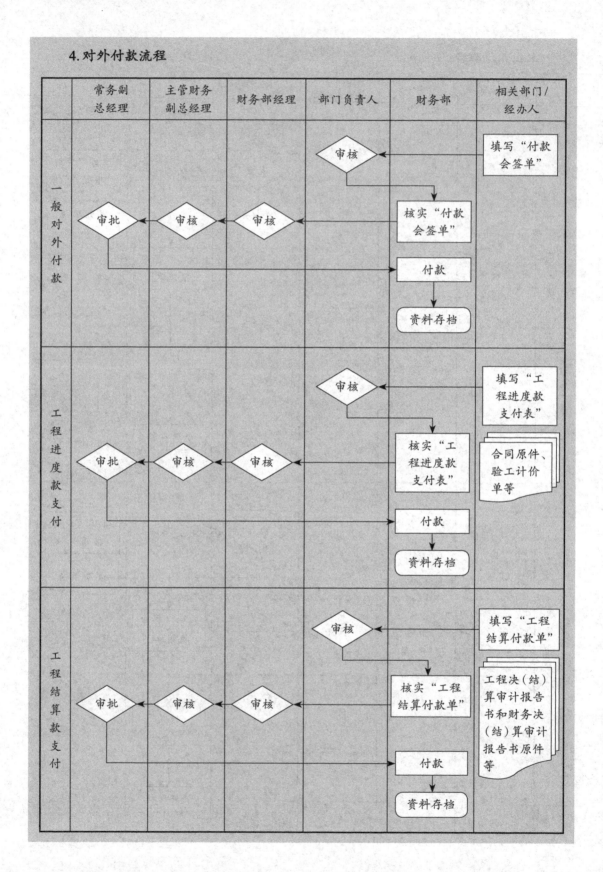

5.现金借款流程

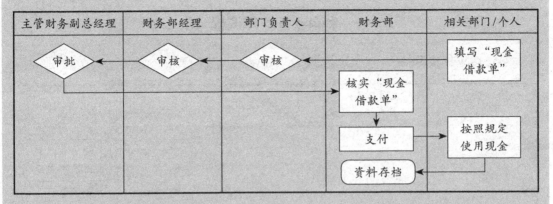

6.集团内部借款流程

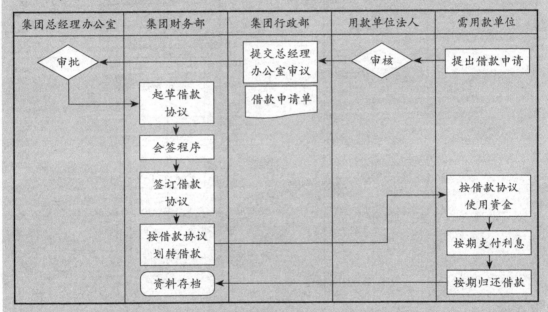

7.资金信息管理流程

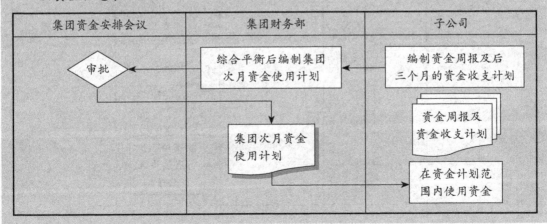

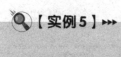【实例5】▶▶▶

采购业务管理流程

1.请购审批流程

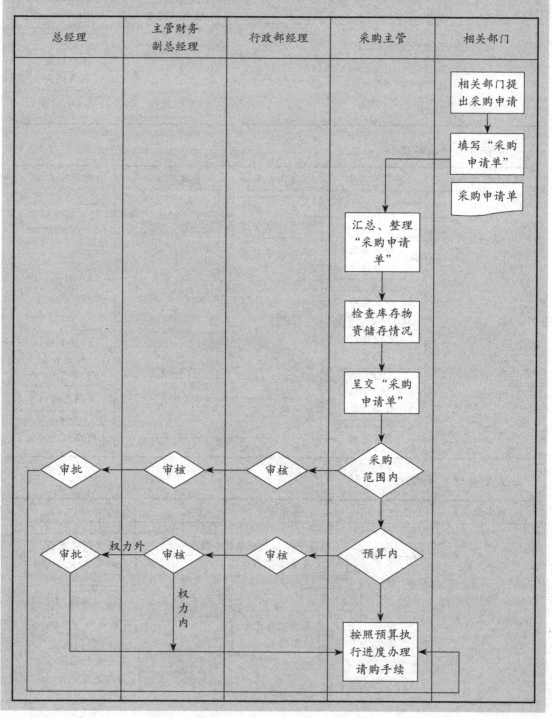

2.采购预算业务流程

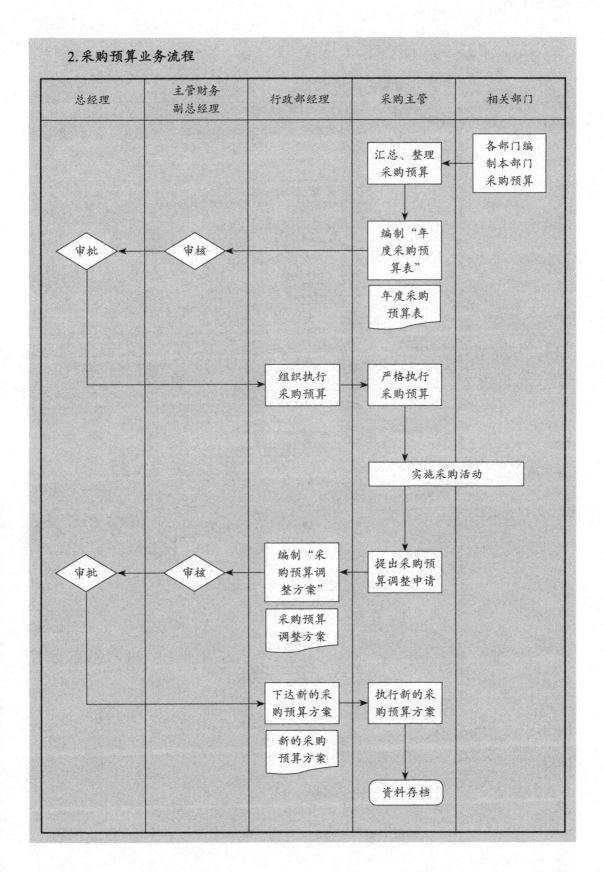

3.供应商评选流程

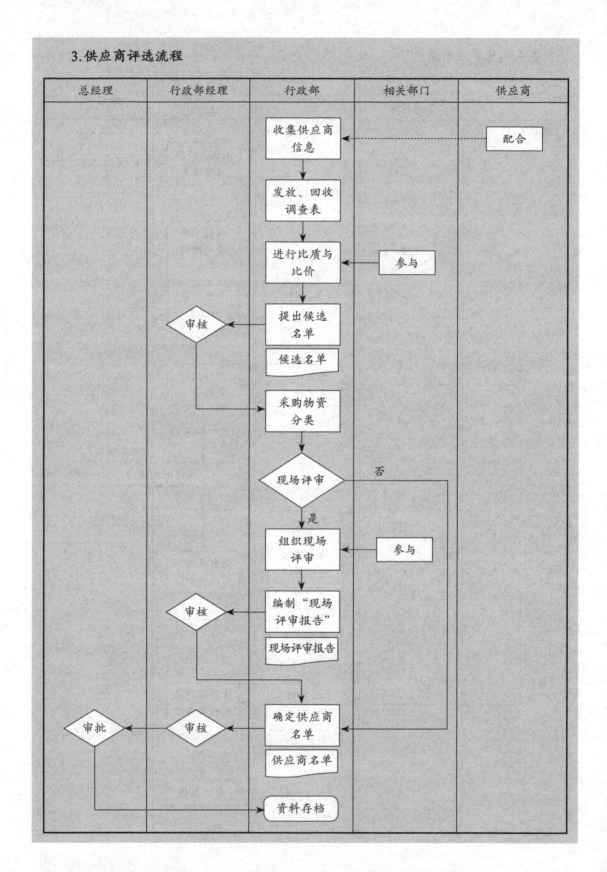

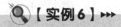【实例6】▶▶▶

资产管理流程

1.低值易耗品管理业务流程

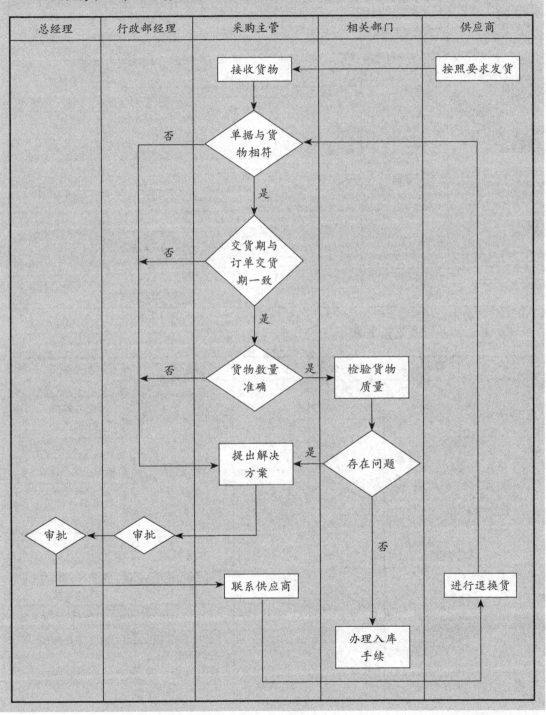

2.固定资产取得业务流程

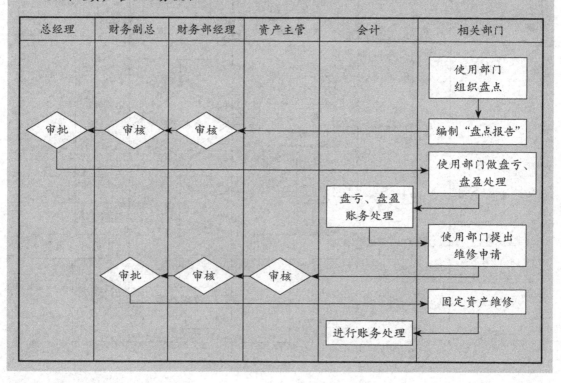

3.固定资产管理业务流程

4.固定资产处置业务流程

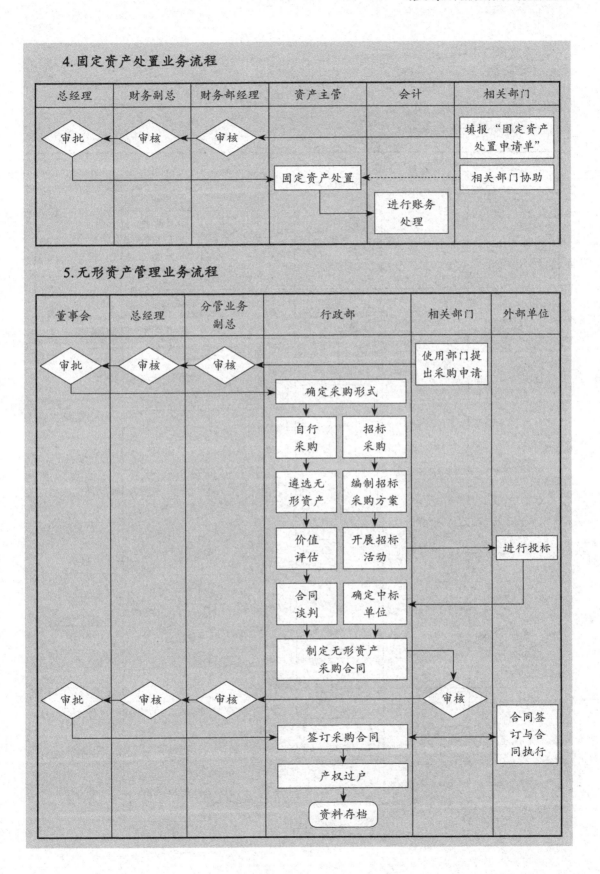

5.无形资产管理业务流程

【实例7】▶▶▶

融资管理流程

1.重大筹资项目审批流程

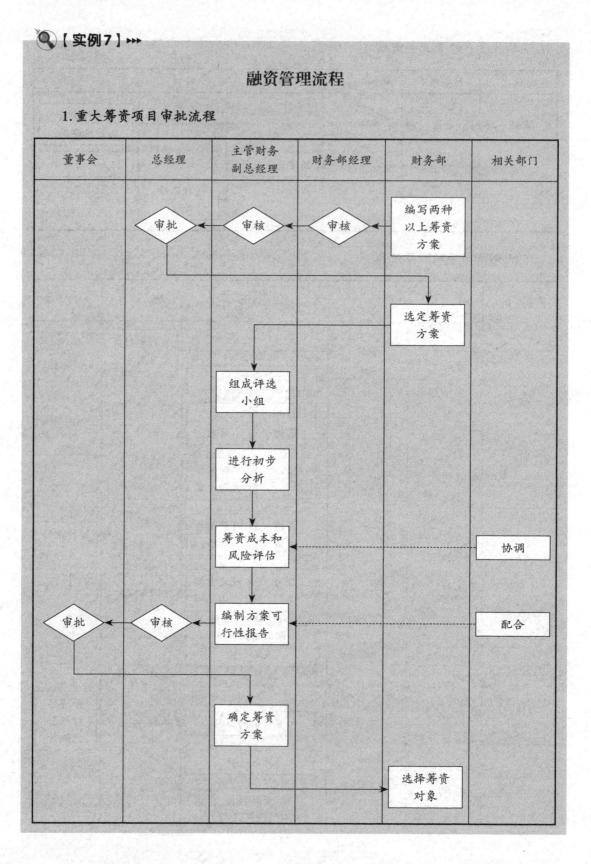

2.筹资执行管理流程

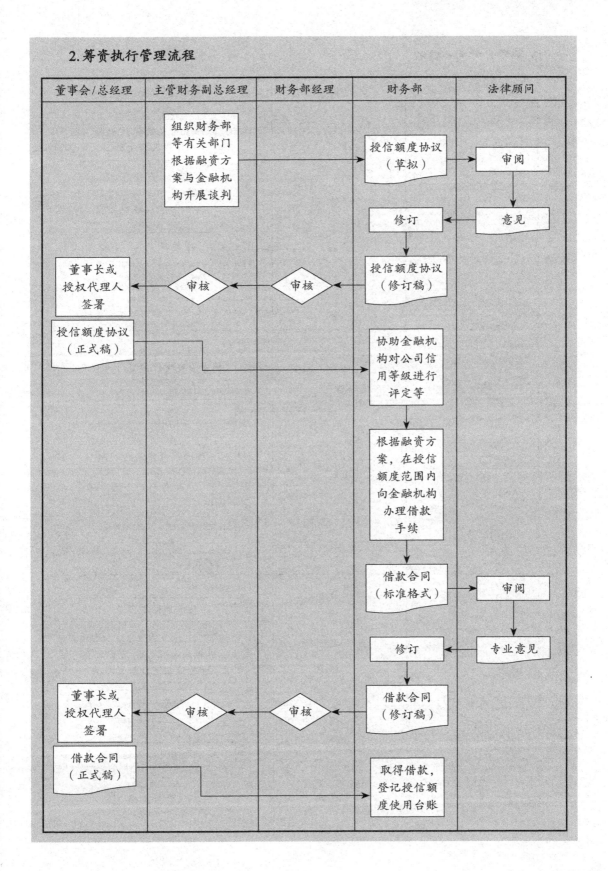

3.筹资日常管理流程

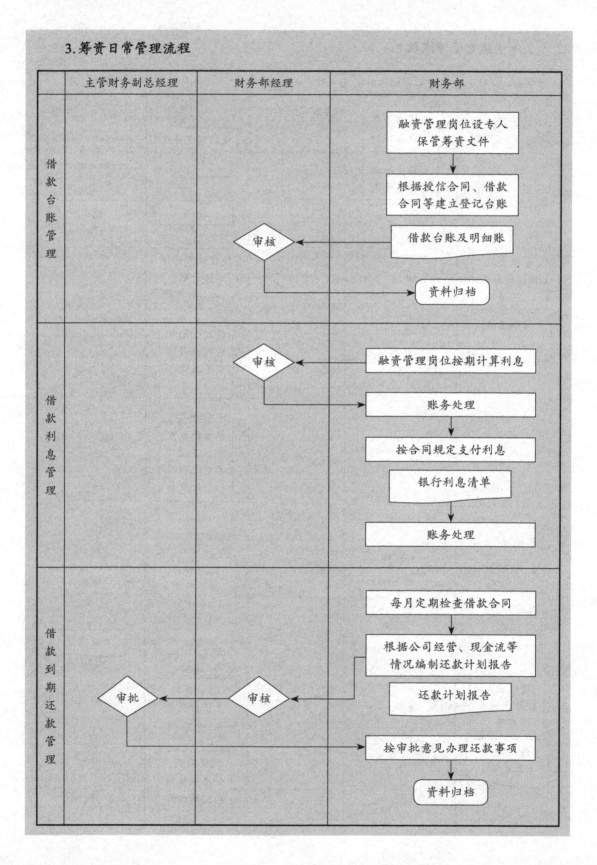

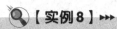 **【实例8】** ▶▶▶

担保业务流程

1.担保业务审批流程

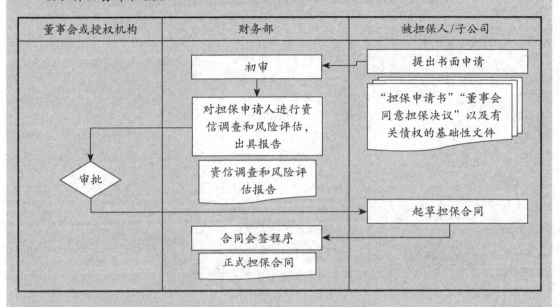

2.担保业务日常管理流程

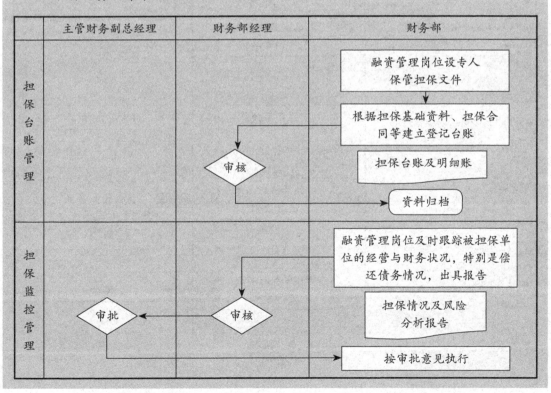

【实例9】▶▶▶

预算编制管理业务流程

1.预算工作业务流程

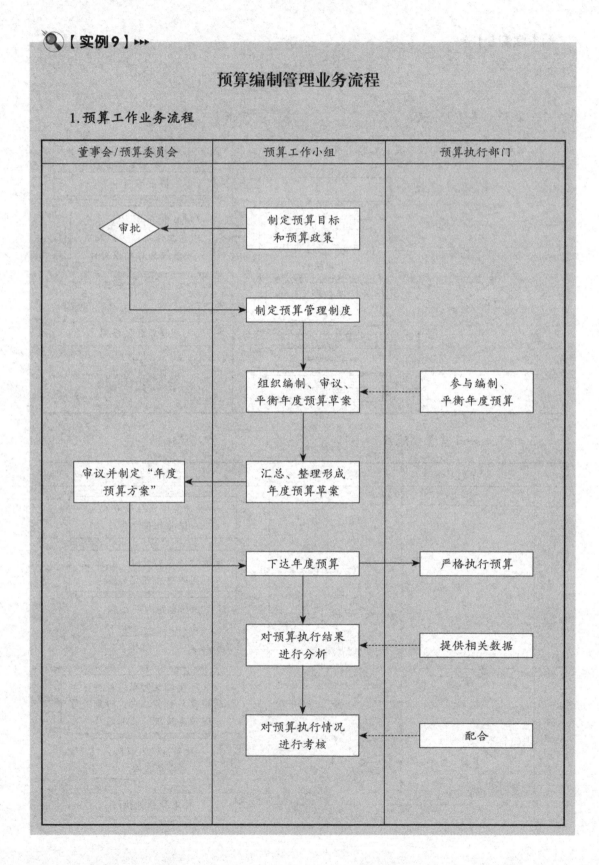

2.预算编制流程

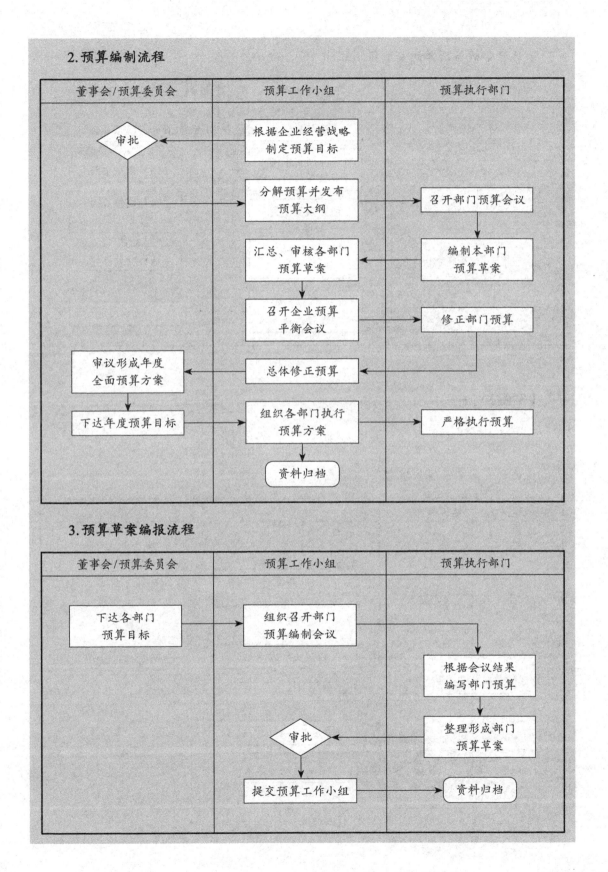

3.预算草案编报流程

4.运营分析与预算调整业务流程

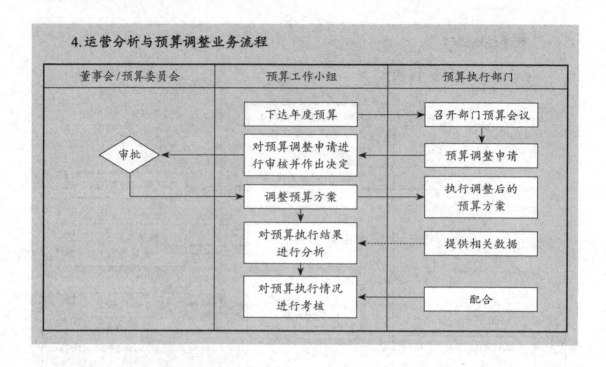

【实例10】▶▶▶

关联交易管理业务流程

1.关联交易名录编审流程

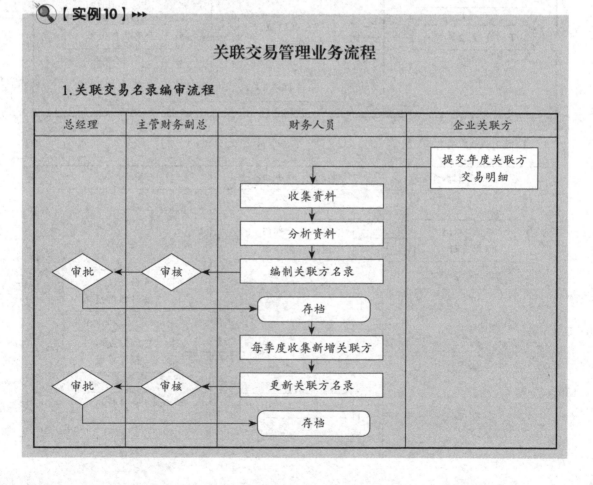

2.关联交易记录审查流程

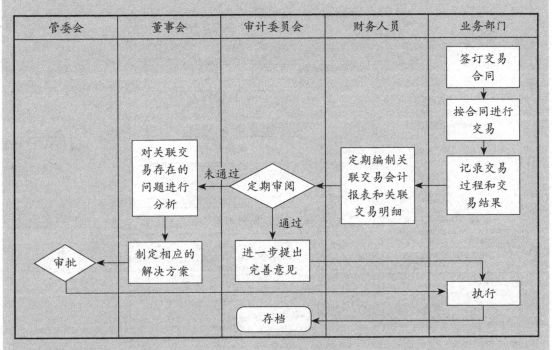

3.重大关联交易审核流程

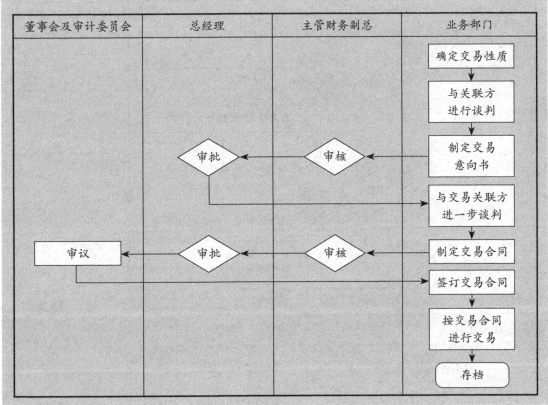

4.关联交易事项询价流程

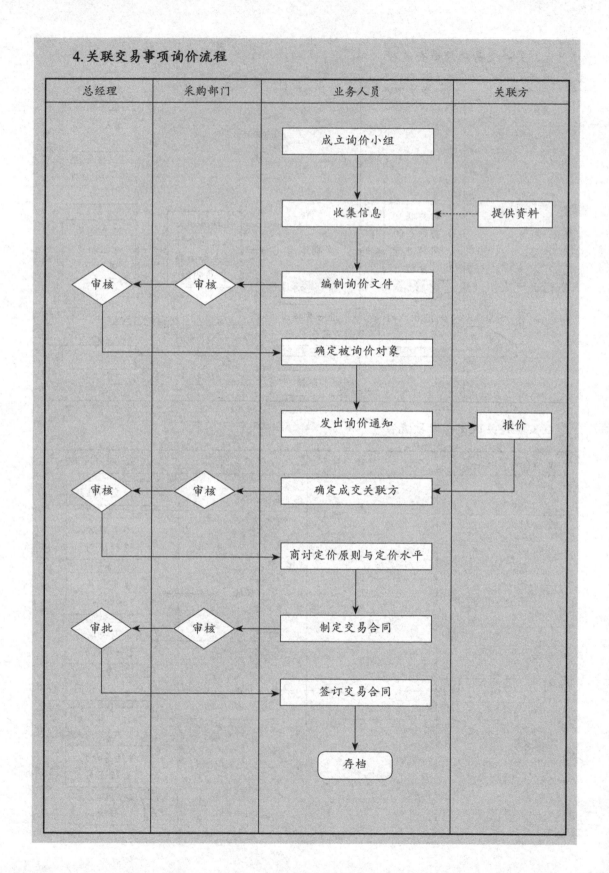

总经理	采购部门	业务人员	关联方
		成立询价小组	
		收集信息	提供资料
审核	审核	编制询价文件	
		确定被询价对象	
		发出询价通知	报价
审核	审核	确定成交关联方	
		商讨定价原则与定价水平	
审批	审核	制定交易合同	
		签订交易合同	
		存档	

【实例11】

工程项目管理业务流程

1.工程项目决策管理流程

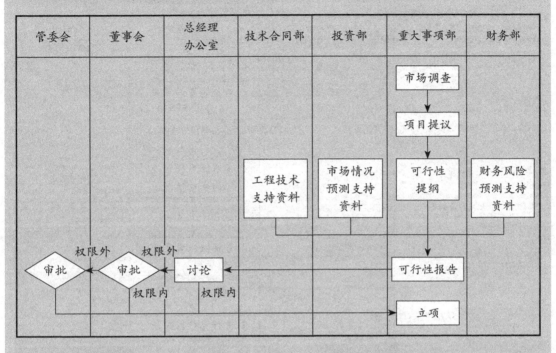

2.合同管理流程

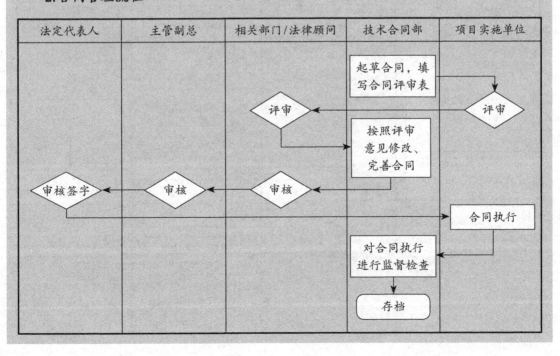

投资业务管理流程

1.投资评估分析流程

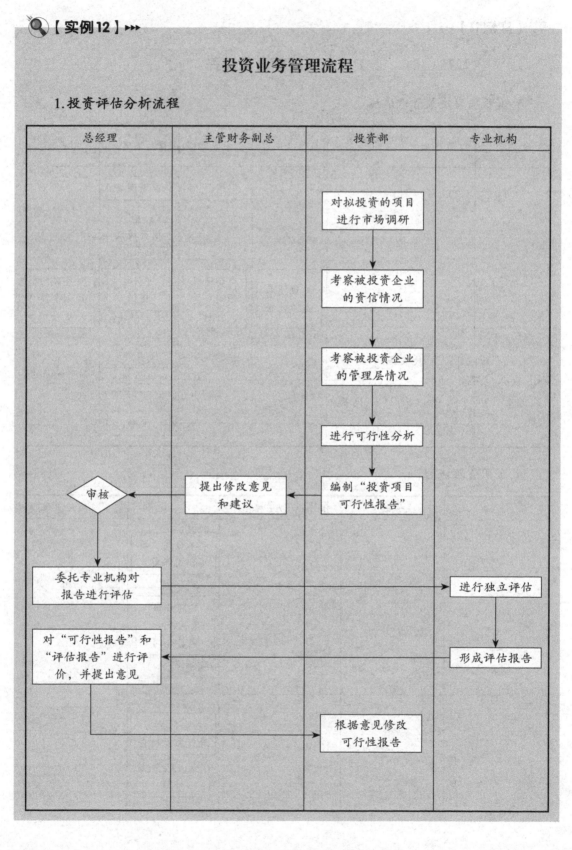

2.投资决策审批流程

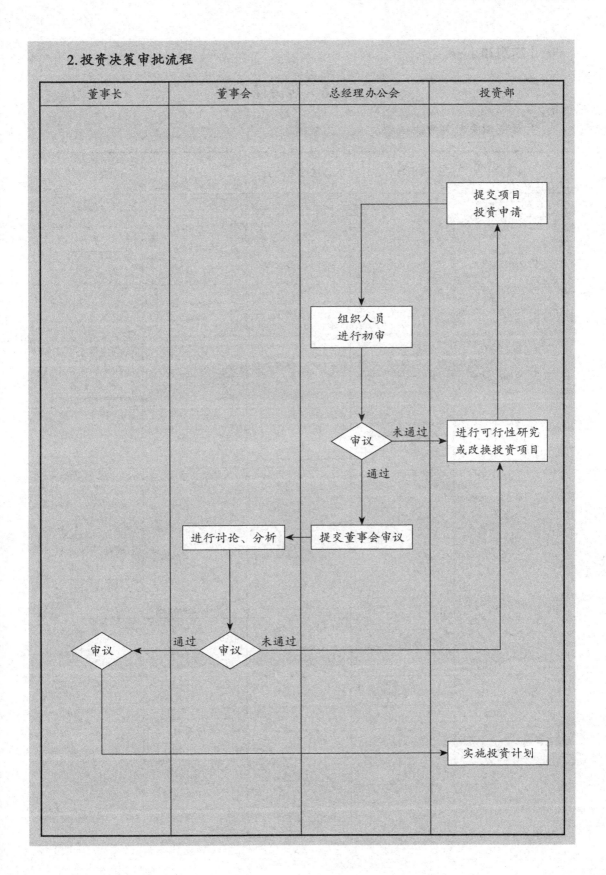

【实例13】▶▶▶

业务外包流程

1.外包项目计划审批流程

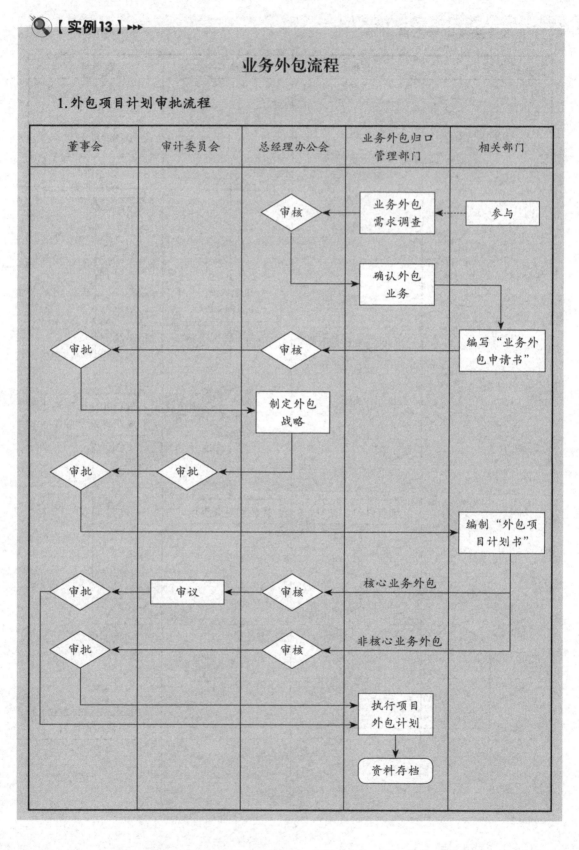

2.外包项目实施管理流程

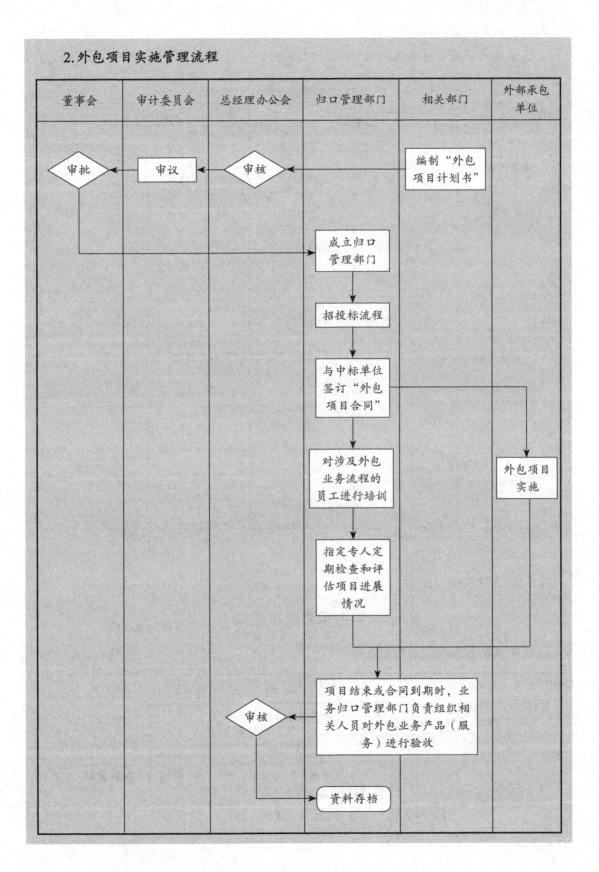

3.承包商资质审核遴选流程

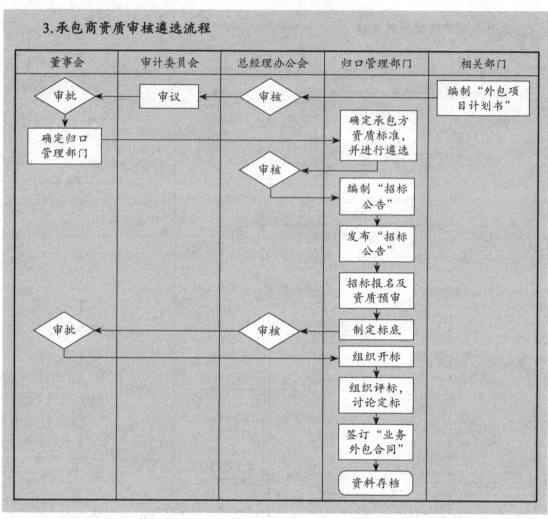

【实例14】▶▶▶

财务报告信息流程

1.年度财务报告方案编制流程

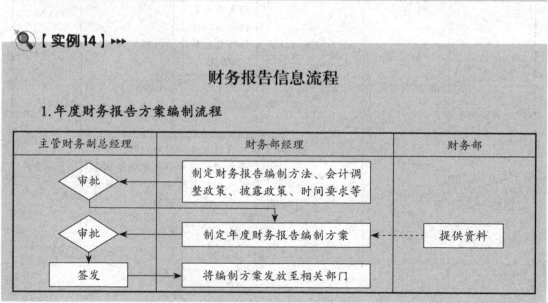

2.年度财务报告编制流程

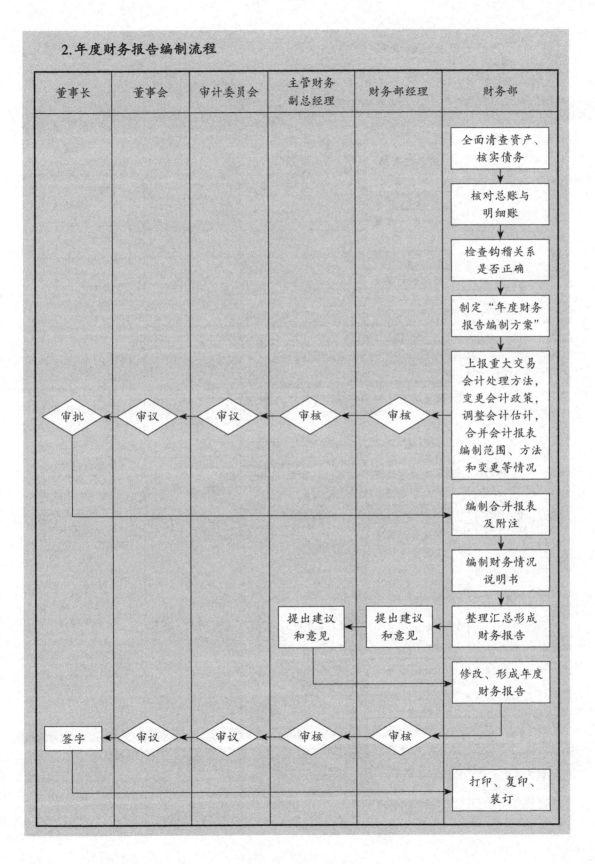

3.合并会计报表编制流程

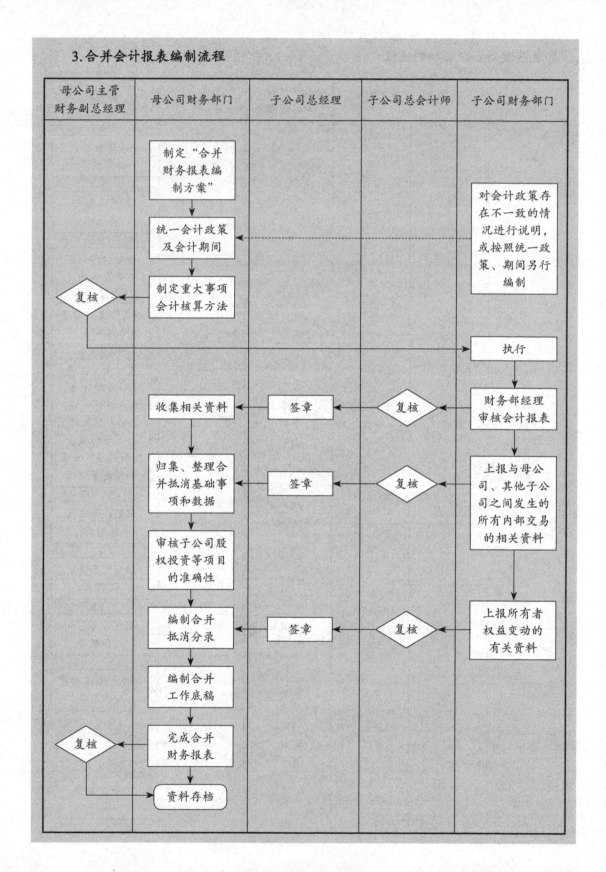

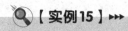【实例 15】▶▶▶

信息系统管理业务流程

1.信息系统战略规划流程

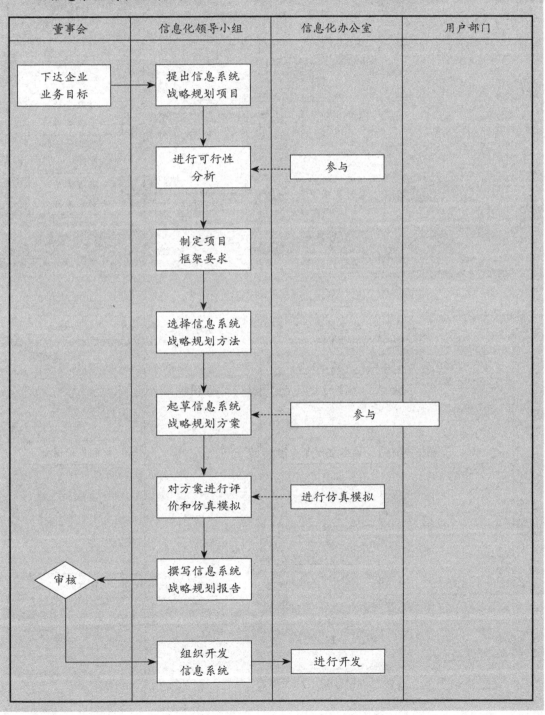

2.信息系统开发招标流程

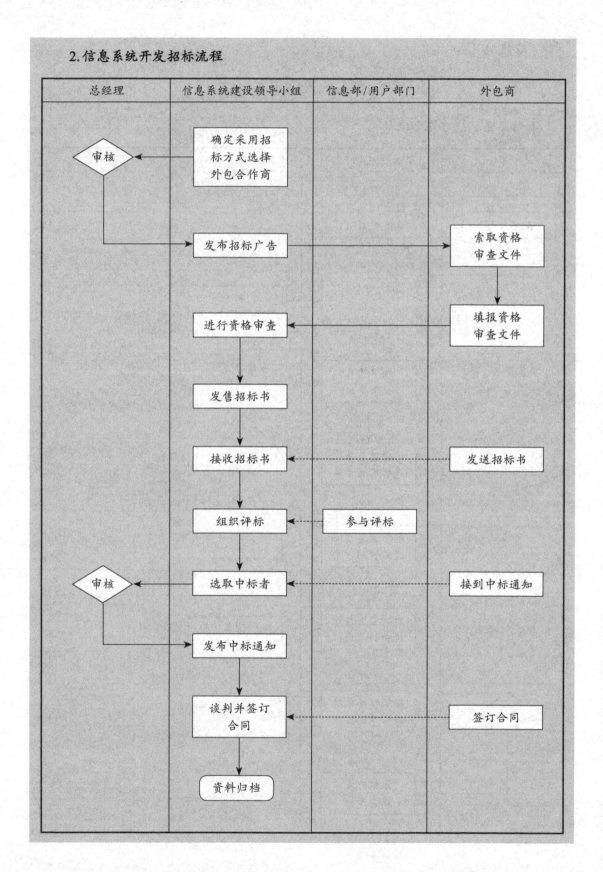

3.信息系统账号管理流程

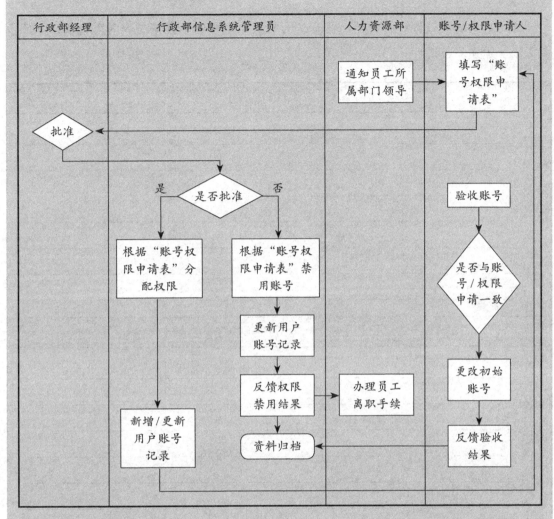

4.网站信息管理流程

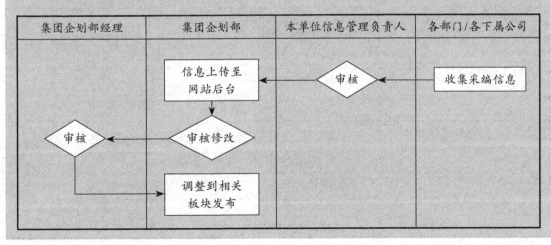

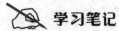 **学习笔记**

请对本章的学习做一个小结，将你认为的重点事项和不懂事项分别列出来，以便于自己进一步学习与提升。

本章重点事项
1. _____
2. _____
3. _____
4. _____
5. _____
6. _____
7. _____

本章不懂事项
1. _____
2. _____
3. _____
4. _____
5. _____
6. _____
7. _____

个人心得
1. _____
2. _____
3. _____
4. _____
5. _____
6. _____
7. _____

第6章

内部控制实施的监督

 学习目标:

1.了解内部控制审计的职责分工及岗位设置、主要权限、内审人员构成,掌握内部审计的监督内容与程序。

2.了解内部控制评价的内容与程序,掌握内部控制评价程序中各个环节的操作要领、方法、注意事项。

内部控制是一项管理工具，要使其真正发挥作用，必须对其进行监督。监督的方法分为内部控制审计和自我评价，以确保各项控制流程、制度能够持续地执行。

6.1 内部控制审计

内部控制审计就是确认、评价企业内部控制有效性的过程，包括确认、评价企业控制设计和控制运行缺陷以及缺陷等级，分析缺陷形成原因，提出改进建议。

6.1.1 内部审计制度的建立

该制度依据《中华人民共和国审计法》（以下简称《审计法》）、《审计署关于内部审计工作的规定》及《企业内部控制基本规范》等相关法律法规制定。内部审计是企业内部实施监督、控制、评价的重要手段。审计监察部是企业内部审计的归口管理部门。

6.1.1.1 职责分工及岗位设置

企业审计监察部在董事会审计委员会的指导下开展审计工作，对董事会负责，独立行使审计监督权。

企业审计监察部对企业、分公司内部机构、控股子公司及具有重大影响的参股公司的内部控制和风险管理的有效性，财务信息的真实性、完整性以及经营活动的效率和效果等开展评价活动，并重点监督账务处理流程、合并报表编制流程和期末报告事项等，以完成对财务报表真实性的审计监督工作。

内部审计的具体职责包括：

（1）对企业及所属各单位贯彻执行国家有关财经法规、法纪、制度、办法进行审计监督。

（2）对企业及所属单位的生产、基建、财务、成本、资金信贷计划、工程概预算、管理费预算、财务收支、上缴资金、还本付息及外汇使用情况进行审计监督。

（3）对企业签订的国内外各类合同、协议的执行情况进行审计监督。

（4）对企业所属单位有关内部控制进行审计监督。

（5）对所属单位会计决算报表进行审计监督。

（6）对所属单位进行经济效益审计。

（7）对企业管理的分、子公司总经理的任期经济责任进行审计。

（8）制定企业系统内部审计制度与办法。

（9）对违反财经纪律和严重损失浪费的情况进行审计检查。

（10）参与研究和审核企业有关经营管理制度与规定。

（11）协助上级审计机关对总公司及所属单位进行审计。

（12）协助纪检监察部门对重大经济案件进行核查。

（13）每年对企业组织结构中的权责分配进行审计。

（14）每年对企业人力资源部的职责履行情况进行审计。

（15）每年对企业信息系统运行的可靠性进行审计。

（16）每年对企业财务报告进行审计。

内部审计的职责以文件形式通过内部网络或其他渠道向内审人员发布，通过电子回执、签收单或其他有效形式对内审人员是否收到进行记录。

每年，企业审计监察部至少独立地对企业内控制度和内控测评记录发表一次意见并形成报告，向企业总经理及审计委员会负责并报告工作。

企业所属分、子公司设置专（兼）职审计监察岗，每年可在企业审计监察部的统一安排下开展内审工作，亦可在职责权限内开展本单位的内部审计工作，对本单位经理和企业审计监察部负责并报告工作。

总公司、分公司、子公司内审人员在审计过程中必须保持形式上和实质上的独立性。总公司、分公司、子公司管理层必须为内审人员的独立审计提供必要条件，不得限制其开展审计所必需的经费。企业审计监察部每年应编制内部审计经费预算，并经审计委员会审核批准。审计监察部应在内部审计的独立性可能受到管理层影响时，实时向审计委员会报告。如果审计监察事项与内审人员本人或者其近亲属有利害关系，那么内审人员必须回避。

6.1.1.2 主要权限

企业审计监察部负责制定"内部审计制度""经济任期经济责任审计规定""项目审计办法""会计决算报表审计办法""内部控制审计监督办法"等内审制度，并以文件形式或利用内部网络向员工发布。

制度中对内部审计的主要权限应予以恰当描述。审计监察部每年对上述制度进行审阅，并根据实际情况决定是否重新修订。

内部审计的主要权限包括：

（1）根据审计工作的需要，要求有关职能部门及时提供生产、基建、财务、成本、价格、资金、信贷、劳动、工资计划、预算、会计决算、统计资料、经济合同、协议（副本）和经济活动有关的文件、资料等。

（2）检查与经济活动有关的凭证、账表、预决算文档、资金和财产，检测财务会计软件，查阅有关文件和资料。

（3）对审计涉及的有关事项进行调查，并索取有关的证明材料。

（4）对正在进行的严重违反财经法规、严重损失浪费等行为，经有关单位负责人同意，可以作出临时性的制止决定。

（5）对阻挠、破坏审计工作及拒绝提供有关资料的，经单位负责人批准，可以采取必要的临时性措施，并提出追究有关人员责任的建议。

（6）提出改进管理、提高效益的建议，以及纠正处理违反财经法规行为的意见。

（7）对严重违反财经法规和造成严重损失浪费的人员，提出追究责任的建议。

（8）对审计工作中的重大事项，向上一级内部审计机构和有关审计机关反映。

（9）对参加本单位召开的有关生产、基建、项目、计划、财务会计、资金、工资福利、利润分配及合同谈判等方面的业务会议以及本单位制定的有关经济管理规章制度进行研究。

（10）对企业各类办公、财务、管理信息系统有查阅权。

（11）具有单位负责人赋予的其他权限，如专项审计调查权等。

6.1.1.3　内审人员构成

审计监察部应保持合理的审计人员结构，充分满足审计工作需要。审计人员应具备下列条件。

（1）坚持四项基本原则，廉洁奉公，客观公正，实事求是，具有严谨、稳健、负责的职业道德。

（2）熟悉国家有关的法律法规和政策；掌握会计、审计及其他相关专业知识，并能熟练运用；有一定的会计、审计或其他相关专业工作经历，并持有相关资格证书。

（3）了解本企业的经营活动和内部控制制度。

（4）保证在执行职务中严守被审计单位的商业秘密，取得的文件、资料、数据未经批准，不得向外泄露或向他人提供。

（5）具有按照审计目标和计划有效完成审计任务的技能，包括：

① 正确理解和运用国家有关财经法规和政策的能力。

② 正确理解和运用内部审计程序、方法和技术的能力。

③ 熟练运用相关专业知识的能力。

④ 调查研究、综合分析、语言表达和文字报告的能力。

企业审计监察部负责人的任免、岗级变化等，应经审计委员会审查并认可。企业本部一般内审人员（属关键岗位）的聘用除遵照人力资源管理聘用程序外，企业审计监察部负责人也应参与应聘者的面试，以评定其是否具备以上条件。

6.1.2　内部审计的监督内容

内部审计对下列事项进行监督。

（1）生产、基建、成本、费用、利润、资金、信贷等财务预算的执行情况。

（2）各项收入、成本、费用、税金、融资等财务收支及有关的经济活动。

（3）与境内外经济组织兴办合资、合作经营企业，以及合作项目、集资、进口设备等经济合同、协议的签订和执行情况，投入资金、财产的经营状况及经济效益。

（4）工程建设项目概预算执行情况及有关的经济活动。

（5）内部控制制度的建立健全和有效性。

（6）资产的保值、增值、管理、使用及安全性。

（7）国家财经法规和上级部门、本单位规章制度的执行情况。

（8）会计决算报表的真实性、正确性和合法性。

（9）多种经营、综合利用的财务收支、经济效益及有关的经济活动。

（10）信息系统的可靠性。

（11）企业组织结构中的权责分配。

（12）人力资源部职责的履行情况。

（13）企业交办的其他事项，如任期经济责任审计等。

6.1.3　内部审计的程序

6.1.3.1　审计计划的制订

审计计划编制应考虑以下因素。

（1）董事会审计委员会的要求。

（2）对企业财务报告有重大影响的单位。

（3）新收购企业。

（4）高风险领域。

（5）经济责任审计等。

6.1.3.2　审计计划评估

总公司、分（子）公司内审负责人应每半年对审计计划的执行情况进行一次评估，评估通过审阅内审文档、工作总结等形式展开，评估内容包括计划完成率、成本效益比率等，并形成评估报告。评估报告包括评估形式、评估内容和结论。

6.1.3.3 审计实施方案的制定

企业审计监察部开展内部审计时，审计项目负责人应根据批准的审计项目制定审计实施方案，内容包括：

（1）编制审计方案的依据。

（2）被审计单位名称和基本情况。

（3）审计的范围、内容、目标、重点、方式、实施步骤和审计时限。

（4）审计组长、审计成员名单和责任目标。

6.1.3.4 审计通知书

企业审计监察部在审计开始三天前向被审计单位下发审计通知书，告知被审计单位具体的审计内容，包括：

（1）文件名、文件号。

（2）被审计单位名称。

（3）审计的依据、范围、内容、方式、时间。

（4）审计组组长和其他人员名单。

（5）对被审计单位配合审计工作的要求。

（6）审计部门公章及签发日期。

企业审计监察部进行特殊要求的项目审计和经济案件核查时，可以不事先通知被审查单位，实行突击检查。

6.1.3.5 实施审计

内部审计的实施主要采取现场审计为主、送达审计为辅的方式。企业审计监察部内审人员通过现场核对财务账簿、报表、凭证及附件，核查实物，调查访问相关人员，检查、监督盘点、观察、函证以及录音、拍照、复印、计算和分析性复核等方法，搜集审计证据，核实审计事项，并根据"内部审计制度""项目审计办法""会计决算报表审计办法"等规定编写审计底稿。审计底稿采取分级审阅的模式，由审计项目负责人最后审阅签字，并提请被审计单位在审计工作底稿上签字确认。内审人员对被审计单位或者有关人员的审计证据有异议的，应当核实。对确有错误和偏差的，应当重新取证。

内审人员实施审计时，要对审计工作进行记录，并编制审计工作底稿。审计工作底稿按编制顺序可分为分项目审计工作底稿和汇总审计工作底稿。分项目审计工作底稿应当由内审人员根据审计方案确定的项目内容，逐项逐事编制而成，做到一项一稿或一事一稿。汇总审计工作底稿应当在分项目审计工作底稿编制完成的基础上，按照分项目审计工作底稿的性质、内容进行分类归集，综合编制。

内审人员应当对审计工作底稿的真实性负责。

内部审计工作底稿及审计意见书等审计档案由审计监察部保存，审计档案的保管期限按照项目审计案卷的保存价值确定，分为永久、长期（15～20年）、短期（15年以下）三种，企业各项目审计案卷的具体保管期限为15年。审计档案的密级程度及保密期限，按卷内文件的最高级别确定，并按规定作出标识。企业一般项目审计案卷的密级程度为秘密级，保密期限为5年。分、子公司审计监察人员开展本单位内部审计时，可参照执行。

6.1.3.6　审计报告

内审工作结束后，审计项目负责人应及时编制正式的审计报告。正式的审计报告是根据与被审计单位沟通的结果，正式编制完成的。

（1）审计复核与监督

审计项目负责人应对审计人员的审计工作底稿及收集的相关证明资料进行详细的复核，并对审计人员实施的相关审计程序进行适当的监督和管理。

（2）整理审计工作底稿及相关资料，编写意见交换稿

① 审计人员应对编制的审计工作底稿及收集的相关文件、报表、记录等证据资料及时整理、归类。审计人员应根据统一的标准对审计工作底稿及证据资料编制索引号，以便查阅。

② 召开退出会议前，审计项目负责人应编写详细的意见交换稿，或编制审计报告初稿代替意见交换稿。意见交换稿应简要说明项目的审计目标、审计范围、实施的审计程序，并对具体的审计发现和初步审计建议进行详细阐述。

（3）与被审计单位交换意见

与被审计单位的沟通包括重大问题的沟通及退出会议上的意见交换。

① 重大问题沟通

重大问题主要是指在审计过程中发现的正在进行的重大违规或对集团利益造成严重损害的问题。在这种情况下，需要被审计单位马上采取相关的措施。审计人员应根据具体情况，分析所发现问题的实质及影响，确定沟通对象，并报集团总裁批准。

② 召开退出会议

最后，应召开退出会议，就相关审计发现和审计建议与被审计单位交换意见。

内审工作结束前，审计人员应与被审计单位负责人及相关责任人召开退出会议，就意见交换稿上的相关问题听取被审计单位的解释与意见，并详细记录。双方应在意见交换书上签名确认。对于有关问题的不同意见，可由被审计单位进行书面陈述，并与审计人员的审计发现与建议一起归档，以便查阅、分析。

（4）编制正式的审计报告

审计报告是指审计部门对审计事项实施了必要的审计程序后，就审计工作情况和审计结果向集团董事会或主管领导及（或）被审单位提出的具有内部约束力的正式书面文件。

① 审计报告的基本要素，如图6-1所示。

- 报告字号
- 标题
- 主送部门，如集团董事会/副总经理、运营总监办公会/副总经理、运营总监/副总经理等

- 审计报告的内容
- 审计部门主管签名
- 审计部门印章
- 报告日期
- 抄送部门等

图6-1 审计报告的基本要素

② 审计报告正文的内容

审计报告正文的内容应根据审计目标和被审计单位的具体情况来确定。审计目标、审计种类和被审计单位的具体情况不同，审计报告的内容也不尽相同，通常包括图6-2所示的几个方面。

内容一	审计的范围、内容、方式、时间
内容二	会计责任与审计责任
内容三	审计依据，即集团"内部审计办法"和与审计范围、内容相关的各种管理制度
内容四	已实施的主要审计程序
内容五	被审计单位的基本情况或基本评价
内容六	存在的问题：详细列出审计中发现的问题，揭示违反集团规定的财务收支或经营活动，分析这些问题造成的影响及危害等
内容七	审计意见，即对已审计的财务收支或经营活动及相关资料作出的概括表述。应结合审计方案确定的重点及审计中发现的重大问题，围绕财务收支和经营活动的真实性、合法性、合规性、效益性，及被审计单位应负的经济责任等，给出评价性意见
内容八	审计处理建议：对违反集团规定的财务收支行为或经营活动进行定性分析，提出处理、处罚建议，并提供相关依据等

| 内容九 | 改进建议：对经营管理、财务管理、资产管理中的薄弱环节提出改进措施等 |
| 内容十 | 审计附件：原始记录、调查记录等审计中发现的重大证据，如属必要，应作为审计报告的附件 |

图6-2 审计报告正文的内容

③ 审计报告撰写的步骤

审计报告撰写的步骤如图6-3所示。

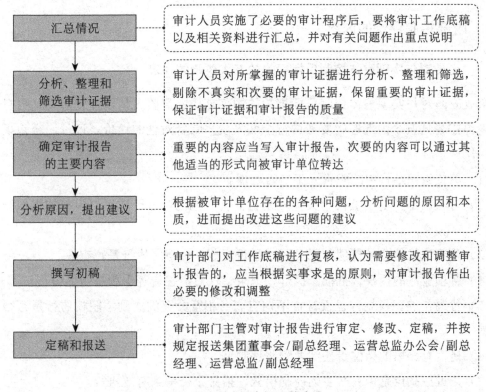

汇总情况	审计人员实施了必要的审计程序后，要将审计工作底稿以及相关资料进行汇总，并对有关问题作出重点说明
分析、整理和筛选审计证据	审计人员对所掌握的审计证据进行分析、整理和筛选，剔除不真实和次要的审计证据，保留重要的审计证据，保证审计证据和审计报告的质量
确定审计报告的主要内容	重要的内容应当写入审计报告，次要的内容可以通过其他适当的形式向被审计单位转达
分析原因，提出建议	根据被审计单位存在的各种问题，分析问题的原因和本质，进而提出改进这些问题的建议
撰写初稿	审计部门对工作底稿进行复核，认为需要修改和调整审计报告的，应当根据实事求是的原则，对审计报告作出必要的修改和调整
定稿和报送	审计部门主管对审计报告进行审定、修改、定稿，并按规定报送集团董事会/副总经理、运营总监办公会/副总经理、运营总监/副总经理

图6-3 审计报告撰写的步骤

（5）审核并报送审计报告

审计部门负责人应对审计报告及相关的审计资料进行详细审核，确认后正式报送集团总裁及审计委员会，并对审计结果进行简要的口头汇报。审计部门也应将经批准的审计报告送达被审计单位。

6.1.3.7 审计后处理

企业审计监察部应当根据审计报告的不同情况分别作出以下处理：对于违反国家财经法规和企业财经制度的财务收支行为，情节轻微的，可在审计意见书中予以指明并责令纠正；对于严重违反财经法规的行为，除应当对审计事项作出评价、出具审计意见书外，还应作出审计决定，向企业董事会及管理层提出处理建议。

6.2　内部控制的自我评价

内部控制的自我评价是基本规范的要求，也是审计管理的重要组成部分。完善内控评价的关键是建立评价标准与评价流程，明确内控缺陷的认定标准，规范评价报告的格式与内容。

6.2.1　内部控制评价的内容

6.2.1.1　企业对与实现整体控制目标相关的五大要素的评价

企业应当对与实现整体控制目标相关的内部环境、风险评估、控制活动、信息与沟通、内部监督这五个内部控制要素进行全面系统、有针对性的评价。评价内容包括但不限于：

（1）单位组织结构中的职责分工是否合理。

（2）各项内部控制制度及相关措施是否健全、规范，是否与单位内部的组织管理相吻合。

（3）各项工作的业务处理与记录程序是否规范、经济，执行是否有效。

（4）各项业务的授权、批准、执行、记录、核对、报告等手续是否完备。

（5）各岗位的职权划分是否符合不相容职务相互分离的原则，职权履行是否得到有效控制。

（6）是否有严格的岗位责任制度和奖惩制度。

（7）关键控制点是否有必要的控制措施，措施是否得到有效执行。

（8）内部控制制度在执行中受管理层的影响程度。

企业实施的内部控制评价，包括对内部控制设计有效性和运行有效性的评价。内部控制设计有效性是指实现控制目标所必需的内部控制要素都存在并且经过设计恰当；内部控制运行有效性是指现有内部控制按照规定程序得到了正确执行。

企业应当根据《企业内部控制基本规范》及应用指引的有关规定，建立与实施内部控制，并以此为依据和标准组织开展内部控制评价工作。

6.2.1.2　企业集团对被评价单位内部控制的有效性进行评价

企业集团对被评价单位内部控制的有效性进行评价，至少应涉及下列内容。

（1）被评价单位内部控制是否在风险评估的基础上涵盖了企业各层面的风险，以及所有重要业务流程层面的风险。

（2）被评价单位内部控制的设计方法是否适当，内部控制建设的时间进度安排是否科学，阶段性工作要求是否合理。

（3）被评价单位内部控制设计和运行是否有效，人员配备、职责分工和授权是否合理。

（4）被评价单位是否开展内部控制自查并上报有关自查报告。

（5）被评价单位是否建立了有利于促进内部控制各项政策措施落实和问题整改的机制。

（6）被评价单位在评价期间是否出现过重大风险事故等。

6.2.2　内部控制评价的程序

企业应当按照制定评价方案、实施评价活动、编制评价报告等程序开展内部控制评价。

内部控制评价机构应当根据审批通过的评价方案组织实施内部控制评价工作，通过适当的方法收集、确认、分析相关信息，确定与实现整体控制目标相关的风险及细化控制目标，并在此基础上辨识与细化控制目标相对应的控制活动，然后针对控制活动进行必要的测试，获取充分、相关、可靠的证据，以对内部控制的有效性展开评价，并做好书面记录。

（1）建立内部控制评价机构

企业应根据单位的经营规模、机构设置、经营性质、制度状况等设置评价机构，并考虑图6-4所示的原则。

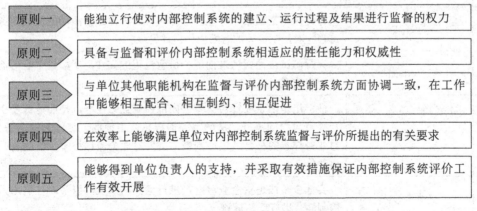

图6-4　建立内部控制评价机构应考虑的原则

内部控制评价机构应当根据企业整体控制目标，制定内部控制评价工作方案，明确评价目的、范围、组织、标准、方法、进度安排和费用预算等内容，并报管理层和董事会审批。

（2）对内部控制制度的建立和执行情况进行调查

通过审阅相关规章制度、现场询问有关人员、实地观察等方式调查了解内部控制制度建立和执行的详细情况，并作出初步评价。

6.2.3 对内部控制制度进行测试

内部控制评价范围的确定应当遵循风险导向、自上而下的原则，评价范围包括需要评价的分支机构、重要业务单元、重点业务领域或流程环节。重点测定内部控制各个组成部分是否按规定的控制步骤、方法运行；测试各控制环节的运行与其内容是否相符；检查各控制环节和控制点的内容、程序、方法等是否正常运行，以及相互之间是否能协调配合等。

内部控制测试的方法有许多，具体如表6-1所示。

表6-1　内部控制测试的方法

序号	测试方法	具体说明
1	个别访谈法	个别访谈法是指企业根据检查评价需要，对被查单位员工进行单独访谈，以获取有关信息
2	调查问卷法	调查问卷法是指企业设置问卷调查表，分别对不同层次的员工进行问卷调查，并根据调查结果对相关项目作出评价
3	比较分析法	比较分析法是指通过分析、比较数据间的关系、趋势或比率取得评价证据的方法
4	标杆法	标杆法是指通过与组织内外部相同或相似经营活动的最佳实务进行比较，对控制设计的有效性作出评价
5	穿行测试法	穿行测试法是指通过抽取一份全过程的文件，了解整个业务流程执行情况的评估评价方法
6	抽样法	抽样法是指企业针对具体的内部控制业务流程，按照业务发生频率及固有风险的高低，从确定的抽样总体中抽取一定比例的业务样本，对业务样本的符合性进行判断，进而对业务流程控制运行的有效性作出评价
7	实地查验法	实地查验法是指企业对财产进行盘点与清查，以及对存货出入库等控制环节进行现场查验
8	重新执行法	重新执行法是指通过对某一控制活动全过程的重新评估控制执行情况的方法
9	专题讨论会法	专题讨论会法是指通过召集与业务流程相关的管理人员，就业务流程的特定项目或具体问题进行讨论及评估的一种方法

6.2.4 对内部控制制度进行评价

对内部控制制度进行评价，主要是对内部控制中的具体问题，特别是差错、浪费、损失、非授权使用或滥用职权等敏感问题进行评价，找出失控的原因，提出相应的改进、补救措施。

6.2.4.1 获取证据

企业应当通过评估和测试获取与内部控制有效性相关的证据，并合理保证证据的充分性和适当性。证据的充分性是指获取证据的数量应当能合理保证相关控制的有效性；证据的适当性是指获取的证据应当与相关控制的设计与运行有关，并能可靠地反映控制的实际运行状况。

6.2.4.2 判断相关控制设计与运行的有效性

企业应当根据所搜集的证据，判断相关控制的设计与运行是否有效。企业在判断内部控制设计与运行有效性时，应当充分考虑下列因素。

（1）是否针对风险设置了合理的细化控制目标。

（2）是否针对细化控制目标设置了对应的控制活动。

（3）相关控制活动是如何运行的。

（4）相关控制活动是否得到了持续、一致的运行。

（5）实施相关控制活动的人员是否具备必需的权限和能力。

6.2.4.3 对内部控制缺陷进行分类分析

企业在内部控制评价中，应对内部控制缺陷进行分类分析。企业对内部控制评价过程中发现的问题，应当从定量和定性等方面予以衡量，判断其是否构成内部控制缺陷。存在下列情况之一的，企业应当认定内部控制存在设计或运行缺陷。

（1）未实现规定的控制目标。

（2）未执行规定的控制活动。

（3）突破规定的权限。

（4）不能及时提供控制运行有效性的相关证据。

6.2.5 编写内部控制评价报告

内部控制评价报告主要说明内部控制程序是否符合国家有关规定，是否符合企业管理方针和政策，是否满足企业经营管理的需要，是否有利于企业经营目标的实现；内部控制制度在运行中存在的漏洞或缺陷，以及相应的改进措施及具体计划和进度安排等。

（1）内部控制评价报告的内容

企业应当结合年末控制缺陷的整改结果，编制年度内部控制评价报告。内部控制评价报告至少应当包括图6-5所示的内容。

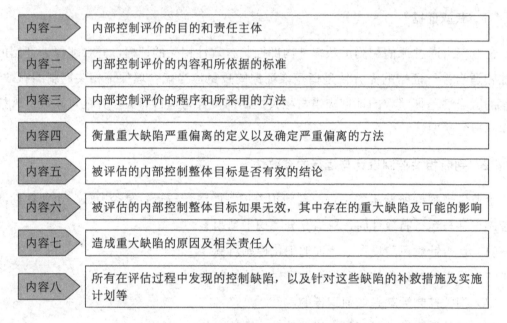

内容一　内部控制评价的目的和责任主体

内容二　内部控制评价的内容和所依据的标准

内容三　内部控制评价的程序和所采用的方法

内容四　衡量重大缺陷严重偏离的定义以及确定严重偏离的方法

内容五　被评估的内部控制整体目标是否有效的结论

内容六　被评估的内部控制整体目标如果无效，其中存在的重大缺陷及可能的影响

内容七　造成重大缺陷的原因及相关责任人

内容八　所有在评估过程中发现的控制缺陷，以及针对这些缺陷的补救措施及实施计划等

图6-5　内部控制评价报告应包括的内容

（2）内部控制评价报告的调整

企业可以根据被评估的整体控制目标的不同，适当调整评价报告的内容。在评价报告中应明确财务报表日至内部控制评价日之间发生的可能影响财务报告控制目标有效性的所有重大变化。

（3）内部控制评价结果的处理

企业定期对内部控制整体有效性进行评价，出具评价报告，并向董事会、监事会和管理层报告内部控制设计与运行环节存在的主要问题及将要采取的整改措施。内部控制评价报告将其作为进一步完善内部控制、提高经营管理水平和风险防范能力的重要依据。

企业应对内部控制评价报告中列出的问题采取适当的措施进行改进，并追究相关人员的责任。管理层和董事会应根据评价结论对相关单位、部门或人员进行适当的奖励或惩罚。

 【实例1】▶▶▶

内部控制评价表

一、控制环境

核心指标	评价标准	职能部门、二级经营单位	涉及的业务或事项
（一）组织结构			
董事会、监事会、经理层的相互制衡	1.董事会及各专门委员会、监事会和经理层的职责权限、任职资格、议事规则和工作程序清晰明确并被严格履行	战略规划部、人力资源部、办公室	公司治理结构
	2."三重一大"事项按照规定的权限和程序实行集体决策	办公室	决策机制
董事会、监事会、经理层效力于内部控制建设和执行	1.科学设置董事会、监事会、经理层在建立与实施内部控制中的职责分工	战略规划部	内控体系建设
	2.董事会采取必要的措施促进和推动企业内部控制工作，按照职责分工，提出内部控制评价意见，定期听取内部控制报告，督促内部控制整改，修订内部控制要求	办公室（董事会办公室）	内控体系建设
组织机构的设置科学、精简、高效、透明、制衡	1.组织机构设置与公司业务特点相一致，能够控制各项业务关键环节，避免职能交叉、缺失或权责过于集中	战略规划部	公司组织架构
	2.明确职责，制定组织结构图、业务流程图、职位说明书和权限指引等，保障权责行使的准确性和透明度		内控体系建设、内控手册制定
组织架构运行的效率和效果	定期梳理、评价公司治理结构和内机构设置，全面评价运行效率和效果，发现问题及时采取措施加以优化调整	战略规划部	公司组织架构评估
组织架构对子公司的控制力	通过合法、有效的形式履行出资人职责，维护出资人权益。特别关注异地、境外子公司的发展战略、年度财务预决算、重大担保、大额资金使用、主要资产处置、重要人事任命、内部控制体系建设等重要事项	战略规划部、人力资源部、会计管理部、资金部、风险管理部、工程管理部、审计稽核部等	公司运营管理
（二）发展战略			
发展战略科学合理，既不缺乏也不激进，且实施到位	1.综合考虑宏观经济政策、国内外市场需求变化、技术发展趋势、行业及竞争对手状况、可利用资源水平和自身优势与劣势等影响因素，制定科学合理的发展战略	战略规划部、分析评价部	战略规划制订

核心指标	评价标准	职能部门、二级经营单位	涉及的业务或事项
发展战略科学合理，既不缺乏也不激进，且实施到位	2.根据发展目标制订战略规划，确定不同发展阶段的具体目标、工作任务和实施路径	战略规划部、分析评价部	战略规划制订
	3.设立战略委员会或指定相关机构负责发展战略的管理工作；明确战略委员会的职责和议事规则，并按规定履行职责		
	4.对发展战略进行可行性研究和科学认证，并报董事会和股东会审议批准		
发展战略有效实施	1.制订年度工作计划，编制全面预算，确保发展战略有效实施	战略规划部、分析评价部	战略规划实施
	2.采取有效方式将发展战略及其分解落实情况传递到内部各管理层级和全体员工		
发展战略科学调整	及时监控发展战略实施情况，并根据环境变化及风险评估情况及时对发展战略作出调整	战略规划部、分析评价部	战略规划评估及调整
（三）人力资源政策			
人力资源结构合理，能够满足本公司需要	1.结合公司发展战略，制定人力资源总体规划和能力框架体系，保障公司可持续发展和内部控制的有效执行	人力资源部	人力资源管理
	2.根据人力资源总体规划，制订年度人力资源需求计划，完善人力资源引进制度，按照计划、制度和程序组织开展人力资源引进工作		
人力资源开发机制健全有效	1.制定并实施关于员工聘用、培训、辞退与辞职、薪酬、考核、健康与安全、晋升与奖励等方面的管理制度	人力资源部	人力资源管理
	2.明确各岗位职责权限、任职条件和工作要求，公开、公平、公正选拔	人力资源部	人力资源管理
	3.建立员工培训长效机制，满足企业持续发展和职工发展的需要	人力资源部	人力资源管理
人力资源激励约束机制健全有效	1.设置科学的业绩考核指标体系，并严格开展考核评价，以此作为确定员工薪酬、职级调整和解除劳动合同等的重要依据	人力资源部	人力资源管理
	2.无人才流失现象		
	3.对关键岗位员工有强制休假或定期轮岗制度等方面的安排		

续表

核心指标	评价标准	职能部门、二级经营单位	涉及的业务或事项
人力资源激励约束机制健全有效	4.对掌握国家秘密或重要商业秘密的员工离岗有限制性的规定	人力资源部	人力资源管理
	5.将有效执行内部控制纳入企业绩效考评体系	分析评价部	
（四）社会责任			
安全生产体系、机制健全有效	1.建立严格的安全生产体系、操作规范和应急预案，强化安全生产责任追究制度，切实做到安全生产	安全部	安全管理
	2.落实安全生产责任，保障对安全生产的投入，包括人力、物力等，建立监督检查机制		
	3.发生生产安全事故后，能妥善处理，排除故障，追究责任；不存在迟报、谎报、瞒报重大生产安全事故现象		
产品质量体系健全有效	建立严格的产品质量控制和检验制度并严格执行；提供良好的售后服务，妥善处理客户提出的投诉和建议	安全部	安全管理
切实履行环境保护和资源节约责任	制定环境保护与资源节约制度，采取措施促进环境保护、生态保护和资源节约，并实现节能减排目标	安全部	安全管理
促进就业和保护员工权益	1.依法保护员工的合法权益，保持工作岗位相对稳定，积极促进充分就业	人力资源部、党群工作部、管理学院、安全部	员工权益保护
	2.实现按劳分配、同工同酬，建立科学的员工薪酬制度和激励机制		薪酬管理
	3.及时办理员工社会保险，足额缴纳社会保险费；重视员工健康，落实休息休假制度		社会保障
	4.积极开展员工职业教育培训，创造平等的发展机会		教育培训
	5.积极履行社会公益方面的责任和义务		公司社会责任
（五）企业文化			
企业文化具有凝聚力和竞争力，能促进企业可持续发展	1.采取切实有效的措施，积极培育具有自身特色的企业文化，打造以主业为核心的企业品牌，促进企业长远发展	人力资源部、党群工作部、管理学院、战略规划部、办公室	企业文化建设
	2.企业董事、监事及其他高级管理人员在文化建设和履行社会责任中起到表率作用，促进文化建设在内部各层级的有效沟通		

核心指标	评价标准	职能部门、二级经营单位	涉及的业务或事项
企业文化具有凝聚力和竞争力，能促进企业可持续发展	3.文化建设与发展战略有机结合，使员工自身价值在企业发展中得到充分体现	人力资源部、党群工作部、管理学院、战略规划部、办公室	企业文化建设
	4.重视并购重组后的企业文化建设，平等对待被并购方的员工，促进并购双方的文化融合		
企业文化评估具有客观性、实效性	1.建立企业文化评估制度，重点对董事、监事、经理和其他高级管理人员在企业文化建设中的责任履行情况、全体员工对企业价值观的认同感、企业经营管理行为与企业文化的一致性、企业品牌的社会影响力、参与企业并购重组各方文化的整合度以及员工对企业未来发展的信心作出评估	党群工作部、人力资源部	企业文化评估
	2.根据评估结果，研究影响企业文化的不利因素，分析深层次原因，及时采取措施加以改进，并巩固和发扬文化建设成果		

二、风险评估

核心指标	评价标准	职能部门、二级经营单位	涉及的业务或事项
控制目标设定	1.企业层面：有明确的目标，目标具有广泛的认知基础，企业战略与企业目标相匹配	风险管理部	内控目标的评估与设定
	2.业务层面：各业务层面目标与企业目标一致，各业务层面目标衔接一致，各业务层面目标具有操作指导性		
	3.结合企业的风险偏好，确定相应的风险承受度		
风险识别	1.目标层层分解，并确立关键业务或事项	风险管理部	全面风险管理
	2.持续收集相关信息，内外部风险识别机制健全，识别出影响公司目标实现的风险		
	3.根据关键业务或事项分析关键成功因素		
风险分析	1.风险分析技术与方法的适用性	风险管理部	全面风险管理
	2.结合风险发生的可能性和影响程度划分风险等级的准确性		
	3.风险发生后对负面影响判断的准确性		
风险应对	1.风险应对策略与公司战略、企业文化的一致性	风险管理部	全面风险管理
	2.风险承受度与风险应对策略的匹配程度		

三、控制活动

核心指标	评价标准	职能部门、二级经营单位	涉及的业务或事项
（一）控制活动的设计			
控制措施全面覆盖企业重要风险，不存在控制缺失、控制过度	1.针对企业内部环境设立了相应的控制措施	风险管理部、资金管理部、工程管理部、科技管理部、行政事务部、会计管理部等	主要针对以下业务活动设定控制措施：资金活动、采购业务、资产管理、销售业务、研究与开发、工程项目、担保业务、业务外包、财务报告。控制措施包括全面预算、合同管理、内部信息传递、信息系统建设
	2.各项控制措施的设计与风险应对策略相适应		
	3.各项主要业务控制措施完整、恰当		
	4.针对日常非系统性业务事项制定相应的控制措施，并定期对其执行情况进行检查分析		
	5.建立重大风险预警机制和突发事件应急处理机制，相关应急预案的处置程序和处理结果是否有效		
（二）控制活动的运行			
控制活动的运行符合控制措施规定	针对各类业务事项的主要风险和关键环节所制定的各类控制方法和控制措施得以有效实施	风险管理部、资金管理部、工程管理部、科技管理部、行政事务部、会计管理部等	针对以上业务事项的控制结果

四、信息与沟通

核心指标	评价标准	职能部门、二级经营单位	涉及的业务或事项
信息收集、处理和传递及时、准确、适用	有透明高效的信息收集、处理及传递程序，合理筛选、核对、整合与经营管理和内部控制相关的信息	办公室、信息技术部	内部信息传递机制
反舞弊机制健全	1.建立健全并有效实施反舞弊机制	纪检监察室、审计稽核部	反舞弊机制建设
	2.举报投诉制度和举报人保护制度及时、准确地传达至企业全体员工		
	3.对舞弊事件和举报所涉及的问题及时、妥善地作出处理		
沟通顺畅	1.信息在企业内部、企业外部有关方面之间的沟通有效	办公室	内外部沟通机制建设
	2.董事会、监事会和经理层能够及时掌握经营管理和内部控制的重要信息并加以应对		

续表

核心指标	评价标准	职能部门、二级经营单位	涉及的业务或事项
沟通顺畅	3.员工诉求有顺畅的反映渠道	人力资源部、党群工作部	内外部沟通机制建设
信息化建设情况	1.建立了适当的企业信息化建设工作组织机构，明确了信息化建设工作组织机构的管理职责和工作规定	信息技术部	信息规划制定及实施
	2.信息化规划的制订和审批工作恰当，有信息化工作的长远规划和短期工作计划，并经主管领导批准后在企业中颁布实施		
	3.企业建立了与经营管理相适应的信息系统，并利用信息技术提高对业务事项的自动控制水平		
	4.在信息系统的开发过程中，对信息技术风险进行识别、评估和防范		
	5.信息系统的一般控制涵盖信息系统开发与维护、访问与变更、数据输入与输出、文件存储与保管、网络安全、硬件设备、操作人员等方面，确保信息系统安全稳定运行		
	6.信息系统的应用控制紧密结合业务事项，并利用信息技术固化流程，提高效率，减少或消除人为操纵因素		
	7.信息系统已建立，并保持相关信息交流与沟通的记录		

五、内部监督

核心指标	评价标准	职能部门、二级经营单位	涉及的业务或事项
内部监督能够覆盖并监控企业日常业务活动	1.管理层定期与内部控制机构沟通评价结果，并积极整改	战略规划部	内控体系建设
	2.落实各职能部门和所属单位在日常监督中的责任，及时识别环境和业务变化		
	3.日常监督的内容为经过分析确认的关键控制，按重要程度将发现的问题如实反馈给内部控制机构，积极采取整改措施		

续表

核心指标	评价标准	职能部门、二级经营单位	涉及的业务或事项
内部监督能够覆盖并监控企业日常业务活动	4.日常监督内部控制有效性的人员具有胜任能力和客观性	战略规划部、人力资源部、会计管理部、资金部、风险管理部、工程管理部、安全部、审计稽核部、纪检监察室等	履行内控监督人员的资格
	5.内部审计的独立性得以保障，审计委员会和内部审计机构独立、充分地履行监督职责	审计稽核部	内审工作
	6.开展了必要的专项监督	审计稽核部、纪检监察室	专项监督
	7.内部控制机构制定了内部控制自我评价办法和考核奖励办法，明确评价主体、职责权限、工作程序和有关要求，定期组织开展内部控制自我评价，报送自我评价报告，合理认定内部控制缺陷并分析原因，提出整改方案与建议	战略规划部	内控体系建设
内部控制缺陷管理科学、客观、合理，且报送机制健全	1.内部控制机构制定了科学的内部控制缺陷标准并予以一贯执行	战略规划部	内控体系建设
	2.对控制缺陷进行全面、深入的研究分析，提出并实施整改方案，采取适当的形式及时向董事会、监事会或管理层汇报，并督促业务部门整改重大缺陷，同时按规定予以披露		
	3.对于发现的内部控制重大缺陷，追究相关责任单位和责任人的责任		
	4.建立内部控制缺陷信息数据库，并对历年发现的内部控制缺陷及整改情况进行跟踪检查		
内部控制建设与评价文档被妥善保管	1.采取书面或其他适当方式对内部控制的建立与实施情况进行记录	战略规划部、人力资源部、会计管理部、资金部、风险管理部、工程管理部、安全部、审计稽核部、纪检监察室等	内控体系建设及档案管理
	2.妥善保存内部控制相关记录和资料，确保内部控制建立与实施过程具有可验证性		
	3.对暂未建立健全的有关内部控制文档或记录，有证据表明已实施了有效控制或者替代控制措施		

🔍 【实例2】▶▶

××股份有限公司20××年度内部控制评价报告

××股份有限公司全体股东：

根据《企业内部控制基本规范》等法律法规的要求，我们对本公司（以下简称"公司"）内部控制的有效性进行了自我评价。

一、董事会声明

公司董事会及全体董事保证本报告内容不存在任何虚假记载、误导性陈述或重大遗漏，并对报告内容的真实性、准确性和完整性承担个别及连带责任。

建立健全并有效实施内部控制是公司董事会的责任；监事会对董事会建立与实施内部控制进行监督；经理层负责组织领导公司内部控制的日常运行。

_____

_____

公司内部控制的目标是（一般包括合理保证经营合法合规、资产安全、财务报告及相关信息真实完整，提高经营效率和效果，促进实现发展战略。由于内部控制存在固有局限性，故仅能对达到上述目标提供合理保证）：

_____

_____

二、内部控制评价工作的总体情况

公司董事会授权内部审计机构（或其他专门机构）负责内部控制评价的具体组织实施工作，对纳入评价范围的高风险领域和单位进行评价（描述评价工作的组织领导体制，一般包括评价工作组织结构图、主要负责人及汇报途径等）。

公司（是/否）聘请了专业机构（中介机构名称）实施内部控制评价，并编制内部控制评价报告；公司（是/否）聘请了会计师事务所（会计师事务所名称）对公司内部控制有效性进行独立审计。

三、内部控制评价的依据

本评价报告旨在根据中华人民共和国财政部等五部委联合发布的《企业内部控制基本规范》（下称"基本规范"）及《企业内部控制评价指引》（下称"评价指引"）的要求，结合公司内部控制制度和评价办法，在内部控制日常监督和专项监督的基础上，对公司截至20××年12月31日的内部控制设计与运行的有效性进行评价。

四、内部控制评价的范围

（一）内部控制评价涵盖了公司及其所属单位的各种业务和事项，重点关注下列高风险领域（列出公司根据风险评估结果确定的前"十大"主要风险）。

1._____

2._____

3._____

......

（二）纳入评价范围的单位包括（描述公司及其所属单位的明确范围）：

1._____

2._____

3._____

......

（三）纳入评价范围的业务和事项包括：组织架构、发展战略、人力资源、社会责任、企业文化、资金活动、采购业务、资产管理、销售业务、研究与开发、工程项目、担保业务、业务外包、财务报告、全面预算、合同管理、内部信息传递、信息系统（根据实际情况充实调整）。

上述业务和事项的内部控制涵盖了公司经营管理的主要方面，不存在重大遗漏。

（如存在重大遗漏）公司本年度未能对以下构成内部控制重要方面的单位或业务（事项）进行内部控制评价[逐条说明未纳入评价范围的重要单位或业务（事项），包括单位或业务（事项）描述、未纳入的原因、对内部控制评价报告真实性及完整性产生的重大影响等]。

1._____

2._____

3._____

......

五、内部控制评价的程序和方法

内部控制评价工作严格遵循基本规范、评价指引及公司内部控制评价办法规定的程序执行（描述公司开展内部控制检查评价工作的基本流程）。

_____

_____

评价过程中，我们采用了（个别访谈、调查问题、专题讨论、穿行测试、实地查验、抽样和比较分析等）适当方法，广泛搜集公司内部控制设计和运行是否有效的证据，如实填写评价工作底稿，分析、识别内部控制缺陷（说明评价方法的适当性及证据的充分性）。

_____

_____

六、内部控制缺陷及认定

公司董事会根据基本规范、评价指引对重大缺陷、重要缺陷及一般缺陷的认定要求，结合公司规模、行业特征、风险水平等因素，研究确定了适用本公司的内部控制缺陷具体认定标准，并与以前年度保持一致（描述公司内部控制缺陷的定性及定量标准），或作出了调整（描述具体调整标准及原因）。

_____

_____

根据上述认定标准，结合日常监督和专项监督情况，我们发现报告期内存在____个缺陷，其中重大缺陷_____个，重要缺陷_____个。重大缺陷分别为（对重大缺陷进行描述，并说明其对实现相关控制目标的影响程度）：

_____

_____

七、内部控制缺陷的整改情况

针对报告期内发现的内部控制缺陷（含上一期间未完成整改的内部控制缺陷），公司采取了相应的整改措施（描述整改措施的具体内容和实际效果）。

_____

_____

对于整改完成的重大缺陷，公司有足够的测试样本显示，与重大缺陷（描述该重大缺陷）相关的内部控制已设计且运行有效（需提供90天内有效运作的证据）。

_____

_____

经过整改，公司在报告期末仍存在_____个缺陷，其中重大缺陷_____个，重要缺陷_____个。重大缺陷分别为（对重大缺陷进行描述）：

_____

_____

针对报告期末未完成整改的重大缺陷，公司拟进一步采取相应措施加以整改（描述整改措施的具体内容及预期达到的效果）。

_____

_____

八、内部控制有效性的结论

公司已经根据基本规范、评价指引及其他相关法律法规的要求，对公司截至20××年12月31日的内部控制设计与运行的有效性进行了自我评价。

（存在重大缺陷的情形）报告期内，公司在内部控制设计与运行方面存在尚未完成整改的重大缺陷（描述该缺陷的性质及其对实现相关控制目标的影响程度）。由于存在上述缺陷，可能会给公司未来生产经营带来相关风险（描述该风险）。

_____

_____

（不存在重大缺陷的情形）报告期内，公司对纳入评价范围的业务与事项均已建立了内部控制，并得以有效执行，达到了公司内部控制的目标，不存在重大缺陷。

自内部控制评价报告基准日至内部控制评价报告发出日期间，（是/否）发生了对评价结论产生实质性影响的内部控制重大变化（如存在，描述该事项对评价结论的影响及董事会拟采取的应对措施）。

_____

_____

我们注意到，内部控制应当与公司经营规模、业务范围、竞争状况和风险水平等相适应，并随着情况的变化及时加以调整（简要描述下一年度内部控制工作计划）。

_____

_____

未来期间，公司将继续完善内部控制制度，规范内部控制制度的执行，强化内部控制的监督检查，促进公司健康、可持续发展。

董事长：（签名）

××股份有限公司

____年____月____日

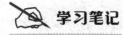 学习笔记

请对本章的学习做一个小结，将你认为的重点事项和不懂事项分别列出来，以便于自己进一步学习与提升。

本章重点事项
1.
2.
3.
4.
5.
6.
7.
本章不懂事项
1.
2.
3.
4.
5.
6.
7.
个人心得
1.
2.
3.
4.
5.
6.
7.

参考文献

[1] 侯其锋. 企业内部控制基本规范操作指南. 北京：人民邮电出版社，2016.

[2] 阎磊. 企业内部控制基本规范及配套指引实施全案. 北京：中国工人出版社，2014.

[3] 企业内部控制编审委员会. 企业内部控制基本规范及配套指引案例讲解. 上海：立信会计出版社，2022.

[4] 企业内部控制编审委员会. 企业内部控制主要风险点、关键控制点与案例解析. 上海：立信会计出版社，2023.

[5] 冉湖，鲁威元，黄展雄，等. 企业内部控制与风险管理实战. 北京：原子能出版社，2022.

[6] 中国注册会计师协会. 企业内部控制审计工作底稿编制指南. 北京：中国财政经济出版社，2011.

[7] 李三喜，徐荣才. 基于风险管理的内部控制审计流程·审计实务·审计模板. 北京：中国市场出版社，2013.

[8] 普华永道内部控制基本规范专业团队.《企业内部控制基本规范》管理层实务操作指南. 北京：中国财政经济出版社，2012.

[9] 孙永尧. 企业内部控制：设计与应用. 北京：经济管理出版社，2012.

[10] 上海国家会计学院. 内部控制与内部审计. 北京：经济科学出版社，2012.

[11] 仇立文. 内部控制审计功能与质量. 北京：中国经济出版社，2022.

[12] 王清刚. 内部控制与风险管理. 北京：中国财政经济出版社，2020.

参考文献